汉-外口语基础教程系列

汉语-老挝语口语基础教程

编写者：展万萍（老挝） 卢建家 覃婧婧 孙梅 黄媛
汉语统筹：孙梅 陈文华 朱滔
审订：桑坎·朱坎潘（老挝） 陶红
老挝语录音：桑坎·朱坎潘（老挝） 展万萍（老挝） 卢建家
汉语录音：黄媛 卢建家

GEP 广西教育出版社
南宁

ຄຳນຳ

ສອງຊາດ ຈີນ-ລາວ ແມ່ນສອງຊາດທີ່ມີດິນຕໍ່ແຜ່ນກັນ ໃຊ້ສາຍນ້ຳດຽວກັນ ມີມູນເຊື້ອສາມັກຄີຊ່ວຍເຫຼືອກັນມາແຕ່ບູຮານນະການ. ສອງຊາດໄດ້ໃຫ້ການຊ່ວຍເຫຼືອອູ້ມຊູຍູ້ໝູນກັນມາໂດຍຕະຫຼອດແບບໄມ້ຄ້ຳກ້ວຍ ກ້ວຍຄ້ຳໄມ້ ທັງສະໄໝການຕໍ່ສູ້ກູ້ຊາດຕ້ານຈັກກະພັດຕ່າງດ້າວຜູ້ຮຸກຮານເພື່ອຄວາມເປັນເອກະລາດໃນອະດີດ ກໍຄືໃນພາລະກິດປົກປັກຮັກສາແລະສ້າງສາປະເທດຊາດໃນປັດຈຸບັນ. ໃນຊຸມປີຜ່ານມາ, ການພົວພັນລະຫວ່າງສອງພັກ, ສອງລັດ ແລະປະຊາຊົນສອງຊາດນັບມື້ນັບໃກ້ຊິດສະໜິດແໜ້ນ ແລະມີຄວາມຮັບຮູ້ ແລະເຂົ້າອົກເຂົ້າໃຈກັນ ນັບມື້ນັບຫຼາຍຂຶ້ນ.

2021 ເປັນປີທີ່ມີຄວາມໝາຍສຳຄັນຍິ່ງ ເພາະແມ່ນປີສ້າງຕັ້ງສາຍພົວພັນການທູດລະຫວ່າງສອງປະເທດຄົບຮອບ 60 ປີ. ສະນັ້ນ

ເພື່ອລະນຶກເຖິງເຫດການປະຫວັດສາດອັນສຳຄັນນີ້, ພວກເຮົາຈຶ່ງໄດ້ເຮັດປື້ມແບບຮຽນການສົນທະນາພາສາຈີນ-ພາສາລາວ ແລະປື້ມແບບຮຽນການສົນທະນາພາສາລາວ-ພາສາຈີນ 2 ເຫຼັ້ມນີ້ຂຶ້ນ ເພື່ອອວຍພອນໃຫ້ມິດຕະພາບແລະການຮ່ວມມື ຈີນ-ລາວໝັ້ນຄົງຂະໜົງແກ່ນ.

ການພິມຈຳໜ່າຍປື້ມແບບຮຽນ 2 ເຫຼັ້ມນີ້, ຈະມີປະໂຫຍດຫຼາຍສຳລັບຄົນລາວທີ່ຮຽນພາສາຈີນ, ຫຼືຄົນຈີນທີ່ຮຽນພາສາລາວ, ແລະຈະເສີມຂະຫຍາຍບົດບາດເປັນຂົວຕໍ່ໃນການສົ່ງເສີມການແລກປ່ຽນດ້ານເສດຖະກິດ, ວັດທະນະທຳລະຫວ່າງ 2 ປະເທດ. ພວກເຮົາຫວັງຢ່າງຈິງໃຈວ່າ ປື້ມແບບຮຽນການສົນທະນາພາສາຈີນ-ພາສາລາວ ແລະປື້ມແບບຮຽນການສົນທະນາ ພາສາລາວ-ພາສາຈີນ, ຈະຊ່ອຍຜູ້ອ່ານຮຽນຮູ້ພາສາຈີນ ແລະພາສາລາວ ໄດ້ບໍ່ຫຼາຍກໍ່ໜ້ອຍ.

ແຕ່ແນ່ນອນປື້ມ 2 ເຫຼັ້ມນີ້ ອາດຈະປາສະຈາກບໍ່ໄດ້ຄວາມຂາດຕົກບົກຜ່ອງບາງບ່ອນບາງປະການ, ຍິນດີຕ້ອນຮັບການຕຳນິຕິຊົມຈາກບັນດານັກວິຊາການ, ຜູ້ຊ່ຽວຊານ ແລະມວນຊົນຜູ້ຊົມໃຊ້ທົ່ວໄປ ເພື່ອມາປັບປຸງແກ້ໄຂໃຫ້ສົມບູນຂຶ້ນກວ່າເກົ່າ.

ຮອງຜູ້ອຳນວຍການໃຫຍ່ວິທະຍຸກະຈາຍສຽງແຫ່ງຊາດລາວ

ມິຖຸນາ 2021

前 言

中老两国山水相依，共饮一江之水，自古以来就有团结互助的传统。不论是在争取民族独立、抗击外国侵略者的救国时期，还是在保卫和建设国家的事业进程中，两国一直以来给予了彼此枝叶相持般的支持和帮助。近些年来，两党、两国政府及两国人民间的关系越发紧密，相互间的了解也越发深入。2021年正好是我们两国建立外交关系60周年，意义重大。为了纪念这一重大的历史时刻，我们编写了《汉语-老挝语口语基础教程》和《老挝语-汉语口语基础教程》两本教材，祝福中老友谊与合作绵远流长。

这两本教材的出版，对老挝语母语者学习汉语，或者汉语母语者学习老挝语，都有很大的帮助；对促进两国经济、文化交流，能起到桥梁作用。我们衷心希望《汉语-老挝语口语基础教程》和《老挝语-汉语口语基础教程》能为读者学习汉语和老挝语带来或多或少的帮助。当然，这两本教材难免会存在某些不足之处，欢迎各位专家学者和读者大众提出批评，以便以后修订和完善。

老挝国家广播电台副台长

桑坎・朱坎潘

2021年6月

目 录

ສາລະບານ

第一课　汉语拼音简述　唇音声母　单元音韵母　基本声调

ບົດທີ 1　ລະບົບພິ່ນຢິ່ນພາສາຈີນໂດຍສັງເຂບ ພະຍັນຊະນະແກນຮີມສົບ ສະຫຼະປ່ຽວ ວັນນະຍຸດ ······ 1

第二课　舌尖中音声母　舌根音声母　舌面前音声母

ບົດທີ 2　ພະຍັນຊະນະແກນປາຍລີ້ນ-ເຫືອກ ພະຍັນຊະນະແກນກົກລີ້ນ ພະຍັນຊະນະແກນລີ້ນ-ເພດານແຂງ ······ 9

第三课　复韵母　卷舌韵母

ບົດທີ 3　ສະຫຼະປະສົມ ສະຫຼະຫັນລີ້ນ ······ 13

第四课　前鼻韵母　后鼻韵母

ບົດທີ 4　ສະຫຼະດັງ (ປາຍລີ້ນ-ເຫືອກ) ສະຫຼະດັງ (ກົກລີ້ນ-ເພດານອ່ອນ) ······ 17

第五课　舌尖前音声母　舌尖后音声母　整体认读音节

ບົດທີ 5　ພະຍັນຊະນະແກນປາຍລີ້ນ-ແຂ້ວລຸ່ມ ພະຍັນຊະນະແກນປາຍລີ້ນ-ເພດານແຂງ ພະຍາງທີ່ຕ້ອງຈື່-ອ່ານທັງຕົວ ······ 22

第六课　打招呼和介绍
ບົດທີ 6　ທັກທາຍແລະແນະນຳ ······ 27

第七课　时间与度量衡（包含数字等）
ບົດທີ 7　ເວລາແລະມາດຕະຖານວັດແທກຄວາມຍາວ, ນ້ຳໜັກ
ແລະບໍລິມາດ (ລວມທັງຕົວເລກແລະອື່ນໆ) ······ 38

第八课　求助和感谢
ບົດທີ 8　ຂໍຄວາມຊ່ວຍເຫຼືອແລະສະແດງຄວາມຂອບໃຈ ······ 50

第九课　交通出行、天气
ບົດທີ 9　ຄົມມະນາຄົມ, ອາກາດ ······ 60

第十课　家　庭
ບົດທີ 10　ຄອບຄົວ ······ 74

第十一课　购　物
ບົດທີ 11　ຊື້ເຄື່ອງ ······ 87

第十二课　餐饮、美食
ບົດທີ 12　ອາຫານການກິນ ······ 106

第十三课　住宿（包含酒店、民宿、租房等）
ບົດທີ 13　ການພັກເຊົາ (ຢູ່ໂຮງແຮມ, ເຮືອນພັກ
ແລະການເຊົ່າເຮືອນ) ······ 124

第十四课　观光旅游
ບົດທີ 14　ການທ່ອງທ່ຽວ ······ 141

第十五课　娱　乐
ບົດທີ 15　ບັນເທີງ ······ 157

第十六课　看医生
ບົດທີ 16　ໄປຫາທ່ານໝໍ ······ 171

第十七课　找工作
ບົດທີ 17　ຫາວຽກ ······ 187

第十八课　商务活动
ບົດທີ 18　ກິດຈະກຳທາງການຄ້າ ······ 209

第十九课　节日与习俗
ບົດທີ 19　ບຸນແລະຮີດຄອງປະເພນີ ······ 232

第二十课　海关与出入境
ບົດທີ 20　ດ່ານພາສີແລະການກວດຄົນເຂົ້າອອກເມືອງ ······ 251

课后练习录音文本
ເທັບອັດສຽງຂອງການເຝິກຫັດນອກໂມງຮຽນ ······ 270

课后练习参考答案
ຄຳຕອບບົດເຝິກຫັດ ······ 277

第一课　汉语拼音简述　唇音声母 单元音韵母　基本声调

ບົດທີ 1　ລະບົບພິນຢິນພາສາຈີນໂດຍສັງເຂບ ພະຍັນຊະນະແກນຮີມສົບ ສະຫຼະປ່ຽວ ວັນນະຍຸດ

1. 汉语拼音简述 ລະບົບພິນຢິນພາສາຈີນໂດຍສັງເຂບ

ລະບົບພິນຢິນພາສາຈີນ ຫຼື ພິນຢິນພາສາຮ້ານ ເປັນລະບົບຈົດສຽງຕົວໜັງສືຈີນດ້ວຍຕົວລາແຕງທີ່ລັດຖະບານ ສປ ຈີນ ປະກາດນຳໃຊ້. ລະບົບດັ່ງກ່າວມີໜ້າທີ່ຕົ້ນຕໍ ໃຊ້ສຳລັບຈົດສຽງເວົ້າຂອງພາສາຈີນກາງ ເຊິ່ງເປັນເຄື່ອງມືທີ່ສຳຄັນ ໃນເວລາຫັດອ່ານຕົວໜັງສືຈີນ. ຜູ້ເລີ່ມຮຽນພາສາຈີນໃໝ່ໆທຸກຄົນ ຄວນຮຽນເອົາລະບົບພິນຢິນນີ້ໃຫ້ໄດ້ ເພື່ອສ້າງພື້ນຖານໃຫ້ແກ່ຂັ້ນຕອນຕໍ່ໄປ ເຊັ່ນ: ການເວົ້າ ການອ່ານ ແລະ ການຂຽນພາສາຈີນ.

ໂດຍທຳມະດາແລ້ວ ພະຍາງສຽງອ່ານຂອງຕົວໜັງສືຈີນທຸກຕົວຈະປະກອບດ້ວຍ ພະຍັນຊະນະແກນ ສະຫຼະ① ແລະ ວັນນະຍຸດ, ແຕ່ກໍມີກໍລະນີພິເສດ, ເຊັ່ນ: ພະຍາງໄຮ້ພະຍັນຊະນະແກນ ແລະ ພະຍາງທີ່ຕ້ອງຈີ່-

---

① ສະຫຼະ: ສະຫຼະໃນລະບົບພິນຢິນພາສາຈີນນີ້ມີສອງກໍລະນີຄື ໜຶ່ງມີແຕ່ສະຫຼະແທ້ບໍ່ມີຕົວສະກົດປະກອບຢູ່ນຳ ຕົວຢ່າງດັ່ງ a, e, ao; ສອງມີທັງສະຫຼະແທ້ ແລະ ຕົວສະກົດປະກອບພ້ອມ ຕົວຢ່າງດັ່ງ ian, ing, üan.

ອ່ານທັງຕົວ[①]. ລະບົບພິນຢິນພາສາຈີນປະກອບດ້ວຍ ພະຍັນຊະນະແກນ ສະຫຼະ ແລະ ວັນນະຍຸດ 4 ຮູບ ດັ່ງຕໍ່ໄປນີ້:

汉语拼音表 ຕາຕະລາງພິນຢິນພາສາຈີນ			
声母 ພະຍັນຊະນະແກນ	b 八 bā ແປດ	p 爬 pá ຄານ	m 摸 mō ລູບ
	f 佛 fó ພຸດ	d 大 dà ໃຫຍ່	t 踢 tī ເຕະ
	n 你 nǐ ເຈົ້າ	l 路 lù ທາງ	g 骨 gǔ ດູກ
	k 渴 kě ຫິວນໍ້າ	h 虎 hǔ ເສືອ	j 鸡 jī ໄກ່
	q 七 qī ເຈັດ	x 西 xī ທິດຕາເວັນຕົກ	z 做 zuò ເຮັດ
	c 草 cǎo ຫຍ້າ	s 三 sān ສາມ	zh 找 zhǎo ຊອກ
	ch 船 chuán ເຮືອ	sh 蛇 shé ງູ	r 人 rén ຄົນ
韵母 ສະຫຼະ	a 啊 a ອຸ້ຍ	o 伯 bó ລຸງ	e 鹅 é ຫ່ານ
	i 一 yī ໜຶ່ງ	u 屋 wū ເຮືອນ	ü 鱼 yú ປາ

① ພະຍາງທີ່ຕ້ອງຈື່-ອ່ານທັງຕົວ: ເປັນພະຍາງພິເສດຊະນິດໜຶ່ງໃນລະບົບພິນຢິນ ເຊິ່ງບໍ່ຈຳເປັນ ແລະ ບໍ່ເໝາະສົມທີ່ຈະຈຳແນກອອກເປັນພະຍັນຊະນະແກນ ແລະ ສະຫຼະ, ເວລາຫັດອ່ານເພິ່ນຈຶ່ງກຳນົດໃຫ້ຈື່ ແລະ ອ່ານພະຍາງທັງຕົວໄປພ້ອມກັນ.

续表

汉语拼音表 ຕາຕະລາງພິນຢິນພາສາຈີນ			
韵母 ສະຫຼະ	ai 爱 ài ຮັກ	ei 泪 lèi ນ້ຳຕາ	ao 老 lǎo ເຖົ້າ
	ou 藕 ǒu ຫົວບົວ	ia 虾 xiā ກຸ້ງ	ie 姐 jiě ເອື້ອຍ
	iao 药 yào ຢາ	iou (iu) 有 yǒu ມີ	ua 蛙 wā ກົບ
	uo 我 wǒ ຂ້ອຍ	uai 坏 huài ເພ	uei (ui) 水 shuǐ ນ້ຳ
	üe 月 yuè ເດືອນ	er 二 èr ສອງ	an 暗 àn ມືດ
	en 根 gēn ຮາກ (ໄມ້)	in 林 lín ປ່າ	ün 云 yún ເມກ
	ian 眼 yǎn ຕາ	uan 换 huàn ປ່ຽນ	uen (un) 问 wèn ຖາມ
	üan 远 yuǎn ໄກ	ang 帮 bāng ຊ່ວຍ	eng 冷 lěng ໜາວ
	ing 鹰 yīng ອິນຊີ	ong 红 hóng ແດງ	iang 羊 yáng ແບ້
	iong 穷 qióng ທຸກຍາກ	uang 网 wǎng ແຫ	
	ueng 翁 wēng ຊາຍຊະລາ		
声调 ວັນນະຍຸດ	ˉ（第一声 ໄມ້ທີ 1）妈 mā ແມ່		ˊ（第二声 ໄມ້ທີ 2）麻 má ປໍ
	ˇ（第三声 ໄມ້ທີ 3）马 mǎ ມ້າ		ˋ（第四声 ໄມ້ທີ 4）骂 mà ດ່າ

2. 唇音声母 ພະຍັນຊະນະແກນຮີມສົບ

ໃນລະບົບພິນຢິນພາສາຈີນ ມີພະຍັນຊະນະແກນທີ່ໃຊ້ຮີມສົບເປັນຈຸດຜະລິດສຽງ 4 ຕົວຄື: b, p, m, f. ໃນນັ້ນ b, p, m ເປັນພະຍັນຊະນະແກນຮີມສົບຄູ່, f ເປັນພະຍັນຊະນະແກນຮີມສົບລຸ່ມ-ແຂ້ວເທິງ.

ຈົ່ງເບິ່ງຕາຕະລາງລຸ່ມນີ້ ແລະ ຟັງສຽງອັດຢ່າງລະອຽດ ແລະອ່ານໄປນຳ.

唇音声母 ພະຍັນຊະນະແກນຮີມສົບ	示例 ຕົວຢ່າງ		
b	bā 八 ແປດ	bàba 爸爸 ພໍ່	bēnpǎo 奔跑 ແລ່ນ
p	pá 爬 ຄານ	pīpíng 批评 ຕຳໜິ	pāimài 拍卖 ຂາຍເລ
m	mō 摸 ລູບ	mèimei 妹妹 ນ້ອງສາວ	miànbāo 面包 ເຂົ້າຈີ່
f	fó 佛 ພຸດ	fāngfǎ 方法 ວິທີ	fēngmì 蜂蜜 ນ້ຳເຜິ້ງ

3. 单元音韵母 ສະຫຼະປ່ຽວ

ໃນລະບົບພິນຢິນພາສາຈີນ ສະຫຼະທີ່ປະກອບແຕ່ສຽງສະຫຼະອັນໜຶ່ງ

ອັນດຽວນັ້ນໆ ເອີ້ນວ່າສະຫຼະປ່ຽວ. ມີສະຫຼະປ່ຽວທັງໝົດ 6 ຕົວ ດັ່ງນີ້: ɑ, o, e, i, u, ü.

ຈົ່ງເບິ່ງຕາຕະລາງລຸ່ມນີ້ ແລະ ຟັງສຽງອັດຢ່າງລະອຽດ ແລະ ອ່ານໄປນຳ.

单元音韵母 ສະຫຼະປ່ຽວ	示 例 ຕົວຢ່າງ		
ɑ	ɑ 啊 ອຸ້ຍ	māma 妈妈 ອີ່ແມ່	dàjiā 大家 ທຸກຄົນ
o	ò 哦 ເອີ	bóbo 伯伯 ລຸງ	mòshēng 陌生 ແປກໜ້າ
e	é 鹅 ຫ່ານ	hégé 合格 ໄດ້ມາດຕະຖານ	kuàilè 快乐 ມ່ວນຊື່ນ
i	yī 一 ໜຶ່ງ	jílì 吉利 ມຸງຄຸນ	mǐfàn 米饭 ເຂົ້າ
u	wū 屋 ເຮືອນ	lùzhū 露珠 ຢາດນ້ຳຄ້າງ	húshuǐ 湖水 ນ້ຳໜອງ
ü	yú 鱼 ປາ	nǚxù 女婿 ເຂີຍ	xǔduō 许多 ຫຼາຍໆ

注意 ຂໍ້ສັງເກດ

1. ສະຫຼະປ່ຽວທັງໝົດ ໃນລະບົບພິນຢິນພາສາຈີນ ສາມາດເປັນພະ

ຍາງດ້ວຍຕົນເອງໄດ້ ໂດຍບໍ່ຕ້ອງການໃຫ້ມີພະຍັນຊະນະ ແກນປະກອບຢູ່ນຳ, ພະຍາງຊະນິດນີ້ເພິ່ນຕັ້ງຊື່ວ່າ ພະຍາງໄຮ້ພະຍັນຊະນະແກນ, ແລະເວລາຂຽນພະຍາງ ເພິ່ນກໍໃຫ້ຂຽນສະຫຼະ i, u, ü ເປັນ yi, wu, yu.

2. ເມື່ອສະຫຼະ ü ເປັນພະຍາງໄຮ້ພະຍັນຊະນະແກນ ຫຼື ຈະປະສົມກັບພະຍັນຊະນະແກນລີ້ນ-ເພດານແຂງ ຄື j, q, x ໃຫ້ລຶບສອງຈ້ຳຢູ່ທາງເທິງນັ້ນອອກ. ເນື້ອໃນກ່ຽວກັບ ພະຍັນຊະນະແກນສຽງລີ້ນພວກເຮົາຈະໄດ້ຮຽນເປັນລາຍລະອຽດໃນບົດຕໍ່ໄປ.

4. 基本声调 ວັນນະຍຸດ

ໃນພາສາຈີນກາງມີ ວັນນະຍຸດ 4 ຮູບ, ໄດ້ແກ່: ໄມ້ທີ 1 ຂຽນດັ່ງນີ້ "ˉ", ໄມ້ທີ 2 ຂຽນດັ່ງນີ້ "ˊ", ໄມ້ທີ 3 ຂຽນດັ່ງນີ້ "ˇ", ໄມ້ທີ 4 ຂຽນດັ່ງນີ້ "ˋ". ວັນນະຍຸດບໍ່ຄືກັນ ຄວາມໝາຍຂອງຕົວໜັງສືນັ້ນກໍຈະຕ່າງກັນ. ບາງເທື່ອພວກເຮົາຈະໄດ້ສັງເກດເຫັນວ່າ ພະຍາງໃນພາສາຈີນກາງບາງພະຍາງ ຈະອອກສຽງ ເບົາໆ ແລະ ສັ້ນໆ, ອັນນີ້ເພິ່ນເອີ້ນວ່າ "ສຽງເບົາ" ແລະ ສຽງເບົານີ້ຈະບໍ່ໄດ້ນັບເປັນສຽງວັນນະຍຸດ ແລະ ມັນກໍບໍ່ໄດ້ມີເຄື່ອງໝາຍວັນນະຍຸດອີກດ້ວຍ.

ຈົ່ງເບິ່ງຕາຕະລາງລຸ່ມນີ້ ແລະ ຟັງສຽງອັດຢ່າງລະອຽດ ແລະ ອ່ານໄປນຳ.

声调 ວັນນະຍຸດ	第一声"ˉ" ໄມ້ທີ 1 "ˉ"	第二声"ˊ" ໄມ້ທີ 2 "ˊ"	第三声"ˇ" ໄມ້ທີ 3 "ˇ"	第四声"ˋ" ໄມ້ທີ 4 "ˋ"
示例 ຕົວຢ່າງ	mā 妈 ແມ່	má 麻 ປ່	mǎ 马 ມ້າ	mà 骂 ດ່າ
	māma 妈妈 ອີ່ແມ່	málà 麻辣 ຮຶນແລະເຜັດ	mǎlù 马路 ທາງ; ຖະໜົນ	màrén 骂人 ດ່າຄົນ
	bī 逼 ບັງຄັບ	bí 鼻 ດັງ	bǐ 比 ທຽບ	bì 毕 ນາມສະກຸນຂອງຊາວຈີນ
	bīpò 逼迫 ບັງຄັບ	bízi 鼻子 ດັງ	bǐjiào 比较 ສົມທຽບ	bìyè 毕业 ຈົບຮຽນ
	pō 泼 ສາດ	pó 婆 ຍິງຊະລາ	fǔ 斧 ຂວານ	fù 富 ຮັ່ງ
	pōshuǐ 泼水 ສາດນ້ຳ	pópo 婆婆 ແມ່ເຖົ້າ	fǔtóu 斧头 ຂວານ	fùyù 富裕 ຮັ່ງມີ

注意 ຂໍ້ສັງເກດ

ເວລາເຄື່ອງໝາຍວັນນະຍຸດ ໝາຍໄວ້ເທິງສະຫຼະ i ໃຫ້ລຶບເອົາຈ້ຳເມັດຢູ່ທາງເທິງອອກ.

课后练习 ເຝິກຫັດນອກໂມງຮຽນ

1. 拼读下面的音节。ຈົ່ງອ່ານພະຍາງດັ່ງລຸ່ມນີ້.

ā a ò é è yí wù yù bǎ bù pō pí mǎ mì fà fū

2. 根据给出的拼音，朗读下列字词。ຈົ່ງອ່ານຄຳສັບລຸ່ມນີ້ ຕາມພິນຢິນທີ່ໄດ້ໝາຍໄວ້.

啊 a ອຸ້ຍ　　鹅 é ຫ່ານ　　八 bā ແປດ

爬 pá ຄານ　　佛 fó ພຸດ　　衣服 yīfu ເສື້ອ

摸鱼 mōyú ຈັບປາ　　玉米 yùmǐ ສາລີ　　马匹 mǎpǐ ໂຕມ້າ

发布 fābù ປະກາດ　　比武 bǐwǔ ປະລອງຍຸດ

第二课　舌尖中音声母　舌根音声母　舌面前音声母

ບົດທີ 2　ພະຍັນຊະນະແກນປາຍລີ້ນ-ເຫືອກ ພະຍັນຊະນະແກນກົກລີ້ນ ພະຍັນຊະນະແກນລີ້ນ-ເພດານແຂງ

1. 舌尖中音声母 ພະຍັນຊະນະແກນປາຍລີ້ນ-ເຫືອກ

ໃນລະບົບພິນຢິນພາສາຈີນ ພະຍັນຊະນະທີ່ມີຈຸດຜະລິດສຽງຢູ່ບ່ອນປາຍລີ້ນ-ເຫືອກນັ້ນ ລວມມີ 4 ຕົວ ຄື: d, t, n, l.

ຈົ່ງເບິ່ງຕາຕະລາງລຸ່ມນີ້ ແລະ ຟັງສຽງອັດປາງລະອຽດ ແລະ ອ່ານໄປນຳ.

舌尖中音声母 ພະຍັນຊະນະແກນ ປາຍລີ້ນ-ເຫືອກ	示 例 ຕົວຢ່າງ		
d	dà 大 ໃຫຍ່	dìdi 弟弟 ນ້ອງຊາຍ	dōngméng 东盟 ອາຊຽນ
t	tī 踢 ເຕະ	tóuténg 头疼 ເຈັບຫົວ	táidēng 台灯 ໂຄມຕັ້ງ
n	nǐ 你 ເຈົ້າ	nánnǚ 男女 ຍິງຊາຍ	nǔlì 努力 ພະຍາຍາມ
l	lù 路 ທາງ	liúlián 榴梿 ທຸລຽນ	lǜsè 绿色 ສີຂຽວ

2. 舌根音声母 ພະຍັນຊະນະແກນກົກລີ້ນ

ໃນລະບົບພິນຢິນພາສາຈີນ ພະຍັນຊະນະແກນທີ່ມີຈຸດຜະລິດສຽງຢູ່ບ່ອນກົກລີ້ນນັ້ນ ລວມມີ 3 ຕົວຄື: g, k, h.

ຈົ່ງເບິ່ງຕາຕະລາງລຸ່ມນີ້ ແລະ ຟັງສຽງອັດຢ່າງລະອຽດ ແລະ ອ່ານໄປນຳ.

舌根音声母 ພະຍັນຊະນະແກນ ກົກລີ້ນ	示 例 ຕົວຢ່າງ		
g	gǔ 骨 ດູກ	gēge 哥哥 ອ້າຍ	gūniang 姑娘 ສາວ
k	kě 渴 ຫິວນ້ຳ	kāikuàng 开矿 ຂຸດແຮ່	kǔnàn 苦难 ຄວາມທຸກ
h	hǔ 虎 ເສືອ	héhǎo 和好 ຄືນດີ	háma 蛤蟆 ຄັນຄາກ

3. 舌面前音声母 ພະຍັນຊະນະແກນລີ້ນ-ເພດານແຂງ

ໃນລະບົບພິນຢິນພາສາຈີນ ພະຍັນຊະນະແກນທີ່ມີຈຸດຜະລິດສຽງຢູ່ບ່ອນລີ້ນ-ເພດານແຂງນັ້ນ ລວມມີ 3 ຕົວຄື: j, q, x.

ຈົ່ງເບິ່ງຕາຕະລາງລຸ່ມນີ້ ແລະ ຟັງສຽງອັດຢ່າງລະອຽດ ແລະ ອ່ານໄປນຳ.

舌面前音声母 ພະຍັນຊະນະແກນລີ້ນ-ເພດານແຂງ	示 例 ຕົວຢ່າງ		
j	jī 鸡 ໄກ່	jùjí 聚集 ເຕົ້າໂຮມ	jiāli 家里 ໃນເຮືອນ
q	qī 七 ເຈັດ	qìqiú 气球 ປູມເປົ້າ	qǔdé 取得 ໄດ້ຮັບ
x	xī 西 ທິດຕາເວັນຕົກ	xuéxí 学习 ຮໍ່າຮຽນ	xǔduō 许多 ຫຼາຍໆ

注意 ຂໍ້ສັງເກດ

1. ພະຍັນຊະນະແກນ j, q, x ຈະບໍ່ສາມາດປະສົມກັບສະຫຼະ u ກໍຄື ສະຫຼະປະສົມ ແລະ ສະຫຼະດັງທີ່ຂຶ້ນຕົ້ນດ້ວຍສະຫຼະ u.

2. ເມື່ອພະຍັນຊະນະແກນ j, q, x ປະສົມກັບສະຫຼະ ü ກໍຄື ສະຫຼະປະສົມ ແລະ ສະຫຼະດັງທີ່ຂຶ້ນຕົ້ນດ້ວຍ ü ຕ້ອງໄດ້ລຶບສອງຈໍ້າຢູ່ທາງເທິງອອກ.① ເນື້ອໃນກ່ຽວກັບສະຫຼະປະສົມ ແລະ ສະຫຼະດັງ ພວກເຮົາຈະໄດ້ຮຽນໃນບົດຕໍ່ໄປ.

课后练习 ເຝິກຫັດນອກໂມງຮຽນ

1. 拼读下面的音节。ຈົ່ງອ່ານພະຍາງດັ່ງລຸ່ມນີ້.

dé tǎ nù lǐ gè kǎ hù jǐ qú xī

---

① ດັ່ງຕົວຢ່າງວ່າ j + ü = ju, ເພິ່ນຈະບໍ່ໃຫ້ຂຽນເປັນ jü; j + üan = juan, ຈະບໍ່ໃຫ້ ຂຽນເປັນ jüan ດັ່ງນີ້ເປັນຕົ້ນ.

2. 根据给出的拼音，朗读下列字词。 ຈົ່ງອ່ານຄຳສັບລຸ່ມນີ້ ຕາມພິນຢິນທີ່ໄດ້ໝາຍໄວ້.

大 dà ໃຫຍ່	图 tú ຮູບ
拿 ná ຖື	铝 lǚ ອາລຸຍມີນຽມ
妻 qī ເມຍ	可以 kěyǐ ໄດ້
歌曲 gēqǔ ເພງ	木讷 mùnè ເຊື່ອງຊ້າ
垃圾 lājī ຂີ້ເຫຍື້ອ	顾客 gùkè ລູກຄ້າ
气息 qìxī ລົມຫາຍໃຈ	贺卡 hèkǎ ບັດອວຍພອນ
玻璃 bōli ແກ້ວ	一个 yīgè ອັນໜຶ່ງ

第三课　复韵母　卷舌韵母

ບົດທີ 3　ສະຫຼະປະສົມ ສະຫຼະຫັນລີ້ນ

1. 复韵母 ສະຫຼະປະສົມ

ໃນລະບົບພິ່ນຢິ່ນພາສາຈີນ ສະຫຼະທີ່ປະສົມດ້ວຍສະຫຼະ 2 ຕົວ ຫຼື 2 ຕົວຂຶ້ນໄປນັ້ນ ເອີ້ນວ່າສະຫຼະປະສົມ. ມີສະຫຼະປະສົມທັງໝົດ 13 ຕົວໃນລະບົບພິ່ນຢິ່ນພາສາຈີນ ຄື: ai, ei, ao, ou, ia, ie, iao, iou（iu）, ua, uo, uai, uei（ui）, üe.

ຈົ່ງເບິ່ງຕາຕະລາງລຸ່ມນີ້ ແລະ ຟັງສຽງອັດຢ່າງລະອຽດ ແລະ ອ່ານໄປນຳ.

复韵母 ສະຫຼະປະສົມ	示 例 ຕົວຢ່າງ		
ai	ài 爱 ຮັກ	mǎimai 买卖 ການຄ້າຂາຍ	báitiān 白天 ກາງເວັນ
ei	lèi 泪 ນ້ຳຕາ	mèimei 妹妹 ນ້ອງສາວ	bēizi 杯子 ຈອກ
ao	lǎo 老 ແກ່	dàocǎo 稻草 ເຟືອງ	hǎorén 好人 ຄົນດີ
ou	ǒu 藕 ຫົວບົວ	lòudǒu 漏斗 ຈອຍ	tóunǎo 头脑 ສະໝອງ

续表

复韵母 ສະຫຼະປະສົມ	示 例 ຕົວຢ່າງ		
ia	xiā 虾 ກຸ້ງ	jiǎyá 假牙 ແຂ້ວປອມ	yālì 压力 ຄວາມກົດດັນ
ie	jiě 姐 ເອື້ອຍ	xièxie 谢谢 ຂອບໃຈ	yèzi 叶子 ໃບໄມ້
iao	yào 药 ຢາ	xiǎoniǎo 小鸟 ນົກນ້ອຍ	diàochē 吊车 ລົດຍົກ
iou (iu)	yǒu 有 ມີ	yōuxiù 优秀 ດີເດັ່ນ	liúxué 留学 ຮຽນຢູ່ ຕ່າງປະເທດ
ua	wā 蛙 ກົບ	guāhuā 刮花 ຂູດເປັນຮອຍ	huàjiā 画家 ນັກແຕ້ມ
uo	wǒ 我 ຂ້ອຍ	huǒguō 火锅 ຊີ້ນຈຸ່ມ	nuòmǐ 糯米 ເຂົ້າໜຽວ
uai	huài 坏 ເພ	wàikuài 外快 ລາຍໄດ້ເສີມ	guǎizhàng 拐杖 ໄມ້ເທົ້າ
uei (ui)	shuǐ 水 ນ້ຳ	huíguī 回归 ກັບຄືນ	wěiba 尾巴 ຫາງ
üe	yuè 月 ເດືອນ	juéxué 绝学 ວິຊາໂດດເດັ່ນ; ຄວາມຮູ້ທີ່ຫາຍ ສາບສູນໄປ	nüèdài 虐待 ຂົ່ມເຫັງ

注意 ຂໍ້ສັງເກດ

1. ເມື່ອສະຫຼະປະສົມທີ່ຂຶ້ນຕົ້ນດ້ວຍ i, u ໄດ້ເປັນພະຍາງໄຮ້ພະຍັນຊະນະແກນ, ສະຫຼະ i ແລະ u ໃຫ້ປ່ຽນມາຂຽນເປັນ y ແລະ w.

2. ເມື່ອສະຫຼະປະສົມທີ່ຂຶ້ນຕົ້ນດ້ວຍ ü ໄດ້ເປັນພະຍາງໄຮ້ພະຍັນຊະນະແກນ, ຕ້ອງໄດ້ເພີ່ມ y ຢູ່ທາງໜ້າຂອງພະຍາງນັ້ນ ແລະ ຕ້ອງໄດ້ລຶບສອງຈ້ຳຂອງສະຫຼະ ü ອອກ.

3. ສະຫຼະ iou, uei ເວລາປະສົມກັບພະຍັນຊະນະແກນ ໃຫ້ຂຽນເປັນ iu, ui ໂດຍທົ່ວໄປ.

2. 卷舌韵母 ສະຫຼະຫັນລີ້ນ

ໃນລະບົບພິນຢິນພາສາຈີນມີສະຫຼະພິເສດໂຕໜຶ່ງຄື er ເພາະເວລາຜັນສຽງປາຍລີ້ນຕ້ອງໄດ້ຫັນຂຶ້ນໄປທາງເພດານແຂງ ຈຶ່ງໄດ້ເອີ້ນວ່າສະຫຼະຫັນລີ້ນ.

ຈົ່ງເບິ່ງຕາຕະລາງລຸ່ມນີ້ ແລະ ຟັງສຽງອັດຢ່າງລະອຽດ ແລະອ່ານໄປນຳ.

卷舌韵母 ສະຫຼະຫັນລີ້ນ	示 例 ຕົວຢ່າງ		
er	èr 二 ສອງ	érzi 儿子 ລູກຊາຍ	ěrduo 耳朵 ຫູ

课后练习 ເຝິກຫັດນອກໂມງຮຽນ

1. 拼读下面的音节。ຈົ່ງອ່ານພະຍາງດັ່ງລຸ່ມນີ້.

bái	gěi	hào	dōu	liǎ	jié	xiào	yǒu
xiū	huá	wò	kuài	wēi	duì	qué	èr

2. 根据给出的拼音，朗读下列字词。ຈົ່ງອ່ານຄຳສັບລຸ່ມນີ້ ຕາມພິນຍິນທີ່ໄດ້ໝາຍໄວ້.

龟 guī ເຕົ່າ　　猫 māo ແມວ　　猴 hóu ລີງ

摇 yáo ແກວ່ງ　　油 yóu ນ້ຳມັນ　　哎呀 āiyā ໂອຍ

泪水 lèishuǐ ນ້ຳຕາ　　违约 wéiyuē ລະເມີດສັນຍາ

缺货 quēhuò ຂາດສິນຄ້າ　　外表 wàibiǎo ຮູບໂສມພາຍນອກ

下滑 xiàhuá ຕົກຕ່ຳ　　蜗牛 wōniú ຫອຍເດື່ອ

而且 érqiě ຫາກຍັງ...ອີກ　　耳朵 ěrduo ຫູ

第四课 前鼻韵母 后鼻韵母

ບົດທີ 4 ສະຫຼະດັງ (ປາຍລີ້ນ-ເຫືອກ) ສະຫຼະດັງ (ກົກລີ້ນ-ເພດານອ່ອນ)①

1. 前鼻韵母 ສະຫຼະດັງ (ປາຍລີ້ນ-ເຫືອກ)

ສະຫຼະທີ່ມີສຽງສະກົດ /n/ ແລະ /ŋ/ ປະກອບຢູ່ນຳນັ້ນ ເອີ້ນວ່າ ສະຫຼະດັງ ຊຶ່ງຢູ່ໃນລະບົບພິນຢິນພາສາຈີນລວມມີ 16 ຕົວ, ແລະ ອີງໃສ່ສຽງສະກົດທີ່ຕ່າງກັນ ກໍໄດ້ແບ່ງອອກເປັນສອງພວກ ຄື: ສະຫຼະດັງ (ປາຍລີ້ນ-ເຫືອກ) ສະຫຼະດັງ (ກົກລີ້ນ-ເພດານອ່ອນ). ໃນນັ້ນ ສະຫຼະ an, en, in, ün, ian, uan, uen(un), üan ມີສຽງສະກົດ /n/ ປະກອບຢູ່ນຳ ເອີ້ນວ່າ ສະຫຼະດັງ (ປາຍລີ້ນ-ເຫືອກ).

---

① ສະຫຼະດັງ (ປາຍລີ້ນ-ເຫືອກ) ສະຫຼະດັງ (ກົກລີ້ນ-ເພດານອ່ອນ): ໃນລະບົບພິນຢິນພາສາຈີນ ສະຫຼະສອງຊະນິດນີ້ໄດ້ປະກອບມີຕົວສະກົດສຽງ /n/ ແລະ /ŋ/ ຢູ່ທາງທ້າຍ, ເຊັ່ນ: an, ang. ເວລາຜັນສຽງ ລົມທີ່ອອກມາຈາກປອດນັ້ນແມ່ນຖືກກີດກັ້ນຢູ່ສອງບ່ອນຄື ເມື່ອຜັນສຽງສະຫຼະທີ່ປະກອບສຽງສະກົດ /n/, ລົມຈະຖືກກີດກັ້ນຢູ່ບ່ອນປາຍລີ້ນ-ເຫືອກ ແລະ ເມື່ອຜັນສຽງສະຫຼະທີ່ປະກອບສຽງສະກົດ /ŋ/, ລົມຈະຖືກກີດກັ້ນຢູ່ບ່ອນກົກລີ້ນ-ເພດານອ່ອນ. ທັງສອງກໍລະນີນີ້ ລົມມີແຕ່ຜ່ານຜົ້ງດັງອອກໄປທາງນອກ, ພວກເຮົາຈຶ່ງໄດ້ອີງຕາມບ່ອນກີດກັ້ນລົມທີ່ອອກມາຈາກປອດ ແລະ ທາງອອກຂອງລົມ ຕັ້ງຊື່ໃຫ້ແກ່ສະຫຼະເຫຼົ່ານີ້ດັ່ງທີ່ໄດ້ກ່າວມາແລ້ວຂ້າງເທິງນັ້ນ.

ຈົ່ງເບິ່ງຕາຕະລາງລຸ່ມນີ້ ແລະ ຟັງສຽງອັດຢ່າງລະອຽດ ແລະອ່ານໄປນຳ.

前鼻韵母 ສະຫຼະດັງ (ປາຍລີ້ນ-ເຫືອກ)	示 例 ຕົວຢ່າງ	
an	àn 暗 ມືດ	cànlàn 灿烂 ຮຸ່ງເຮືອງ
	gǎnmào 感冒 ເປັນຫວັດ	
en	gēn 根 ຮາກ (ໄມ້)	rènzhēn 认真 ຕັ້ງໃຈ
	běnlái 本来 ດັ້ງເດີມ; ແຕ່ກ່ອນ	
in	lín 林 ປ່າ	jīnyín 金银 ເງິນຄຳ
	yīnwèi 因为 ຍ້ອນ	
ün	yún 云 ເມກ	jūnyún 均匀 ສະເໝີ
	xùnsù 迅速 ວ່ອງໄວ	
ian	yǎn 眼 ຕາ	piānjiàn 偏见 ເຂົ້າຂ້າງ
	niàntou 念头 ຄວາມຄິດ	
uan	huàn 换 ປ່ຽນ	wánjù 玩具 ເຄື່ອງຫຼິ້ນ
	zhuǎnwān 转弯 ອວ່າຍ; ລ້ຽວກັບ	
uen (un)	wèn 问 ຖາມ	wēncún 温存 ນິ່ມນວນ
	hūnlǐ 婚礼 ພິທີແຕ່ງງານ	
üan	yuǎn 远 ໄກ	yuánquān 圆圈 ວົງມົນ
	xuǎnzé 选择 ເລືອກ	

注意 ຂໍ້ສັງເກດ

1. ຄືກັນກັບສະຫຼະປະສົມ, ກໍລະນີສະຫຼະດັງ (ປາຍລີ້ນ-ເຫືອກ) ທີ່ຂຶ້ນຕົ້ນດ້ວຍສະຫຼະ i, u ນັ້ນເຮັດໜ້າທີ່ເປັນພະຍາງໄຮ້ພະຍັນຊະນະແກນ ສະຫຼະ i, u ກໍໃຫ້ຂຽນເປັນ y, w; ກໍລະນີສະຫຼະດັງ (ປາຍລີ້ນ-ເຫືອກ) ທີ່ຂຶ້ນຕົ້ນດ້ວຍສະຫຼະ ü ນັ້ນເຮັດໜ້າທີ່ເປັນພະຍາງໄຮ້ພະຍັນຊະນະແກນ, ຕ້ອງໄດ້ເພີ່ມຕົວ y ຢູ່ທາງໜ້າພະຍາງ ແລະ ລຶບສອງຈໍ້າຂອງສະຫຼະ ü ອອກ.

2. ເວລາປະສົມກັບພະຍັນຊະນະແກນ, ສະຫຼະ uen ຈະຂຽນເປັນ un ໂດຍທຳມະດາ.

2. 后鼻韵母 ສະຫຼະດັງ (ກົກລີ້ນ-ເພດານອ່ອນ)

ໃນລະບົບພິນຢິນພາສາຈີນ ສະຫຼະດັງທີ່ມີສຽງສະກົດ /ŋ/ ປະກອບຢູ່ນຳນັ້ນ ເຊັ່ນ ang, eng, ing, ong, iang, iong, uang, ueng ສະຫຼະເຫຼົ່ານີ້ເອີ້ນວ່າ ສະຫຼະດັງ (ກົກລີ້ນ-ເພດານອ່ອນ).

ຈົ່ງເບິ່ງຕາຕະລາງລຸ່ມນີ້ ແລະ ຟັງສຽງອັດຢ່າງລະອຽດ ແລະອ່ານໄປນຳ.

后鼻韵母 ສະຫຼະດັງ (ກົກລີ້ນ-ເພດານອ່ອນ)	示例 ຕົວຢ່າງ	
ang	bāng 帮 ຊ່ວຍ	cāngsāng 沧桑 ຜ່ານໂລກມາຫຼາຍ
	ángshǒu 昂首 ເງີຍໜ້າເງີຍຕາ	

续表

后鼻韵母 ສະຫຼະດັງ (ກົກລີ້ນ-ເພດານອ່ອນ)	示 例 ຕົວຢ່າງ	
eng	lěng 冷 ໜາວ	gēngzhèng 更正 ແກ້ຜິດ
	děngdài 等待 ລໍຖ້າ	
ing	yīng 鹰 ອິນຊີ	qīngyíng 轻盈 ອ່ອນຊ້ອຍ
	línghuó 灵活 ຄ່ອງແຄ້ວ	
ong	hóng 红 ແດງ	kǒnglóng 恐龙 ໄດໂນເສົາ
	nóngmín 农民 ຊາວນາ	
iang	yáng 羊 ແບ້	liàngxiàng 亮相 ປະກົດອອກ
	jiǎnghuà 讲话 ເວົ້າ	
iong	qióng 穷 ທຸກຍາກ	xiōngyǒng 汹涌 ຫຸຫຼັ່ງທົ່ງເທ
	yǒnggǎn 勇敢 ກ້າຫານ	
uang	wǎng 网 ແຫ	zhuàngkuàng 状况 ສະພາບການ
	huǎngyán 谎言 ຄຳຫຼອກລວງ	
ueng	wèng 瓮 ໄຫ	wēngwēng 嗡嗡 ສັບຣຽນສຽງ
	lǎowēng 老翁 ຊາຍຊະລາ	

注意 ຂໍ້ສັງເກດ

ຄືກັນກັບສະຫຼະປະສົມ ແລະ ສະຫຼະດັງ (ປາຍລີ້ນ-ເຫືອກ), ກໍລະນີສະຫຼະດັງ (ກົກລີ້ນ-ເພດານອ່ອນ) ທີ່ຂຶ້ນຕົ້ນດ້ວຍສະຫຼະ i, u ນັ້ນເຮັດໜ້າທີ່ເປັນພະຍາງໄຮ້ພະຍັນຊະນະແກນ, ສະຫຼະ i, u ກໍໃຫ້ຂຽນເປັນ y, w.

课后练习 ເຝິກຫັດນອກໂມງຮຽນ

1. 拼读下面的音节。ຈົ່ງອ່ານພະຍາງດັ່ງລຸ່ມນີ້.

dān bèn xìn yūn nián huān kūn quàn páng

gèng nìng dōng liǎng jiǒng wáng wēng

2. 根据给出的拼音，朗读下列字词。ຈົ່ງອ່ານຄຳສັບລຸ່ມນີ້ ຕາມພິນຢິນທີ່ໄດ້ໝາຍໄວ້.

很 hěn ຫຼາຍ　　凉 liáng ເຢັນ　　孕 yùn ຖືພາ

赢 yíng ຊະນະ　　翁 wēng ຊາຍຊະລາ

愿望 yuànwàng ຄວາມມຸ່ງຫວັງ　　安全 ānquán ປອດໄພ

进攻 jìngōng ບຸກ　　阳光 yángguāng ແສງແດດ

黄昏 huánghūn ທົ່ວຄ່ຳ　　军官 jūnguān ນາຍທະຫານ

脸蛋 liǎndàn ໃບໜ້າ　　生命 shēngmìng ຊີວິດ

窘迫 jiǒngpò ລຳບາກຍາກແຄ້ນ

第五课　舌尖前音声母　舌尖后音声母 整体认读音节

ບົດທີ 5　ພະຍັນຊະນະແກນປາຍລີ້ນ-ແຂ້ວລຸ່ມ ພະຍັນຊະນະແກນປາຍລີ້ນ-ເພດານແຂງ ພະຍາງທີ່ຕ້ອງຈື່-ອ່ານທັງຕົວ

1. 舌尖前音声母 ພະຍັນຊະນະແກນປາຍລີ້ນ-ແຂ້ວລຸ່ມ

ໃນລະບົບພິນຢິນພາສາຈີນ ພະຍັນຊະນະແກນທີ່ມີຈຸດພະລິດສຽງຢູ່ບ່ອນປາຍລີ້ນ-ແຂ້ວລຸ່ມນັ້ນ ມີທັງໝົດ 3 ຕົວຄື: z, c, s.

ຈົ່ງເບິ່ງຕາຕະລາງລຸ່ມນີ້ ແລະ ຟັງສຽງອັດຢ່າງລະອຽດ ແລະ ອ່ານໄປນຳ.

<table>
<tr><th>舌尖前音声母
ພະຍັນຊະນະແກນປາຍລີ້ນ-ແຂ້ວລຸ່ມ</th><th colspan="2">示 例 ຕົວຢ່າງ</th></tr>
<tr><td rowspan="2">z</td><td>zuò 做 ເຮັດ</td><td>zǔzong 祖宗 ບັນພະບຸລຸດ</td></tr>
<tr><td colspan="2">zàijiàn 再见 ພົບກັນໃໝ່</td></tr>
<tr><td rowspan="2">c</td><td>cǎo 草 ຫຍ້າ</td><td>cāicè 猜测 ເດົາ</td></tr>
<tr><td colspan="2">cūxīn 粗心 ປະໝາດ</td></tr>
<tr><td rowspan="2">s</td><td>sān 三　ສາມ</td><td>sùsòng 诉讼 ຮ້ອງຟ້ອງ</td></tr>
<tr><td colspan="2">suíbiàn 随便 ຕາມສະບາຍ</td></tr>
</table>

2. 舌尖后音声母 ພະຍັນຊະນະແກນປາຍລີ້ນ-ເພດານແຂງ

ໃນລະບົບພິນຢິນພາສາຈີນ ພະຍັນຊະນະແກນທີ່ມີຈຸດຜະລິດສຽງຢູ່ບ່ອນປາຍລີ້ນ-ເພດານແຂງນັ້ນ ມີທັງໝົດ 4 ຕົວຄື: zh, ch, sh, r.

ຈົ່ງເບິ່ງຕາຕະລາງລຸ່ມນີ້ ແລະ ຟັງສຽງອັດຢ່າງລະອຽດ ແລະ ອ່ານໄປນຳ.

舌尖后音声母 ພະຍັນຊະນະແກນປາຍລີ້ນ-ເພດານແຂງ	示 例 ຕົວຢ່າງ	
zh	zhǎo 找 ຊອກ	zhēnzhèng 真正 ແທ້ຈິງ
	zhàpiàn 诈骗 ສໍ້ໂກງ; ຕົວະຕົ້ມຫຼອກລວງ	
ch	chuán 船 ເຮືອ	chūchǎng 出场 ຂຶ້ນເວທີ
	chīfàn 吃饭 ກິນເຂົ້າ	
sh	shé 蛇 ງູ	shǒushù 手术 ຜ່າຕັດ
	shuìjiào 睡觉 ນອນ	
r	rén 人 ຄົນ	ruǎnruò 软弱 ອ່ອນແອ
	rènshi 认识 ຮູ້ຈັກ	

3. 整体认读音节 ພະຍາງທີ່ຕ້ອງຈື່-ອ່ານທັງຕົວ

ພະຍາງທີ່ຕ້ອງຈື່-ອ່ານທັງຕົວ ໝາຍເຖິງພະຍາງຈຳພວກທີ່ບໍ່ຈຳເປັນຕ້ອງສະກົດ ແຕ່ໃຫ້ຈື່ ແລະ ອ່ານພະຍາງທັງຕົວໂດຍກົງ. ພະຍາງຈຳພວກທີ່ກ່າວມານີ້ ມີທັງໝົດ 16 ຕົວ, ໃນນັ້ນ yi, wu, yu, ye, yue, yuan, yin, yun, ying ຖືວ່າເປັນພະຍາງໄຮ້ພະຍັນຊະນະແກນ ຊຶ່ງພວກເຮົາໄດ້ຮຽນມາແລ້ວ. ທີ່ນີ້ພວກເຮົາຈະເນັ້ນພະຍາງດັ່ງຕໍ່ໄປນີ້ ຄື: zi, ci, si, zhi, chi, shi, ri. ພະຍາງຈຳພວກນີ້ເປັນພະຍາງທີ່ຕ້ອງຈື່-ອ່ານທັງຕົວທີ່ປະກອບດ້ວຍ ພະຍັນຊະນະແກນປາຍລີ້ນ-ແຂ້ວລຸ່ມ ແລະ ພະຍັນຊະນະແກນປາຍລີ້ນ-ເພດານແຂງ ກັບສະຫຼະພິດເສດ -i.

ຈົ່ງເບິ່ງຕາຕະລາງລຸ່ມນີ້ ແລະ ຟັງສຽງອັດຢ່າງລະອຽດ ແລະ ອ່ານໄປນຳ.

整体认读音节 ພະຍາງທີ່ຕ້ອງຈື່-ອ່ານທັງຕົວ	示 例 ຕົວຢ່າງ	
zi	zǐ 紫 (ສີ)ມ່ວງ	zīzī 吱吱 ສັບຮຽນສຽງ
	zìjǐ 自己 ຕົວເອງ	
ci	cí 词 ຄຳສັບ	cìzǐ 次子 ລູກຊາຍຜູ້ທີສອງ
	cìxiù 刺绣 ຖັກແສ່ວ	
si	sì 四 ສີ່	sīsī 嘶嘶 ສັບຮຽນສຽງ
	sīchóu 丝绸 ແພໄໝ	
zhi	zhǐ 纸 ເຈ້ຍ	zhìzhǐ 制止 ຢຸດ
	zhīdào 知道 ຮູ້	
chi	chī 吃 ກິນ	chíchí 迟迟 ຊັກຊ້າ
	chǐzi 尺子 ໄມ້ບັນທັດ	

续表

整体认读音节 ພະຍາງທີ່ຕ້ອງຈື່-ອ່ານທັງຕົວ	示 例 ຕົວຢ່າງ	
shi	shì 是 ແມ່ນ	shìshí 事实 ຄວາມຈິງ
	shīyè 失业 ຕົກງານ	
ri	rì 日 ຕາເວັນ	rìzi 日子 ວັນເວລາ
	rìqī 日期 ມື້ວັນ	

注意 ຂໍ້ສັງເກດ

ອັກສອນ i ໃນພະຍາງທີ່ຕ້ອງຈື່-ອ່ານທັງຕົວດັ່ງກ່າວ ທີ່ຈິງແລ້ວແມ່ນສະຫຼະພິເສດ -i, ພວກເຮົາຕ້ອງຮູ້ຈໍາແນກຄວາມແຕກຕ່າງກັນລະຫວ່າງສະຫຼະປ່ຽວ i ກັບສະຫຼະພິເສດ -i. ໃນລະບົບພິນຢິນພາສາຈີນ, ພະຍັນຊະນະແກນປາຍລີ້ນ-ແຂ້ວລຸ່ມ ແລະ ພະຍັນຊະນະແກນປາຍລີ້ນ-ເພດານແຂງ ຈະບໍ່ສາມາດສະກົດກັບສະຫຼະປ່ຽວ i ກໍຄື ສະຫຼະປະສົມ ແລະ ສະຫຼະດັງ ທີ່ຂຶ້ນຕົ້ນດ້ວຍສະຫຼະ i.

课后练习 ເຝິກຫັດນອກໂມງຮຽນ

1. 拼读下面的音节。ຈົ່ງອ່ານພະຍາງດັ່ງລຸ່ມນີ້.

zǎi　cuò　sè　zhū　chén　shàng　róu

zī　cì　sǐ　zhì　chī　shí　rì

2. 根据给出的拼音，朗读下列字词。 ຈົ່ງອ່ານຄຳສັບລຸ່ມນີ້ ຕາມພິນຢິນທີ່ໄດ້ໝາຍໄວ້.

贼 zéi ໂຈນ	擦 cā ຖູ	说 shuō ເວົ້າ
软 ruǎn ອ່ອນ	池 chí ສະ	知识 zhīshi ຄວາມຮູ້
尺寸 chǐcùn ຂະໜາດ		孙子 sūnzi ຫຼານຊາຍ
日常 rìcháng ປະຈຳວັນ		自私 zìsī ເຫັນແກ່ຕົວ
辞职 cízhí ລາອອກວຽກ		战士 zhànshì ນັກຮົບ
燥热 zàorè ຮ້ອນເອົ້າ		寺庙 sìmiào ວັດ

第六课　打招呼和介绍

ບົດທີ 6　ທັກທາຍແລະແນະນຳ

一、重点句式 ໂຄງສ້າງປະໂຫຍກທີ່ສຳຄັນ

nǐ hǎo　nín hǎo　nǐ men hǎo
1. 你好 / 您好 / 你们好!
ສະບາຍດີ/ທ່ານ/ພວກເຈົ້າ!

nǚ shì　xiān sheng　dà jiā hǎo
2. 女士/先生/大家好!
ສະບາຍດີທ່ານຍິງ/ທ່ານຊາຍ/ທຸກຄົນ!

hěn gāo xìng jiàn dào nǐ　rèn shi nǐ
3. 很高兴见到你/认识你。
ດີໃຈຫຼາຍທີ່ໄດ້ພົບເຈົ້າ/ຮູ້ຈັກເຈົ້າ.

hěn jiǔ méi yǒu jiàn miàn le　nǐ hǎo ma
4. 很久没有见面了，你好吗?
ດົນແລ້ວທີ່ບໍ່ໄດ້ພົບກັນ, ເຈົ້າສະບາຍດີບໍ?

nǐ jìn lái hǎo ma
5. 你近来好吗?
ໄລຍະນີ້ເຈົ້າສະບາຍດີບໍ?

nǐ zuì jìn guò de zěn me yàng
6. 你最近过得怎么样?
ໄລຍະນີ້ເຈົ້າເປັນແນວໃດ?

wǒ hěn hǎo　hái xíng　mǎ mǎ hū hū
7. 我很好/还行/马马虎虎。
ຂ້ອຍສະບາຍດີ/ກໍພໍໃຊ້ໄດ້/ທຳມະດາ.

nǐ shēn tǐ hǎo ma
8. 你身体好吗?
ສຸຂະພາບເຈົ້າແຂງແຮງດີບໍ?

wǒ de shēn tǐ hǎo jí le　bù cuò　hái guò de qù
9. 我的身体好极了/不错/还过得去。
ສຸຂະພາບຂອງຂ້ອຍແຂງແຮງດີຫຼາຍ/ພໍໃຊ້ໄດ້/ພໍໄປພໍມາ.

nǐ zuì jìn máng ma
10. 你最近忙吗?
ໄລຍະນີ້ຫຍຸ້ງວຽກບໍ?

hěn máng　bù máng　tǐng máng de
11. 很忙/不忙/挺忙的。
ຫຍຸ້ງວຽກຫຼາຍ/ບໍ່ຫຍຸ້ງວຽກ/ວຽກອ່າວຫຼາຍ.

zǎo shang　zhōng wǔ　xià wǔ　wǎn shang hǎo
12. 早上/中午/下午/晚上好!
ສະບາຍດີຕອນເຊົ້າ/ຕອນທ່ຽງ/ຕອນບ່າຍ/ຕອນແລງ!

wǒ jiào chén yíng　lǐ wàn háo
13. 我叫陈莹/李万豪。
ຂ້ອຍຊື່ເສີນຢີງ/ຫຼີວ້ານຫາວ.

wǒ shì yī gè xué shēng　gōng wù yuán　dǎo yóu
14. 我是一个学生/公务员/导游。
ຂ້ອຍແມ່ນນັກຮຽນ/ລັດຖະກອນ/ຜູ້ນຳທ່ຽວຄົນໜຶ່ງ.

wǒ shì guǎng xī nán níng rén　yún nán kūn míng rén　lǎo wō wàn xiàng rén
15. 我是广西南宁人/云南昆明人/老挝万象人。
ຂ້ອຍແມ່ນຄົນໜານໜິງກວາງຊີ/ຂ້ອຍແມ່ນຄົນຄຸນໜິງຢຸນນານ/

ຂ້ອຍແມ່ນຄົນວຽງຈັນປະເທດລາວ.

wǒ lái zì lǎo wō wàn xiàng zhōng guó běi jīng tài guó màn gǔ
16. 我来自老挝万象 / 中国北京 / 泰国曼谷。
ຂ້ອຍມາຈາກວຽງຈັນປະເທດລາວ/ປັກກິ່ງປະເທດຈີນ/ບາງກອກປະເທດໄທ.

zhè shì wǒ de qī zi mǔ qīn péng you
17. 这是我的妻子/ 母亲 / 朋友。
ນີ້ແມ່ນເມຍ (ພັນລະຍາ)/ແມ່ (ມານດາ)/ໝູ່ (ເພື່ອນ) ຂອງຂ້ອຍ.

qǐng yǔn xǔ wǒ jiè shào yī xià zhè wèi shì wáng xiǎo yàn tā shì wǒ de tóng shì
18. 请允许我介绍一下，这位是王晓燕。她是我的同事。

ຂ້ອຍຂໍແນະນຳ, ທ່ານນີ້ແມ່ນນາງຫວາງສຽວແຢ້ນ. ລາວແມ່ນເພື່ອນຮ່ວມງານຂອງຂ້ອຍ.

语言点归纳 ຂໍ້ສະຫຼຸບ

1. "人称+好 ຄຳສັບພະນາມ+ສະບາຍດີ" ແລະ "时段+好 ໄລຍະເວລາ+ສະບາຍດີ" ແມ່ນພາສາທີ່ມັກໃຊ້ທັກທາຍໃນພາສາຈີນ. ມັກໃຊ້ຫຼາຍແມ່ນ "你好 ສະບາຍດີ" , ເວລາເນັ້ນໜັກເຖິງການມີມາລະຍາດ ແລະ ຄວາມນັບຖື ໂດຍທົ່ວໄປເວົ້າວ່າ "您好 ສະບາຍດີ" ; ເນັ້ນໜັກເຖິງການທັກທາຍກັບເປົ້າໝາຍທີ່ກຳນົດພິເສດ, ເຊັ່ນ: "女士好 ສະບາຍດີທ່ານຍິງ" "先生好 ສະບາຍດີທ່ານຊາຍ" "老师好 ສະບາຍດີອາຈານ" ແລະອື່ນໆ. ໃນມື້ໜຶ່ງທັກທາຍໃນໄລຍະເວລາທີ່

ແຕກຕ່າງກັນກໍພິຖີພິຖັນເຊັ່ນກັນ, ເຊັ່ນ: ປົກກະຕິ ແຕ່ 5 ໂມງຫາ 10 ໂມງ ເວົ້າວ່າ: "早上好 ສະບາຍດີຕອນເຊົ້າ", 11 ໂມງ ຫາ 13 ໂມງ ເວົ້າວ່າ: "中午好 ສະບາຍດີຕອນທ່ຽງ", 14 ໂມງ ຫາ18ໂມງ ເວົ້າວ່າ: "下午好 ສະບາຍດີຕອນບ່າຍ", ຫຼັງ 19 ໂມງເວົ້າວ່າ: "晚上好 ສະບາຍດີຕອນແລງ".

2. "吗 ບໍ" ແມ່ນຄໍາສັບສົງໄສໃນພາສາຈີນ. ປະໂຫຍກຄໍາຖາມທີ່ປະກອບດ້ວຍຄໍາວ່າ "ບໍ" ໃຊ້ເປັນປະຈໍາໃນການທັກທາຍໃນພາສາຈີນ, ເຊັ່ນ: "你最近忙吗? ໄລຍະນີ້ຫຍຸ້ງວຽກບໍ?" "ໄລຍະນີ້ຫຍຸ້ງວຽກບໍ?" ຄໍາຕອບຂອງປະໂຫຍກຄໍາຖາມປະເພດນີ້ແມ່ນໃຊ້ຄໍາຢືນຢັນ "很忙/比较忙。ຫຍຸ້ງວຽກຫຼາຍ/ຫຍຸ້ງວຽກ." ຫຼືຄໍາປະຕິເສດ "不忙。ບໍ່ຫຍຸ້ງວຽກ." ຄົນສະໜິດໃນການທັກທາຍທີ່ໃຊ້ເປັນປະຈໍາແມ່ນ: "你好吗? ເຈົ້າສະບາຍດີບໍ?" ຄໍາຕອບແມ່ນ: "很好。ຂ້ອຍສະບາຍດີ." "马马虎虎。ທໍາມະດາ." "还过得去。ພໍໄປພໍມາ." ຕອບໝົດແລ້ວຖາມຄືນໄດ້: "ເຈົ້າເດ?"

3. ໃນເວລາແນະນໍາໂຕເອງພື້ນຖານໂຄງສ້າງຂອງປະໂຫຍກແມ່ນ "我叫+名字。ຂ້ອຍຊື່ວ່າ+ຊື່." "我是+职业/××人。ຂ້ອຍແມ່ນ+ອາຊີບ/ໃຜ." "我来自+地名。ຂ້ອຍມາຈາກ+ສະຖານທີ່." ເຊັ່ນ: "我叫玛尼。ຂ້ອຍຊື່ວ່າໝານີ." "我是一个公务员。ຂ້ອຍແມ່ນພະນັກງານລັດ." "我是老挝人，来自万象。ຂ້ອຍແມ່ນຄົນລາວ, ມາຈາກວຽງຈັນ."

4. ປະໂຫຍກທີ່ມັກໃຊ້ໃນເວລາແນະນຳຝ່າຍທີ 3 ມີ "这/这位是……ນີ້/ທ່ານນີ້ແມ່ນ..." "他/她是……ລາວ (ຊາຍ)/ລາວ (ຍິງ) ແມ່ນ...", ບາງເທື່ອເພື່ອສະແດງເຖິງຄວາມມີມາລະຍາດ, ກ່ອນຈະແນະນຳຄົນອື່ນຈະເວົ້າວ່າ "请允许我介绍一下。ຂ້ອຍຂໍແນະນຳກ່ອນ."

5. "很高兴见到你！ດີໃຈຫຼາຍທີ່ໄດ້ພົບເຈົ້າ!" ໃຊ້ກັບຄົນທີ່ພົບກັນເທື່ອທຳອິດຫຼືບໍ່ເຫັນກັນດົນ.

二、会话训练 ຝຶກການສົນທະນາ

情景会话 1 ການສົນທະນາທີ 1

jiǎ nín hǎo wáng xiān sheng
甲：您 好， 王 先 生 ！

ກ: ສະບາຍດີທ່ານ, ທ່ານຫວາງ!

yǐ nǐ hǎo xiǎo lǐ
乙：你 好！ 小 李。

ຂ: ສະບາຍດີ! ສຽວຫຼີ.

jiǎ hěn gāo xìng jiàn dào nín
甲：很 高 兴 见 到 您！

ກ: ດີໃຈທີ່ໄດ້ພົບທ່ານ!

yǐ jiàn dào nǐ wǒ yě hěn gāo xìng
乙：见 到 你 我 也 很 高 兴 ！

ຂ: ໄດ້ພົບທ່ານຂ້ອຍກໍດີໃຈເຊັ່ນກັນ!

jiǎ nín zuì jìn shēn tǐ hǎo ma
甲：您 最 近 身 体 好 吗？

ກ: ໄລຍະນີ້ທ່ານສຸຂະພາບແຂງແຮງດີບໍ?

yǐ hái guò de qù xiè xie nǐ nǐ ne
乙：还过得去。谢谢你！你呢?
ຂ: ພໍໄປພໍມາ. ຂອບໃຈ! ເຈົ້າເດ?

jiǎ wǒ hěn hǎo xiè xie nín zài jiàn
甲：我很好。谢谢您！再见。
ກ: ຂ້ອຍສະບາຍດີ. ຂອບໃຈທ່ານ! ລາກ່ອນ.

yǐ zài jiàn
乙：再见。
ຂ: ລາກ່ອນ.

注释 ໝາຍເຫດ

ຄົນຈີນເອີ້ນໃຜບາງຄົນ, ທາງຫຼັງນາມສະກຸນຈະບອກຄຳວ່າ "先生 ທ່ານຊາຍ" "女士 ທ່ານຍິງ" (ໃຊ້ໃນໂອກາດທາງການຫຼືສະແດງເຖິງຄວາມເຄົາລົບ). ຜູ້ອາຍຸສູງເອີ້ນຜູ້ອາຍຸນ້ອຍ, ຜູ້ໃຫຍ່ເອີ້ນເດັກນ້ອຍວ່າ "小+姓 ສຽວ+ນາມສະກຸນ", ເຊັ່ນວ່າ: "小李 ສຽວຫຼີ" "小黄 ສຽວຫວາງແລະອື່ນໆ".

情景会话 2 ການສົນທະນາທີ 2

jiǎ hǎo jiǔ bù jiàn zuì jìn zài máng shén me
甲：好久不见，最近在忙什么?
ກ: ດົນແລ້ວບໍ່ໄດ້ພົບກັນ, ໄລຍະນີ້ຫຍຸ້ງຫຍັງບໍ?

yǐ chūn jié kuài dào le zhè jǐ tiān máng zhe mǎi nián huò ne nǐ ne
乙：春节快到了，这几天忙着买年货呢。你呢?
ຂ: ໃກ້ຈະຮອດບຸນປີໃໝ່ແລ້ວ, ຫຼາຍມື້ມານີ້ຫາຊື້ເຄື່ອງໃຊ້ໃນປີໃໝ່. ເຈົ້າເດ?

jiǎ wǒ máng zhe zhuāng xiū fáng zi zhāng luo ér zi de hūn shì ne
甲：我忙着装修房子，张罗儿子的婚事呢。
ກ: ຂ້ອຍຫຍຸ້ງນຳຕົກແຕ່ງເຮືອນ, ຈັດການງານດອງ (ງານວິວາ) ລູກຊາຍ.

yǐ gōng xǐ la nà kě yǒu nǐ máng de le
乙：恭喜啦，那可有你忙的了。
ຂ: ຍິນດີນຳເດີ້! ຊັ້ນເຈົ້າກໍຄືຫຍຸ້ງວຽກຫຼາຍ.

jiǎ shì ya wǒ děi xiān máng qù la
甲：是呀，我得先忙去啦!
ກ: ແມ່ນແລ້ວ, ຂ້ອຍໄປວຽກກ່ອນເດີ້!

yǐ hǎo de wǒ yě yào qù chāo shì le zài jiàn
乙：好的。我也要去超市了，再见！
ຂ: ເຈົ້າ. ຂ້ອຍກໍຈະໄປຊຸບເປີມາກເກັດຄືກັນ, ລາກ່ອນ!

jiǎ zài jiàn
甲：再见!
ກ: ລາກ່ອນ!

注释 ໝາຍເຫດ

1. "在忙什么? ຫຍຸ້ງຫຍັງບໍ?" ແມ່ນຄຳສະໜິດ, ໝູ່ເພື່ອນມັກໃຊ້ໃນການທັກທາຍ.

2. ຄົນຈີນສະເຫຼີມສະຫຼອງບຸນກຸດຈີນຕາມຈັນທະຄະຕິຈີນ, ຈະກະກຽມເຄື່ອງຂອງຫຼາຍຢ່າງ, ມີເຄື່ອງກິນ, ເຄື່ອງໃຊ້, ເຄື່ອງນຸ່ງ, ເຄື່ອງປະດັບ, ເຄື່ອງຫຼິ້ນ, ເຄື່ອງໄຫວ້, ເຊັ່ນ: ເຂົ້າໜົມໜຽນກ່າວ, ຄະຕິຄູ່ ແລະອື່ນໆ. ເຄື່ອງເຫຼົ່ານີ້ເອີ້ນວ່າ "年货 ເຄື່ອງໃຊ້ໃນປີໃໝ່".

情景会话 3 ການສົນທະນາທີ 3

jiǎ　wǎn shang hǎo　lǐ　xiān sheng
甲：晚　上　好，李 先　生　！

ກ: ສະບາຍດີຕອນແລງ, ທ່ານຫຼີ!

yǐ　wǎn shang hǎo　lín xiān sheng
乙：晚　上　好 ，林 先　生　！

ຂ: ສະບາຍດີຕອນແລງ, ທ່ານຫຼິນ!

jiǎ　qǐng yǔn xǔ wǒ jiè shào yī xià　zhè shì wǒ de qī　zi liú jiā lì　tā shì guǎng xī guì lín rén
甲：请 允 许 我 介 绍 一 下，这 是 我 的 妻 子 刘 佳 丽。她 是 广 西 桂 林 人 。

ກ: ຂ້ອຍຂໍແນະນຳ, ນີ້ແມ່ນຫຼິວເຈ່ຍລີ້ພັນລະຍາຂ້ອຍ. ລາວແມ່ນຄົນກຸ້ຍຫຼິນກວາງຊີ.

yǐ　nín de qī　zi　zhēn piào liang　guì lín guǒ rán shì shān shuǐ měi　rén gèng měi
乙：您 的 妻 子 真　漂　亮！桂 林 果 然 是 山　水　美，人　更　美。

ຂ: ພັນລະຍາຂອງທ່ານງາມແທ້! ກຸ້ຍຫຼິນພູຜາສາຍນ້ຳສວຍງາມ, ຄົນຍິ່ງງາມ.

jiǎ　xiè xie nín
甲：谢 谢 您!

ກ: ຂອບໃຈທ່ານ!

yǐ　nín de qī　zi　shì zuò shén me gōng zuò de
乙：您 的 妻 子 是 做　什　么　工　作 的?

ຂ: ພັນລະຍາ (ເມຍ) ຂອງທ່ານເຮັດວຽກຫຍັງ?

jiǎ　tā shì yī míng dǎo yóu
甲：她 是 一　名　导 游 。

ກ: ລາວເປັນຜູ້ນຳທ່ຽວ.

注释 ໝາຍເຫດ

"更 ຍິ່ງ" ຄຳກິລິຍາວິເສດ, ມັກໃຊ້ສົມທຽບ, ສະແດງເຖິງລະດັບທີ່ເລີກເຊິ່ງ. "山水美，人更美 ພູຜາສາຍນ້ຳສວຍງາມ, ຄົນຍິ່ງງາມ" ສົມທຽບຄົນງາມ ແລະທິວທັດທີ່ສວຍງາມ, ເນັ້ນໜັກຄວາມງາມຂອງແມ່ຍິງ.

三、单词与短语 ຄຳສັບແລະວະລີ

nǐ hǎo
你 好 ສະບາຍດີ

nín hǎo
您 好 ສະບາຍດີທ່ານ

nǐ men hǎo
你 们 好 ສະບາຍດີພວກເຈົ້າ

nǚ shì
女 士 ທ່ານຍິງ

xiān sheng
先 生 ທ່ານຊາຍ

dà jiā
大 家 ທຸກທ່ານ; ທຸກຄົນ

gāo xìng
高 兴 ດີໃຈ

jiàn dào
见 到 ພົບເຫັນ

rèn shi
认 识 ຮູ້ຈັກ

hěn jiǔ
很 久 ດົນນານ

méi yǒu
没 有 ບໍ່ມີ

jiàn miàn
见 面 ພົບກັນ

nǐ
你 ເຈົ້າ

ma
吗 ບໍ (ໃສ່ໃນທ້າຍປະໂຫຍກມີຄວາມໝາຍວ່າສົງໄສ)

wǒ
我 ຂ້ອຍ

hěn hǎo
很 好 ດີຫຼາຍ

hái xíng
还 行 ກໍພໍໃຊ້ໄດ້

mǎ mǎ hū hū
马 马 虎 虎 ທຳມະດາ

shēn tǐ
身 体 ສຸຂະພາບ

hǎo jí le
好 极 了 ດີທີ່ສຸດ

bù cuò
不 错 ໃຊ້ໄດ້

hái guò de qù
还 过 得 去 ພໍໄປພໍມາ

zuì jìn
最 近 ໄລຍະນີ້

máng
忙 ວຽກຫຍຸ້ງ; ວຽກຫຼາຍ

hěn
很 ຫຼາຍ (ລະດັບສູງສົມຄວນ)

tǐng
挺 ຫຼາຍ (ແທ້ຈິງ)

zhōng wǔ
中 午 ຕອນທ່ຽງ

wǎn shang
晚 上 ຕອນແລງ

wǒ shì
我 是 ຂ້ອຍແມ່ນ

gōng wù yuán
公 务 员 ລັດຖະກອນ

lái zì
来 自 ມາຈາກ

wǒ de
我 的 ຂອງຂ້ອຍ

mǔ qīn
母 亲 ແມ່; ມານດາ

qǐng yǔn xǔ
请 允 许 ຂໍ (ຖືເປັນກຽດ)

zhè wèi
这 位 ທ່ານນີ້

xiè xie
谢 谢 ຂອບໃຈ

chūn jié
春 节 ບຸນປີໃໝ່

nián huò
年 货 ເຄື່ອງໃຊ້ໃນປີໃໝ່

fáng zi
房 子 ເຮືອນ

ér zi
儿 子 ລູກຊາຍ

gōng xǐ
恭 喜 ຍິນດີ

piào liang
漂 亮 ງາມ

bù
不 ບໍ່

zǎo shang
早 上 ຕອນເຊົ້າ

xià wǔ
下 午 ຕອນບ່າຍ

wǒ jiào
我 叫 ຂ້ອຍຊື່

xué shēng
学 生 ນັກຮຽນ

dǎo yóu
导 游 ຜູ້ນຳທ່ຽວ

zhè shì
这 是 ນີ້ແມ່ນ

qī zi
妻 子 ເມຍ; ພັນລະຍາ

péng you
朋 友 ໝູ່; ເພື່ອນ

jiè shào
介 绍 ແນະນຳ

tóng shì
同 事 ເພື່ອນຮ່ວມງານ

zài jiàn
再 见 ລາກ່ອນ

mǎi
买 ຊື້

zhuāng xiū
装 修 ຕົກແຕ່ງ

zhāng luo
张 罗 ຈັດການ

hūn shì
婚 事 ງານດອງ; ງານວິວາ

chāo shì
超 市 ຊຸບເປີມາກເກັດ

guǒ rán
果 然 ແທ້; ແທ້ຈິງ

shān shuǐ
山 水 ພູຜາສາຍນ້ຳ

měi
美 ງາມ

rén
人 ຄົນ; ມະນຸດ

gèng
更 ຍິ່ງ

四、课后练习 ເຝິກຫັດນອກໂມງຮຽນ

1. 回答下列问题。ຕອບຄຳຖາມລຸ່ມນີ້.

（1）您贵姓？

（2）你最近过得好吗？

（3）你最近忙吗？

2. 整理句子。ແປງປະໂຫຍກໃຫ້ຖືກ.

（1）很久 我 和 小张 不 见面 了

（2）买年货 这几天 大家 都 忙着

（3）我 喜欢 桂林 的 山山水水 非常

3. 听录音，选择正确答案。ຟັງສຽງ, ເລືອກຄຳຕອບທີ່ຖືກຕ້ອງ.

（1）张先生近来好吗？

A. 挺好的。 B. 还行。 C. 马马虎虎。

（2）刘英华是______。

A. 黄经理的妻子。 B. 黄经理的母亲。 C. 黄经理的朋友。

（3）李先生是做什么工作的？

A. 学生。 B. 导游。 C. 记者。

（4）陈老师的妻子是哪个国家的？

A. 老挝。 B. 泰国。 C. 新加坡。

（5）小梁最近在忙什么？

A. 考试。 B. 装修房子。 C. 买年货。

第七课　时间与度量衡（包含数字等）

ບົດທີ 7　ເວລາແລະມາດຕະຖານວັດແທກຄວາມຍາວ, ນ້ຳໜັກ ແລະບໍລິມາດ (ລວມທັງຕົວເລກແລະອື່ນໆ)

一、重点句式 ໂຄງສ້າງປະໂຫຍກທີ່ສຳຄັນ

jīn tiān shì jǐ yuè jǐ rì jǐ yuè jǐ hào duō shao hào xiàn zài shì shén me jì jié
1. 今天是几月几日/几月几号/多少号/现在是什么季节？

ມື້ນີ້ແມ່ນວັນທີເທົ່າໃດເດືອນໃດ/ວັນທີເທົ່າໃດເດືອນໃດ/ວັນທີເທົ່າໃດ/ປັດຈຸບັນນີ້ແມ່ນລະດູຫຍັງ?

jīn tiān shì yuè rì yuè hào hào
2. 今天是12月28日/3月6号/18号。
ມື້ນີ້ແມ່ນວັນທີ 28 ເດືອນ 12/ວັນທີ 6 ເດືອນ 3/ວັນທີ 18.

míng tiān shì xīng qī jǐ
3. 明天是星期几？
ມື້ອື່ນແມ່ນວັນຫຍັງ?

míng tiān shì xīng qī liù
4. 明天是星期六。
ມື້ອື່ນແມ່ນວັນເສົາ.

xiàn zài shì chūn tiān xià tiān qiū tiān dōng tiān
5. 现在是春天/夏天/秋天/冬天。
ດຽວນີ້ແມ່ນລະດູໃບໄມ້ປົ່ງ/ລະດູຮ້ອນ/ລະດູໃບໄມ້ຫຼົ່ນ/ລະດູໜາວ.

xiàn zài jǐ diǎn le shì jǐ diǎn zhōng shì shén me shí jiān
6. 现在几点了/是几点钟/是什么时间？
ດຽວນີ້ຈັກໂມງແລ້ວ/ເວລາຈັກໂມງ/ເວລາໃດ?

xiàn zài shì shàng wǔ diǎn fēn zhōng wǔ diǎn zhěng xià wǔ diǎn bàn
7. 现在是上午8点15分/中午12点整/下午5点半。
ດຽວນີ້ແມ່ນຕອນເຊົ້າ 8 ໂມງ 15 ນາທີ/ທ່ຽງ 12 ໂມງຕົງ/ຕອນບ່າຍ 5 ໂມງເຄິ່ງ.

xiàn zài hái chà fēn zhōng dào diǎn
8. 现在还差5分钟到6点。
ດຽວນີ້ຍັງ 5 ນາທີຮອດ 6 ໂມງ.

zhè ge xī guā zhòng qiān kè gōng jīn
9. 这个西瓜重1千克/公斤。
ໝາກໂມໜ່ວຍນີ້ໜັກ 1 ກິໂລ/ກິໂລກລາມ.

tā tǐ zhòng qiān kè gōng jīn
10. 她体重60千克/公斤。
ລາວໜັກ 60 ກິໂລ/ກິໂລກລາມ.

tā shēn gāo mǐ
11. 他身高1.75米。
ລາວສູງ 1,75 ແມັດ.

zhè gēn shéng zi cháng lí mǐ
12. 这根绳子长30厘米。
ເຊືອກເສັ້ນນີ້ຍາວ 30 ຊັງຕີແມັດ.

cóng huǒ chē zhàn dào zhè lǐ cóng běi jīng dào shàng hǎi cóng wàn xiàng dào láng bó lā bāng yǒu duō yuǎn
13. 从火车站到这里/从北京到上海/从万象到琅勃拉邦有多远？

ຈາກສະຖານີລົດໄຟຮອດບ່ອນນີ້/ຈາກປັກກິ່ງຮອດຊຽງໄຮ/

ຈາກວຽງຈັນຮອດຫຼວງພະບາງໄກຊ່ຳໃດ?

dà gài mǐ dà yuē qiān mǐ yǒu duō gōng lǐ
14. 大概 500 米/ 大约 1200 千米/ 有 400 多 公里。

ປະມານ 500 ແມັດ/ປະມານ 1200 ກິໂລແມັດ/ມີ 400 ກວ່າກິໂລແມັດ.

语言点归纳 ຂໍ້ສະຫຼຸບ

1. ຖາມ "今天是×月×日? ມື້ນີ້ແມ່ນວັນທີເທົ່າໃດເດືອນໃດ?", ຄຳຕອບຄວນເປັນວັນທີ່ເຈາະຈົງຕົວເລກ. ເຊັ່ນ: "今天是5月1日。ມື້ນີ້ແມ່ນວັນທີ 1 ເດືອນພຶດສະພາ."

2. ຖາມ "今天是星期几? ມື້ນີ້ແມ່ນວັນຫຍັງ?", ຄຳຕອບຄວນແມ່ນສະເພາະມື້ໃດໜຶ່ງ. ເຊັ່ນ: "今天是星期五。ມື້ນີ້ແມ່ນວັນສຸກ."

3. ຫົວໜ່ວຍວັດແທກຕາມກົດໝາຍໃນພາສາຈີນເຊື່ອມໂຍງກັບມາດຕະຖານສາກົນ. ຫົວໜ່ວຍວັດແທກລວງຍາວທີ່ນຳໃຊ້ປົກກະຕິມີ: "毫米 ມິລິແມັດ" "厘米 ຊັງຕີແມັດ" "米 ແມັດ" "千米 ກິໂລແມັດ", ໃນພາສາຂຽນ ຫຼືພາສາເວົ້າ ທີ່ບໍ່ເປັນທາງການ ມັກເວົ້າ "千米" ເປັນ "公里"; ຫົວໜ່ວຍວັດແທກນ້ຳໜັກທີ່ໃຊ້ເປັນປະຈຳມີ "克 ກຼາມ" ແລະ "千克 ກິໂລ", ໃນພາສາຂຽນ ຫຼືພາສາເວົ້າທີ່ບໍ່ເປັນທາງການມັກເວົ້າ "千克" ເປັນ "公斤"。

4. ຖາມໄລຍະຫ່າງຂອງສອງສະຖານທີ່, ທຳມະດາເວົ້າ "从……到……有多远? ຈາກ...ຮອດ...ໄກເທົ່າໃດ?". ຄຳຕອບຫຼືວ່າບອກໄລຍະຫ່າງຂອງສອງສະຖານທີ່, ເວົ້າໄດ້ແບບນີ້ "从……到……有×米/

千米/公里ຈາກ...ຮອດ...ມີຈັກແມັດ/ກິໂລແມັດ”.

5. ໃນເວລາຂຽນວັນທີຫຼືຈໍານວນໃນພາສາຈີນ, ສາມາດໃຊ້ຕົວເລກອາຣັບ, ໃຊ້ຕົວເລກຈີນກໍໄດ້. ຕົວເລກສູນເຖິງສິບຂຽນເປັນພາສາຈີນແມ່ນ:

0	1	2	3	4	5	6	7	8	9	10
零	一	二	三	四	五	六	七	八	九	十
ສູນ	ໜຶ່ງ	ສອງ	ສາມ	ສີ່	ຫ້າ	ຫົກ	ເຈັດ	ແປດ	ເກົ້າ	ສິບ

ການຄໍານວນເລກຫົດສະນິຍົມໃນພາສາຈີນ, ຫົວໜ່ວຍທີ່ໃຊ້ທົ່ວໄປມີຄື:

个	十	百	千	万	十万	百万	千万	亿
ໜ່ວຍ	ສິບ	ຮ້ອຍ	ພັນ	ໝື່ນ	ແສນ	ລ້ານ	ສິບລ້ານ	ຮ້ອຍລ້ານ

二、会话训练 ເຝິກການສົນທະນາ

情景会话 1 ການສົນທະນາທີ 1

jiǎ　jīn tiān shì jǐ yuè jǐ hào　jīn tiān xīng qī jǐ
甲：今天是几月几号？今天星期几？
ກ: ມື້ນີ້ແມ່ນວັນທີເທົ່າໃດເດືອນໃດ? ມື້ນີ້ແມ່ນວັນຫຍັງ?

yǐ　yuè　rì　xīng qī wǔ
乙：9月4日，星期五。
ຂ: ວັນທີ 4 ເດືອນ 9, ວັນສຸກ.

jiǎ　shí jiān guò de tài kuài le　yī gè xīng qī yòu yào jié shù le　zhuǎn yǎn jiù shì qiū tiān le
甲：时间过得太快了！一个星期又要结束了。转眼就是秋天了。

ກ: ເວລາຜ່ານໄປໄວຫຼາຍ! ອາທິດໜຶ່ງໃກ້ຈະໝົດອີກແລ້ວ. ບໍ່ດົນກໍ່ແມ່ນລະດູໃບໄມ້ຫຼົ່ນແລ້ວ.

yǐ què shí rú cǐ duì le xiàn zài jǐ diǎn le
乙：确实如此！对了，现在几点了？

ຂ: ເປັນແບບນີ້ແທ້! ແມ່ນແລ້ວ, ດຽວນີ້ຈັກໂມງແລ້ວ?

jiǎ chà fēn zhōng dào diǎn
甲：差5分钟到10点。

ກ: ຍັງ 5 ນາທີຮອດ 10 ໂມງ.

yǐ à nà wǒ bì xū zǒu le diǎn bàn yǒu yī gè zhòng yào de miàn shì wǒ kě bù néng chí dào
乙：啊，那我必须走了。10点半有一个重要的面试，我可不能迟到。

ຂ: ໂອ້, ຊັ້ນຂ້ອຍຕ້ອງໄປແລ້ວ. 10 ໂມງເຄິ່ງມີນັດສຳພາດທີ່ສຳຄັນ, ຂ້ອຍຊ້າບໍ່ໄດ້.

jiǎ nà nǐ kuài qù ba zhù nǐ hǎo yùn
甲：那你快去吧，祝你好运！

ກ: ຊັ້ນເຈົ້າຮີບໄປເທາະ, ຂໍໃຫ້ເຈົ້າໂຊກດີ!

yǐ xiè xie
乙：谢谢！

ຂ: ຂອບໃຈ!

注释 ໝາຍເຫດ

1. “太”，ປົກກະຕິສະແດງເຖິງລະດັບສູງ, ປະໂຫຍກອຸທານ “太……了！ ...ອີ່ຫຼີ, ເກີນໄປ, ໂພດ (ຫຼາຍ)!” ໃຊ້ສະແດງຄວາມຮູ້ສຶກຫຼືອາລົມທີ່ແຮງກ້າເປັນປະຈຳເປັນຕົ້ນ: ການຍ້ອງຍໍ, ຕົກໃຈ, ເຊັ່ນ: “太美

了！ ງາມອີ່ຫຼີ (ຫຼາຍ)! ”

2. ການສະແດງເວລາໃນພາສາຈີນມີວິທີດັ່ງຕໍ່ໄປນີ້: “×点整 ×ໂມງຕົງ”，ເຊັ່ນ: “3点整 3 ໂມງຕົງ”. “×点×分 ×ໂມງ×ນາທີ”，ເຊັ່ນ: “1点10分 1 ໂມງ 10 ນາທີ”. “×点半 ×ໂມງເຄິ່ງ”，ເຊັ່ນ: “5点半 5 ໂມງເຄິ່ງ”. “差×分钟（一般小于或等于20分 ທຳມະດາໜ້ອຍກວ່າຫຼືເທົ່າກັບ 20 ນາທີ）+到×点（即将到来的整点数ໂມງຕົງທີ່ໃກ້ຊິມາເຖິງ）×ໂມງຍັງ×ນາທີ”. ເຊັ່ນ: “差10分钟到4点。ຍັງ 10 ນາທີຮອດ 4 ໂມງຕົງ.”

情景会话 2 ການສົນທະນາທີ 2

jiǎ　kàn　wǒ mǎi le yī gè liú lián
甲：看，我买了一个榴莲！
ກ: ເບິ່ງແມ້, ຂ້ອຍຊື້ໝາກຖົ່ວລຽນ 1 ໜ່ວຍ!

yǐ　hǎo dà ya　tā yǒu duō zhòng
乙：好大呀！它有多重？
ຂ: ໃຫຍ່ແທ້! ມັນໜັກເທົ່າໃດ?

jiǎ　yǒu　qiān kè zhòng ne　wǒ men yī qǐ chī　hǎo bù hǎo
甲：有8千克重呢！我们一起吃，好不好？
ກ: ໜັກ 8 ກິໂລໄດ໋! ພວກເຮົາກິນນຳກັນ, ດີບໍ່ດີ?

yǐ　bù le　xiè xie　wǒ zuì jìn yào jiǎn féi
乙：不了，谢谢！我最近要减肥。
ຂ: ໄດ້ແລ້ວ, ຂອບໃຈ! ໄລຍະນີ້ຂ້ອຍຫຼຸດນ້ຳໜັກ.

jiǎ jiǎn féi nǐ kàn qǐ lái bù pàng a
甲：减肥？你看起来不胖啊！

ກ: ຫຼຸດນ້ຳໜັກ? ເບິ່ງແລ້ວເຈົ້າກໍບໍ່ຕຸ້ຍ!

yǐ wǒ de tǐ zhòng yǐ jīng chāo guò gōng jīn le wǒ xī wàng jiǎn dào gōng jīn
乙：我的体重已经超过60公斤了！我希望减到50公斤。

ຂ: ນ້ຳໜັກຂ້ອຍເກີນ 60 ກິໂລແລ້ວ! ຂ້ອຍຢາກຫຼຸດລົງຮອດ 50 ກິໂລ.

jiǎ nà hǎo ba zhù nǐ jiǎn féi chéng gōng
甲：那好吧。祝你减肥成功！

ກ: ດີແລ້ວ. ຂໍໃຫ້ເຈົ້າຫຼຸດນ້ຳໜັກສຳເລັດ!

yǐ xiè xie nǐ dào shì tài shòu le yīng gāi duō chī diǎn
乙：谢谢！你倒是太瘦了，应该多吃点。

ຂ: ຂອບໃຈ! ເຈົ້າພັດຈ່ອຍໂພດ, ຄວນກິນຫຼາຍໆແດ່.

jiǎ shì de wǒ zhèng zài nǔ lì zēng féi
甲：是的，我正在努力增肥。

ກ: ແມ່ນແລ້ວ, ຂ້ອຍກຳລັງພະຍາຍາມເພີ່ມນ້ຳໜັກ.

yǐ yǒu chéng xiào ma
乙：有成效吗？

ຂ: ໄດ້ຜົນບໍ?

jiǎ zhè ge yuè wǒ yǐ jīng zēng le gōng jīn wǒ de mù biāo shì zēng dào gōng jīn
甲：这个月我已经增了1公斤。我的目标是增到45公斤。

ກ: ເດືອນນີ້ຂ້ອຍເພີ່ມແລ້ວ 1 ກິໂລ. ເປົ້າໝາຍຂອງຂ້ອຍແມ່ນເພີ່ມຂຶ້ນຮອດ 45 ກິໂລ.

注释 ໝາຍເຫດ

1. "好不好? ດີບໍ່ດີ?" ໃຊ້ຖາມຄວາມຄິດເຫັນຂອງຄົນອື່ນ. ເຊັ່ນ: "我们走吧，好不好? ພວກເຮົາໄປເທາະ, ດີບໍ່ດີ?" ຄຳຕອບຢືນຢັນ: "好/好的。ດີ/ດີ." ຄຳຕອບປະຕິເສດ: "不/不行。ບໍ່/ບໍ່ໄດ້."

2. ສະແດງກ່ຽວກັບ "ຫຼຸດນ້ຳໜັກ" ແລະ "ເພີ່ມນ້ຳໜັກ" ທີ່ໃຊ້ເປັນປະຈຳໃນຊີວິດປະຈຳວັນມີ: "减了……公斤 ຫຼຸດນ້ຳໜັກ...ກິໂລແລ້ວ" "减到……公斤 ຫຼຸດນ້ຳໜັກຮອດ...ກິໂລ" "增了……公斤 ເພີ່ມນ້ຳໜັກເຖິງ... ກິໂລແລ້ວ" "增到……公斤 ເພີ່ມນ້ຳໜັກເຖິງ...ກິໂລ".

情景会话 3 ການສົນທະນາທີ 3

jiǎ cóng nǐ jiā dào gōng sī yǒu duō yuǎn
甲：从你家到公司有多远？
ກ: ຈາກບ້ານເຈົ້າຮອດຫ້ອງການໄກຊ່ຳໃດ?

yǐ dà gài gōng lǐ
乙：大概 10 公里。
ຂ: ປະມານ 10 ກິໂລແມັດ.

jiǎ nǐ qù shàng bān shì zì jǐ kāi chē hái shi zuò gōng jiāo chē
甲：你去上班是自己开车，还是坐公交车？
ກ: ເຈົ້າໄປການຂັບລົດໄປເອງ, ຫຼືຂີ່ລົດເມສາທາລະນະ?

yǐ wǒ tōng cháng zì jǐ kāi chē ǒu ěr yě zuò gōng gòng qì chē
乙：我通常自己开车，偶尔也坐公共汽车。
ຂ: ໂດຍທົ່ວໄປຂ້ອຍຂັບລົດເອງ, ບາງເທື່ອກໍຂີ່ລົດເມສາທາລະນະ.

jiǎ　kāi chē yào duō cháng shí jiān
甲：开 车 要 多 长 时 间？
ກ: ຂັບລົດໃຊ້ເວລາດົນປານໃດ?

yǐ　rú guǒ bù dǔ chē　jiù zhǐ yào　fēn zhōng zuǒ yòu
乙：如 果 不 堵 车，就 只 要 20 分 钟 左 右 。
ຂ: ຖ້າລົດບໍ່ຕິດ, ກໍປະມານ 20 ນາທີ.

jiǎ　zuò gōng gòng qì chē ne
甲：坐 公 共 汽 车 呢？
ກ: ຂີ່ລົດເມສາທາລະນະເດ?

yǐ　dà yuē yào　fēn zhōng
乙：大 约 要 40 分 钟 。
ຂ: ປະມານ 40 ນາທີ.

jiǎ　nà hái hǎo
甲：那 还 好 。
ກ: ຊັ້ນກໍດີ.

注释 ໝາຍເຫດ

1. "(是)……还是……? ...ຫຼື...?" ແມ່ນຮູບປະໂຫຍກຄຳຖາມແບບເລືອກ, ໃຊ້ຄຳວ່າ "ຫຼື" ເຊື່ອມຕໍ່ສອງກໍລະນີ ຫຼືຫຼາຍກວ່າສອງກໍລະນີທີ່ອາດເປັນໄປໄດ້, ເພື່ອໃຫ້ຜູ້ຕອບເລືອກຄຳຕອບ. ເຊັ່ນ: "你想喝茶还是喝咖啡? ທ່ານຢາກດື່ມນ້ຳຊາ ຫຼື ກາເຟ?"

2. ໃນເວລາສະແດງເງື່ອນໄຂເບື້ອງຕົ້ນ ແລະ ຜົນຂອງເຫດການຕາມການສົມມຸດ, ນຳໃຊ້ "如果……就……ຖ້າວ່າ...ຈະ..." ເປັນປະຈຳ. ເຊັ່ນ: "如果你吃太多，就会长胖。ຖ້າວ່າເຈົ້າກິນຫຼາຍເກີນໄປ,

ເຈົ້າອາດຈະຕຸ້ຍ.”

三、单词与短语 ຄຳສັບແລະອະລິ

yuè
月 ເດືອນ

rì
日 ວັນທີ

jì jié
季节 ລະດູການ

xīng qī
星 期 ວັນ

chūn tiān
春 天 ລະດູໃບໄມ້ປົ່ງ

xià tiān
夏 天 ລະດູຮ້ອນ

qiū tiān
秋 天 ລະດູໃບໄມ້ຫຼົ່ນ

dōng tiān
冬 天 ລະດູໜາວ

diǎn
点 ໂມງ

shí jiān
时 间 ເວລາ

fēn
分 ນາທີ

shàng wǔ
上 午 ຕອນເຊົ້າ

zhōng wǔ
中 午 ຕອນທ່ຽງ

xià wǔ
下 午 ຕອນບ່າຍ

fēn zhōng
分 钟 ນາທີ

gè
个 ໜ່ວຍ; ອັນ

xī guā
西 瓜 ໝາກໂມ

zhòng
重 ໜັກ

kè
克 ກຼາມ

qiān kè
千 克 ກິໂລ; ກິໂລກລາມ

gōng jīn
公 斤 ກິໂລ; ກິໂລກລາມ

tǐ zhòng
体 重 ນ້ຳໜັກ

shēn gāo
身 高 ລວງສູງ

gēn
根 ເສັ້ນ

shéng zi
绳 子 ເຊືອກ

cháng
长 ຍາວ

mǐ
米 ແມັດ

lí mǐ
厘 米 ຊັງຕີແມັດ

cóng dào
从……到 ຈາກ...ຮອດ

huǒ chē zhàn
火 车 站 ສະຖານີລົດໄຟ

zhè lǐ
这里 ບ່ອນນີ້

yǒu duō yuǎn
有 多 远 ໄກຊ່ຳໃດ

dà gài
大概 ປະມານ

dà yuē
大 约 ປະມານ

qiān mǐ
千 米 ກິໂລແມັດ

gōng lǐ
公 里 ກິໂລແມັດ

tài kuài
太 快 ໄວໂພດ

jié shù
结 束 ສິ້ນສຸດ

què shí rú cǐ
确 实 如 此 ເປັນແບບນີ້ແທ້

zhòng yào
重 要 ສຳຄັນ

miàn shì
面 试 ສຳພາດ

chí dào
迟 到 ຊ້າ; ສວາຍ

zhù nǐ hǎo yùn
祝 你 好 运 ຂໍໃຫ້ເຈົ້າໂຊກດີ

liú lián
榴 梿 ໝາກຖົ່ວລຽນ

chī
吃 ກິນ

zuì jìn
最 近 ເມື່ອບໍ່ດົນມານີ້

kàn qǐ lái
看 起 来 ເບິ່ງແລ້ວ

chāo guò
超 过 ເກີນ

shòu
瘦 ຈ່ອຍ

zēng féi
增 肥 ເພີ່ມນ້ຳໜັກ

shàng bān
上 班 ເຂົ້າການ

gōng jiāo chē
公 交 车 ລົດເມສາທາລະນະ

mǎi
买 ຊື້

yī qǐ
一 起 ນຳກັນ

hǎo bù hǎo
好 不 好 ດີບໍ່ດີ

jiǎn féi
减 肥 ຫຼຸດນ້ຳໜັກ

pàng
胖 ຕຸ້ຍ

xī wàng
希 望 ຄວາມຫວັງ

nǔ lì
努 力 ພະຍາຍາມ

chéng xiào
成 效 ຜົນ; ປະສິດທິຜົນ

kāi chē
开 车 ຂັບລົດ

dǔ chē
堵 车 ລົດຕິດ

四、课后练习 ເຝິກຫັດນອກໂມງຮຽນ

1. 替换练习。ຜັດປ່ຽນກັນເຝິກຫັດ.

（1）今天是星期六。

明天　星期天

昨天　星期五

后天　星期一

（2）从她家到火车站有多远？

公司　地铁站

宾馆　公车站

机场　市中心

2. 根据课文内容选词填空。ເລືອກຄຳສັບໃນບົດຮຽນ ແລ້ວຕື່ມໃສ່ບ່ອນວ່າງ.

还是	太	如果	但是	才

（1）时间过得 ＿＿＿＿＿ 快了！一个星期又要结束了。

（2）你去上班是自己开车，＿＿＿＿＿ 坐公交车？

（3）＿＿＿＿＿ 不堵车，就只要20分钟左右。

3. 听录音，判断正误（正确的写T，错误的写F）。ຟັງສຽງ, ພິຈາລະນາຖືກຜິດ (ຖືກໃຫ້ຂຽນ T, ຜິດໃຫ້ຂຽນ F).

（1）现在是上午8点5分。

（2）这根绳子长30厘米。

（3）他18岁了。

（4）我的体重已经超过60公斤了！我希望减到50公斤。

（5）他坐公共汽车去上班大约要14分钟。

第八课　求助和感谢

ບົດທີ 8　ຂໍຄວາມຊ່ວຍເຫຼືອແລະສະແດງຄວາມຂອບໃຈ

一、重点句式 ໂຄງສ້າງປະໂຫຍກທີ່ສຳຄັນ

1. 求助与应答 ຂໍຄວາມຊ່ວຍເຫຼືອ ແລະຄຳຕອບ

qǐng wèn nín kě yǐ bāng wǒ yī gè máng ma
（1）请 问 您 可 以 帮 我 一 个 忙 吗?
ຂໍໂທດ ທ່ານຊ່ວຍຂ້ອຍແດ່ໄດ້ບໍ?

qǐng bāng wǒ yī xià kě yǐ ma
（2）请 帮 我 一 下，可 以 吗?
ກະລຸນາຊ່ວຍຂ້ອຍແດ່, ໄດ້ບໍ?

qǐng bāng wǒ ná yī xià xiāng zi
（3）请 帮 我 拿 一 下 箱 子。
ກະລຸນາຖືຫີບຊ່ວຍຂ້ອຍແດ່.

méi wèn tí dāng rán kě yǐ hěn lè yì wèi nín xiào láo
（4）没 问 题/ 当 然 可 以/ 很 乐 意 为 您 效 劳。
ບໍ່ມີບັນຫາ/ໄດ້ແນ່ນອນ (ໄດ້ແທ້)/ຍິນດີທີ່ໄດ້ຮັບໃຊ້ທ່ານ.

hěn bào qiàn wǒ bāng bù liǎo nǐ
（5）很 抱 歉，我 帮 不 了 你。
ຂໍໂທດຫຼາຍໆເດີ້, ຂ້ອຍຊ່ວຍເຈົ້າບໍ່ໄດ້.

qǐng wèn qì chē zhàn zěn me zǒu
（6）请 问 汽 车 站 怎 么 走?
ຂໍຖາມແດ່ ສະຖານີລົດໄປຈັ່ງໃດ?

hěn bào qiàn wǒ yě bù zhī dào
（7）很抱歉，我也不知道。
ຂໍໂທດຫຼາຍໆ, ຂ້ອຍກໍບໍ່ຮູ້ຄືກັນ.

nǐ kě yǐ yòng shǒu jī li de téng xùn bǎi dù gāo dé dì tú dǎo háng
（8）你可以用手机里的腾讯/百度/高德地图导航。
ເຈົ້າສາມາດນຳທາງດ້ວຍແອັບມືຖື Tencent Map (ແຜນທີ່ເທນເຊນ)/Baidu Map/Amap.

2. 感谢与应答 ການສະແດງຄວາມຂອບໃຈ ແລະ ຄຳຕອບ

xiè xie duō xiè le fēi cháng gǎn xiè
（1）谢谢/多谢了/非常感谢！
ຂອບໃຈ/ຂອບໃຈຫຼາຍໆ/ຂອບໃຈຫຼາຍໆ!

xiè xie nǐ nǐ men dà jiā
（2）谢谢你/你们/大家!
ຂອບໃຈເຈົ້າ/ຂອບໃຈພວກເຈົ້າ/ຂອບໃຈທຸກຄົນ!

xiè xie nǐ de bāng zhù nǐ bāng wǒ zhè ge máng
（3）谢谢你的帮助/你帮我这个忙。
ຂອບໃຈເຈົ້າທີ່ຊ່ວຍເຫຼືອ/ຂອບໃຈເຈົ້າທີ່ຊ່ວຍວຽກຂ້ອຍ.

xiè xie nǐ de rè qíng kuǎn dài
（4）谢谢你的热情款待!
ຂອບໃຈທີ່ເຈົ້າໃຫ້ການຕ້ອນຮັບຢ່າງອົບອຸ່ນ!

bù yòng xiè bù yòng kè qi
（5）不用谢/不用客气。
ບໍ່ເປັນຫຍັງ/ບໍ່ຕ້ອງເກງໃຈ.

zhè shì wǒ wǒ men yīng gāi zuò de
（6）这是我/我们应该做的。
ນີ້ແມ່ນຂ້ອຍ/ພວກຂ້ອຍຄວນເຮັດ.

语言点归纳 ຂໍ້ສະຫຼຸບ

1. ການຂໍຄວາມຊ່ວຍເຫຼືອຄວນເວົ້າວ່າ “请问您可以……吗? ຂໍໂທດ, ທ່ານ...ໄດ້ບໍ?”. ຄຳຕອບຄວນເວົ້າວ່າ: “没问题。ບໍ່ມີບັນຫາ.” “当然可以。ໄດ້ແນ່ນອນ.” “很乐意为您效劳。ຍິນດີທີ່ໄດ້ຮັບໃຊ້ທ່ານ.” ຫາກບໍ່ສາມາດໃຫ້ຄວາມຊ່ວຍເຫຼືອໄດ້ຄວນເວົ້າວ່າ: “很抱歉，我帮不了你。ຂໍໂທດຫຼາຍໆ, ທີ່ຂ້ອຍຊ່ວຍເຈົ້າບໍ່ໄດ້.”

2. ສະແດງຄວາມຂອບໃຈທີ່ຄົນອື່ນໃຫ້ການຊ່ວຍເຫຼືອຄວນເວົ້າວ່າ: “谢谢！ ຂອບໃຈ！” “非常感谢！ ຂອບໃຈຫຼາຍໆ！” “谢谢……ຂອບໃຈທີ່...” ມີຫຼາຍວິທີຕອບກັບຕໍ່ຄຳສະແດງຄວາມຂອບໃຈ, ໃຊ້ເປັນປະຈຳມີ: “不用谢。ບໍ່ເປັນຫຍັງ.” “不用客气。ບໍ່ຕ້ອງເກງໃຈ.” ໄດ້ຮັບຄວາມຂອບໃຈຈາກຄົນອື່ນແລ້ວ, ຫາກຄິດວ່າເປັນວຽກທີ່ຕົນເອງຄວນເຮັດ (ຕົວຢ່າງແມ່ນກິດຈະກຳໃນຂອບເຂດວຽກງານ), ຄວນເວົ້າຢ່າງຖ່ອມຕົວວ່າ: ວຽກນີ້ແມ່ນຂ້ອຍ (ຂ້າພະເຈົ້າ) ຄວນເຮັດ. ອາດເວົ້າຫຍໍ້ໆວ່າ: “应该的。ຄວນເຮັດ.”

二、会话训练 ເຝິກການສົນທະນາ

情景会话 1 ການສົນທະນາທີ 1

jiǎ qǐng wèn nín kě yǐ bāng wǒ bān yī xià zhè xiāng shū ma
甲：请 问 您 可 以 帮 我 搬 一 下 这 箱 书 吗？
ກ: ຂໍໂທດທ່ານຊ່ວຍຂ້ອຍຍ້າຍຫີບປຶ້ມນີ້ໄດ້ບໍ?

yǐ dāng rán kě yǐ qǐng wèn bān dào nǎ lǐ ne
乙：当然可以。请问搬到哪里呢？
ຂ: ໄດ້ແນ່ນອນ. ຖາມແດ່ໃຫ້ຍ້າຍໄປໄວ້ໃສ (ບ່ອນໃດ)?

jiǎ qǐng bān dào bàn gōng shì
甲：请搬到203办公室。
ກ: ກະລຸນາຍ້າຍໄປຫ້ອງການ 203.

yǐ hǎo de
乙：好的。
ຂ: ໄດ້.

jiǎ xiè xie nǐ
甲：谢谢你！
ກ: ຂອບໃຈ!

yǐ bù yòng kè qi zhè zhǐ shì jǔ shǒu zhī láo ér yǐ
乙：不用客气，这只是举手之劳而已。
ຂ: ບໍ່ຕ້ອງເກງໃຈ, ມັນເປັນເລື່ອງງ່າຍໆ.

注释 ໝາຍເຫດ

1. ກໍລະນີຂໍຄວາມຊ່ວຍເຫຼືອ, ໃນປະໂຫຍກ "请……帮我……一下", ຄຳວ່າ "一下" ແມ່ນສະແດງເຖິງການຂໍຄວາມຊ່ວຍເຫຼືອເລັກນ້ອຍຢ່າງນອບນ້ອມ. ຕົວຢ່າງເຊັ່ນ: "请帮我照看一下小孩。ຊ່ວຍເບິ່ງເດັກນ້ອຍໃຫ້ຂ້ອຍບຶດໜຶ່ງແດ່ເດີ້."

2. "举手之劳" ໝາຍເຖິງວຽກທີ່ເຮັດໄດ້ງ່າຍ, ບໍ່ໃຊ້ແຮງປານໃດ, ເປັນຄຳເວົ້າ ຖ່ອມຕົວພາຍຫຼັງໄດ້ຮັບຄວາມຂອບໃຈຈາກຄົນອື່ນ.

情景会话 2 ການສົນທະນາທີ 2

（在酒店前台）(ບ່ອນຕ້ອນຮັບຂອງໂຮງແຮມ)

jiǎ　qǐng bāng wǒ jiào yī liàng chū zū chē　kě yǐ ma
甲：请 帮 我 叫 一 辆 出 租 车，可 以 吗？
ກ: ກະລຸນາເອີ້ນລົດແທັກຊີ 1 ຄັນໃຫ້ຂ້ອຍແດ່, ໄດ້ບໍ?

yǐ　méi wèn tí　qǐng wèn nín yào qù nǎ lǐ ne
乙：没 问 题，请 问 您 要 去 哪 里 呢？
ຂ: ບໍ່ມີບັນຫາ, ຂໍຖາມແດ່ ທ່ານຈະໄປໃສ?

jiǎ　wǒ xiǎng qù jī chǎng
甲：我 想 去 机 场 。
ກ: ຂ້ອຍຢາກໄປສະໜາມບິນ.

yǐ　hǎo de　qǐng shāo děng　wǒ dǎ gè diàn huà bāng nín jiào chē　hǎo le　jiào dào le
乙：好 的，请 稍 等，我 打 个 电 话 帮 您 叫 车……好了，叫 到 了。
ຂ: ໄດ້, ກະລຸນາລໍຖ້າບຶດໜຶ່ງ, ຂ້ອຍຊິໂທເອີ້ນລົດໃຫ້ທ່ານ... ໄດ້ແລ້ວ, ເອີ້ນໃຫ້ແລ້ວ.

jiǎ　chē pái hào shì duō shao
甲：车 牌 号 是 多 少 ？
ກ: ເລກປ້າຍລົດແມ່ນຫຍັງ?

yǐ　guì
乙：桂 AWJ556。
ຂ: ກຸ້ຍ AWJ556.

jiǎ　shì shén me yán sè de chē
甲：是 什 么 颜 色 的 车 ？

ກ: ລົດສີຫຍັງ?

yǐ　huáng sè de　kàn　chē guò lái　le
乙：黄　色的。看！车 过 来 了。
ຂ: ສີເຫຼືອງ. ຫັ້ນເດ່! ລົດມາແລ້ວ.

jiǎ　nà wǒ xiān zǒu le　xiè xie nín bāng wǒ jiào chē
甲：那我 先 走 了。谢谢 您　帮　我 叫 车！
ກ: ຂ້ອຍໄປກ່ອນເດີ້. ຂອບໃຈທີ່ເອີ້ນລົດໃຫ້ຂ້ອຍ!

yǐ　bù yòng xiè　zhè shì wǒ yīng gāi zuò de
乙：不 用 谢，这 是 我 应 该 做 的。
ຂ: ບໍ່ເປັນຫຍັງ, ນີ້ແມ່ນສິ່ງທີ່ຂ້ອຍຄວນເຮັດ.

注释 ໝາຍເຫດ

1. "辆" ແມ່ນລັກສະນະນາມ, ໃຊ້ກັບລົດ, ເຊັ່ນ: "一辆自行车 ລົດຖີບໜຶ່ງຄັນ" "一辆汽车 ລົດໃຫຍ່ໜຶ່ງຄັນ".

2. ຕົວເລກປ້າຍລົດຈີນຕາມປົກກະຕິຈະມີຊື່ຫຍໍ້ຂອງສະຖານທີ່ທີ່ລົດຢູ່, "桂" ແມ່ນຊື່ຫຍໍ້ຂອງກວາງຊີ.

情景会话 3 ການສົນທະນາທີ 3

（在停车场）(ຢູ່ເດີ່ນຈອດລົດ)

jiǎ　nín hǎo　dǎ rǎo yī xià　wǒ de shǒu jī huài le　méi fǎr　sǎo mǎ jiǎo
甲：您 好，打 扰 一 下！我 的 手 机 坏 了，没 法 儿 扫 码 缴
tíng chē fèi　qǐng wèn kě yǐ gēn nín huàn yī diǎn líng qián ma
停 车 费。请 问 可 以 跟 您 换 一 点 零 钱 吗？

ກ: ສະບາຍດີທ່ານ, ຂໍລົບກວນແນ່! ມືຖືຂ້ອຍເພແລ້ວ, ບໍ່ສາມາດ

ສະແກນຈ່າຍຄ່າຝາກລົດໄດ້, ຂໍປ່ຽນເງິນນ້ອຍນໍາທ່ານໄດ້ບໍ?

yǐ hěn bào qiàn wǒ méi yǒu dài xiàn jīn bù guò nǐ kě yǐ dào páng biān de biàn lì diàn wèn wen
乙：很抱歉，我没有带现金。不过，你可以到旁边的便利店问问。

ຂ: ຂໍໂທດຫຼາຍໆ, ຂ້ອຍບໍ່ມີເງິນສົດ. ແຕ່ວ່າ, ເຈົ້າໄປຖາມຮ້ານຄ້າຍ່ອຍທາງຂ້າງກະໄດ້.

jiǎ hǎo de xiè xie
甲：好的，谢谢！

ກ: ເຈົ້າ, ຂອບໃຈ!

（在小卖部）（ຢູ່ຮ້ານຄ້າຍ່ອຍ）

jiǎ nín hǎo qǐng wèn wǒ kě yǐ gēn nín huàn yī xiē líng qián ma
甲：您好！请问我可以跟您换一些零钱吗？

ກ: ສະບາຍດີທ່ານ! ຂໍຖາມແດ່ຂ້ອຍຂໍປ່ຽນເງິນນ້ອຍນໍາທ່ານໄດ້ບໍ?

bǐng nín yào huàn duō shao
丙：您要换多少？

ຄ: ທ່ານຕ້ອງການປ່ຽນເທົ່າໃດ?

jiǎ wǒ xiǎng yòng yī zhāng yuán huàn shí zhāng yuán
甲：我想用一张100元，换十张10元。

ກ: ຂ້ອຍໃຊ້ໃບ 100 ຢວນ, ປ່ຽນໃບ 10 ຢວນ 10 ໃບ.

bǐng hǎo de qǐng shāo děng gěi shí zhāng yuán nín shǔ yī shǔ
丙：好的，请稍等……给，十张10元，您数一数。

ຄ: ໄດ້, ກະລຸນາລໍຖ້າບຶດໜຶ່ງ...ເອົາ, 10 ຢວນ 10 ໃບ, ທ່ານນັບເບິ່ງ.

jiǎ fēi cháng gǎn xiè
甲：非常感谢！

ກ: ຂອບໃຈຫຼາຍໆ!

bǐng　bù yòng xiè
丙：不用谢。
ຄ: ບໍ່ເປັນຫຍັງ.

注释 ໝາຍເຫດ

1. ຫຼະກຳການຈ່າຍເງິນເຄື່ອນທີ່ຂອງມືຖືຢູ່ຈີນແມ່ນຖືກນຳໃຊ້ຢ່າງກວ້າງຂວາງ, ໃນການຊື້ຂາຍສ່ວນຫຼາຍ, ການໃຊ້ຊອບແວຕ່າງໆ ເຊັ່ນ: ອາລີເພ, ວີແຊັດເພ, CloudFlashPay ທີ່ຢູ່ໃນມືຖື ມາສະແກນລະຫັດຄິວອາໂຄດ ກໍສາມາດຈ່າຍເງິນໄດ້ແລ້ວ.

2. ຄຳກິລິຍາໃນພາສາຈີນໃນຮູບແບບຊ້ອນກັນແບບນີ້ "××" ຫຼື "×一×", ສະແດງເຖິງການເຄື່ອນໄຫວທີ່ໃຊ້ເວລາສັ້ນຫຼືສະແດງເຖິງການທົດລອງ, ນ້ຳສຽງແບບສະບາຍໆ. ເຊັ່ນ: "试试/试一试 ລອງເບິ່ງ/ລອງເບິ່ງແມ້" "看看/看一看 ເບິ່ງ/ເບິ່ງແມ້."

三、单词与短语 ຄຳສັບແລະວະລີ

qǐng wèn
请问 ຂໍໂທດ; ຂໍຖາມແດ່

bāng
帮 ຊ່ວຍ

yī xià
一下 ບຶດໜຶ່ງ

xiāng zi
箱子 ຫີບ

méi wèn tí
没问题 ບໍ່ມີບັນຫາ

dāng rán
当然 ແນ່ນອນ

kě yǐ
可以 ໄດ້

lè yì
乐意 ຍິນດີ

xiào láo
效劳 ຮັບໃຊ້

bào qiàn
抱歉 ຂໍໂທດ; ຂໍອະໄພ

bāng bù liǎo
帮不了 ຊ່ວຍບໍ່ໄດ້

qì chē zhàn
汽车站 ສະຖານີລົດ

zěn me zǒu
怎么走 ໄປຈັ່ງໃດ

bù zhī dào
不知道 ບໍ່ຮູ້

dǎo háng
导航 ນຳທາງ

duō xiè
多谢 ຂອບໃຈຫຼາຍໆ

kuǎn dài
款待 ຕ້ອນຮັບ

bù yòng kè qi
不用客气 ບໍ່ຕ້ອງເກງໃຈ

shū
书 ປຶ້ມ

jǔ shǒu zhī láo
举手之劳 ງ່າຍໆ

qù
去 ໄປ

shāo děng
稍等 ລໍຖ້າບຶດໜຶ່ງ

jiào chē
叫车 ເອີ້ນລົດ

yán sè
颜色 ສີ

dǎ rǎo
打扰 ລົບກວນ

huàn
换 ປ່ຽນ

xiàn jīn
现金 ເງິນສົດ

wèn wen
问问 ຖາມ

yě
也 ຄືກັນ

shǒu jī
手机 ມືຖື

xiè xie
谢谢 ຂອບໃຈ

rè qíng
热情 ອົບອຸ່ນ

bù yòng xiè
不用谢 ບໍ່ເປັນຫຍັງ

yīng gāi
应该 ຕ້ອງ

bàn gōng shì
办公室 ຫ້ອງການ

chū zū chē
出租车 ລົດແທັກຊີ

jī chǎng
机场 ສະໜາມບິນ

dǎ gè diàn huà
打个电话 ໂທລະສັບ

chē pái hào
车牌号 ເລກປ້າຍລົດ

huáng sè
黄色 ສີເຫຼືອງ

sǎo mǎ
扫码 ສະແກນ

líng qián
零钱 ເງິນນ້ອຍ

biàn lì diàn
便利店 ຮ້ານຄ້າຍ່ອຍ

shǔ yī shǔ
数一数 ນັບ

四、课后练习 ເຝິກຫັດນອກໂມງຮຽນ

1. 朗读下列句子。ອ່ານປະໂຫຍກລຸ່ມນີ້.

（1）请问您可以帮我一个忙吗？

（2）请问汽车站怎么走？

（3）很抱歉，我帮不了你。

（4）你可以用手机里的高德地图导航。

（5）谢谢你的帮助。

（6）不用谢。这是我应该做的。

2. 分组自由对话。ແບ່ງກຸ່ມສົນທະນາ.

想想自己在生活中遇到过什么困难，演示向朋友求助并表示感谢的过程。

3. 听录音，回答问题。ຟັງສຽງ, ຕອບຄຳຖາມ.

（1）这箱书要搬到哪里？

（2）这个人想去哪里？

（3）车牌号是多少？

（4）这个人想换什么？

（5）这个人想用一张100元的钞票换成什么样的钱？

第九课　交通出行、天气

ບົດທີ 9　ຄົມມະນາຄົມ, ອາກາດ

一、重点句式 ໂຄງສ້າງປະໂຫຍກທີ່ສຳຄັນ

wǒ dǎ suàn qù shì zhōng xīn　chāo shì　shū diàn
1. 我打算去市中心/超市/书店。
ຂ້ອຍມີແຜນໄປໃຈກາງເມືອງ/ຊຸບເປີມາກເກັດ/ຮ້ານປຶ້ມ.

nǐ dǎ suàn zěn me qù bó wù guǎn
2. 你打算怎么去博物馆？
ເຈົ້າຈະໄປຫໍພິພິທະພັນແນວໃດ?

wǒ dǎ suàn zǒu lù　qí zì xíng chē　zuò gōng gòng qì chē　zuò chū zū chē
3. 我打算走路/骑自行车/坐公共汽车/坐出租车/
chéng dì tiě qù bó wù guǎn
乘地铁去博物馆。
ຂ້ອຍຈະຍ່າງໄປ/ຂີ່ລົດຖີບ/ຂີ່ລົດໂດຍສານ/ຂີ່ລົດແທັກຊີ/ຂີ່ລົດໄຟໃຕ້ດິນໄປຫໍພິພິທະພັນ.

wǒ xiǎng dìng liǎng zhāng dān chéng　wǎng fǎn jī piào
4. 我想订两张单程/往返机票。
ຂ້ອຍຢາກຈອງປີ້ຍົນຖ້ຽວດຽວ 2 ໃບ/ປີ້ຍົນໄປກັບ 2 ໃບ.

fēi jī shén me shí hou chū fā　dào dá　qǐ fēi
5. 飞机什么时候出发/到达/起飞？
ຍົນອອກ/ຮອດ/ບິນເວລາໃດ?

jīn tiān tiān qì zhēn hǎo　hěn hǎo　zhēn zāo gāo　hěn zāo gāo
6. 今天天气真好（很好）/ 真糟糕（很糟糕）。
ອາກາດມື້ນີ້ດີແທ້ (ດີຫຼາຍ) / ຂີ້ຮ້າຍ (ຂີ້ຮ້າຍຫຼາຍ).

jīn tiān zhēn lěng　hěn lěng　zhēn rè　hěn rè
7. 今天真冷（很冷）/ 真热（很热）。
ມື້ນີ້ໜາວແທ້ (ໜາວຫຼາຍ) / ຮ້ອນແທ້ (ຮ້ອນຫຼາຍ).

jīn tiān　míng tiān wàn xiàng　běi jīng tiān qì zěn me yàng
8. 今天 / 明天万象 / 北京天气怎么样？
ມື້ນີ້/ມື້ອື່ນ ອາກາດຢູ່ວຽງຈັນ/ປັກກິ່ງເປັນແນວໃດ?

jīn tiān wàn xiàng xià yǔ　shì yīn tiān　shì qíng tiān
9. 今天万象下雨 / 是阴天 / 是晴天。
ມື້ນີ້ຢູ່ວຽງຈັນຝົນຕົກ/ຟ້າບົດ/ທ້ອງຟ້າປອດໂປ່ງ.

míng tiān běi jīng kě néng jiàng wēn　shēng wēn　xià xuě
10. 明天北京可能降温 / 升温 / 下雪。
ມື້ອື່ນປັກກິ່ງອາດເຢັນລົງ/ຮ້ອນຂຶ້ນ/ຫິມະຕົກ.

wài miàn zhèng　zài　zhèng zài guā dà fēng　xià dà yǔ　chū tài yáng　dǎ léi
11. 外面正 / 在 / 正在刮大风 / 下大雨 / 出太阳 / 打雷。
ຢູ່ນອກ ກຳລັງ/ກຳລັງ/ກຳລັງລົມແຮງ/ຝົນແຮງ/ແດດອອກ/ ຟ້າຮ້ອງ.

jīn tiān qì wēn duō shao dù
12. 今天气温多少度？
ມື້ນີ້ອຸນຫະພູມຈັກອົງສາ?

shè shì dù
13. 18—25 摄氏度。

18 ຫາ 25 ອົງສາ.

语言点归纳 ຂໍ້ສະຫຼຸບ

1. "打算…… ມີແຜນ/ຈະ…" , ເຊັ່ນ: "今晚我打算去看电影。ຕອນຄ່ຳມື້ນີ້ຂ້ອຍຈະໄປເບິ່ງຮູບເງົາ." "她打算不吃晚饭。ລາວຈະບໍ່ກິນເຂົ້າແລງ."

2. ສອບຖາມເວລາທີ່ແນ່ນອນຂອງເຫດການທີ່ເກີດຂື້ນໃຊ້ຄຳວ່າ "什么时候……? ເມື່ອໃດ/ເວລາໃດ?". ເຊັ່ນ: "飞机什么时候起飞? ຍົນຈະບິນເວລາໃດ?" "他什么时候离开的? ລາວຈາກໄປໃນເວລາໃດ? "

3. "怎么……... ແນວໃດ" , ໃນທາງຫຼັງເຊື່ອມຄຳກິລິຍາຈະສາມາດໃຊ້ໃນການສອບຖາມຮູບການຂອງການເຄື່ອນໄຫວ, ເຊັ່ນສອບຖາມວິທີການເດີນທາງໃຊ້ຄຳວ່າ "怎么去?" ແປວ່າ "ໄປແນວໃດ?" , ຄຳຕອບມັກຈະເປັນແບບ "ວິທີການເດີນທາງ+ໄປ". ເຊັ່ນ: "走路去。ຍ່າງໄປ." "坐车去。ຂີ່ລົດໄປ."

4. "怎么样? ເປັນແນວໃດ?" , ຕົວຢ່າງ ສອບຖາມສະພາບອາກາດຄວນເວົ້າແບບນີ້: "天气怎么样? ອາກາດເປັນແນວໃດ?"

5. "正/在/正在……ກຳລັງ…", ເຊັ່ນ: "外面在下雨。ຢູ່ນອກຝົນກຳລັງຕົກຢູ່." "他正在看书。ລາວກຳລັງອ່ານປື້ມຢູ່."

二、会话训练 ຝຶກການສົນທະນາ

情景会话 1 ການສົນທະນາທີ 1

jiǎ　nín hǎo　qǐng wèn qù nán níng huǒ chē dōng zhàn yīng gāi zuò nǎ lù gōng jiāo chē
甲：您好！请问去南宁火车东站应该坐哪路公交车？

ກ: ສະບາຍດີທ່ານ! ຂໍຖາມແດ່ໄປສະຖານີລົດໄຟຕາເວັນອອກໜານໜິງຕ້ອງຂີ່ລົດໂດຍສານໝາຍເລກໃດ.

yǐ　lù huò　lù dōu kě yǐ
乙：B17 路或 B01 路都可以。

ຂ: ໝາຍເລກ B17 ຫຼື ໝາຍເລກ B01 ກໍໄດ້.

jiǎ　nǎ lù gèng kuài
甲：哪路更快？

ກ: ໝາຍເລກໃດໄວກວ່າ?

yǐ　dōu chà bu duō dào dōng zhàn zhì shǎo xū yào yī gè xiǎo shí
乙：都差不多，到东站至少需要一个小时。

ຂ: ຊໍ່າໆກັນ, ໄປສະຖານີຕາເວັນອອກຢ່າງໜ້ອຍໃຊ້ເວລາ 1 ຊົ່ວໂມງ.

jiǎ　nà suàn le　wǒ hái shi jiào liàng chē ba　wǒ gǎn shí jiān
甲：那算了，我还是叫辆车吧，我赶时间。

ກ: ຊັ້ນຊ່າງເທາະ, ຂ້ອຍຈະເອີ້ນລົດເອົາ, ຂ້ອຍຟ້າວໄປ.

yǐ　wǒ jiàn yì nǐ chéng dì tiě　dì tiě bù dàn sù dù kuài　ér qiě bù huì dǔ chē　cóng zhè lǐ dào dōng zhàn zhǐ yào bàn gè xiǎo shí zuǒ yòu
乙：我建议你乘地铁。地铁不但速度快，而且不会堵车，从这里到东站只要半个小时左右。

ຂ: ຂ້ອຍຂໍແນະນຳໃຫ້ເຈົ້າຂີ່ລົດໄຟໃຕ້ດິນ. ລົດໄຟໃຕ້ດິນໄວ, ແລະຈາລະ

ຈອນບໍ່ຕິດຂັດ, ຈາກນີ້ໄປຫາສະຖານີຕາເວັນອອກໃຊ້ເວລາປະມານເຄິ່ງຊົ່ວໂມງເທົ່ານັ້ນ.

jiǎ hǎo de nà wǒ hái shi chéng dì tiě ba qǐng wèn dì tiě zhàn zěn me zǒu ne
甲：好的，那我还是乘地铁吧。请问地铁站怎么走呢？

ກ: ດີ, ຊັ້ນຂ້ອຍຈະຂີ່ລົດໄຟໃຕ້ດິນເອົາ. ຂໍຖາມແດ່ສະຖານີລົດໄຟໃຕ້ດິນໄປທາງໃດ?

yǐ wǎng qián zǒu dà yuē mǐ jiù dào le
乙：往前走大约300米就到了。

ຂ: ຍ່າງໄປຊື່ໆປະມານ 300 ແມັດ ກໍ່ຮອດແລ້ວ.

jiǎ hǎo de xiè xie nín de bāng máng
甲：好的。谢谢您的帮忙！

ກ: ເຈົ້າ, ຂອບໃຈເດີ້!

yǐ bù yòng kè qi
乙：不用客气。

ຂ: ບໍ່ເປັນຫຍັງ.

注释 ໝາຍເຫດ

1. "不但……而且…… ບໍ່ພຽງແຕ່ເທົ່ານັ້ນ...ຍັງ..." ອີກດ້ວຍ, ເນື້ອໃນທາງຫຼັງຂອງ "ຍັງ" ມີຄວາມໝາຍວ່າມີລະດັບສູງກວ່າ. ເຊັ່ນ: "他不但工作勤奋，而且勇于创新。ລາວບໍ່ພຽງແຕ່ດຸໝັ່ນເຮັດວຽກເທົ່ານັ້ນ, ຍັງເປັນຄົນກ້າປະດິດສ້າງໃໝ່."

2. ໃນເວລາຖາມທາງຈະມັກໃຊ້ເລື້ອຍໆໃນຄຳວ່າ "（请问）……

怎么走？(ຂໍຖາມແດ່) ໄປແນວໃດ...?". ເຊັ່ນ: "请问新华大酒店怎么走？ຂໍຖາມແດ່ໂຮງແຮມຊິນຮວາໄປແນວໃດ?"

情景会话 2 ກາານສົນທະນາທີ 2

jiǎ nín hǎo qǐng wèn dào nán níng de háng bān shì zài zhè lǐ bàn lǐ dēng jī shǒu xù ma
甲：您好！请问到南宁的航班是在这里办理登机手续吗？

ກ: ສະບາຍດີທ່ານ! ຂໍຖາມແດ່ຖ້ຽວບິນໄປໜານໜີງແມ່ນແຈ້ງໜັງສືຂຶ້ນຍົນຢູ່ບ່ອນນີ້ບໍ?

yǐ shì de qǐng chū shì yī xià nín de hù zhào
乙：是的。请出示一下您的护照。

ຂ: ແມ່ນແລ້ວ. ເອົາໜັງສືຜ່ານແດນອອກມາໃຫ້ເບິ່ງແດ່.

jiǎ gěi qǐng gěi wǒ kào qián de zuò wèi kě yǐ ma wǒ yùn jī
甲：给。请给我靠前的座位，可以吗？我晕机。

ກ: ນີ້ເດ່. ຂໍບ່ອນນັ່ງແຖວໜ້າແດ່, ໄດ້ບໍ? ຂ້ອຍເມົາຍົນ.

yǐ hǎo de yǒu yào tuō yùn de xíng li ma
乙：好的。有要托运的行李吗？

ຂ: ໄດ້. ມີເຄື່ອງຊັ່ງຂຶ້ນຍົນບໍ?

jiǎ méi yǒu
甲：没有。

ກ: ບໍ່ມີ.

yǐ hǎo de bàn hǎo le zhè shì nín de dēng jī pái
乙：好的。办好了，这是您的登机牌。

ຂ: ໄດ້ແລ້ວ. ຮຽບຮ້ອຍແລ້ວ, ນີ້ແມ່ນປີ້ຂຶ້ນຍົນຂອງທ່ານ.

jiǎ xiè xie qǐng wèn zài nǎ lǐ ān jiǎn
甲：谢谢！请问在哪里安检？

ກ: ຂອບໃຈ! ຂໍຖາມແດ່ບ່ອນກວດຄວາມປອດໄພຢູ່ໃສ?

yǐ chéng zuǒ bian de diàn tī shàng èr lóu
乙：乘左边的电梯上二楼。

ຂ: ຂີ່ລິບເບື້ອງຊ້າຍມືຂຶ້ນໄປຊັ້ນສອງ.

jiǎ hǎo de xiè xie nín
甲：好的。谢谢您！

ກ: ເຈົ້າ. ຂອບໃຈ!

yǐ bù kè qi
乙：不客气。

ຂ: ບໍ່ເປັນຫຍັງ.

注释 ໝາຍເຫດ

1. "好的 ໄດ້" ຫລື "ໄດ້ແລ້ວ" ໃຊ້ໃນກໍລະນີທີ່ສະແດງຄວາມເຫັນພ້ອມ, ເຫັນດີ, ແລະສິ້ນສຸດຫຼືປ່ຽນຫົວຂໍ້ສົນທະນາແລະອື່ນໆ.

2. "安检 ການກວດກາດ້ານຄວາມປອດໄພ", ຜູ້ໂດຍສານກ່ອນຂຶ້ນລົດໄຟໃຕ້ດິນ, ລົດໄຟ, ຍົນ ລ້ວນແຕ່ຕ້ອງຜ່ານການກວດກາດ້ານຄວາມປອດໄພ.

情景会话 3 ການສົນທະນາທີ 3

jiǎ jīn tiān tiān qì zhēn hǎo
甲：今天天气真好。

ກ: ອາກາດມື້ນີ້ດີຫຼາຍ.

yǐ shì a yǒu hǎo duō tiān bù jiàn tài yáng le
乙：是啊。有好多天不见太阳了。

ຂ: ແມ່ນ. ຫຼາຍມື້ແລ້ວບໍ່ເຫັນຕາເວັນ.

jiǎ nán níng yīn yǔ tiān duō ma
甲：南宁阴雨天多吗?

ກ: ຢູ່ໜານໜິງຝົນຕົກຫຼາຍບໍ?

yǐ tǐng duō de yóu qí shì měi nián qīng míng jié qián hòu zǒng shì xià máo mao yǔ
乙：挺多的。尤其是每年清明节前后总是下毛毛雨。

ຂ: ຫຼາຍເຕີບ. ໂດຍສະເພາະກ່ອນແລະຫຼັງວັນອະນາໄມສຸສານຈະມີຝົນຝອຍເປັນປະຈຳໄດ໋.

jiǎ nà tǐng fán rén de nán níng shén me shí hou zuì rè
甲：那挺烦人的。南宁什么时候最热?

ກ: ໜ້າລຳຄານເດ່. ໜານໜິງຮ້ອນທີ່ສຸດແມ່ນຍາມໃດ?

yǐ yī bān shì qī bā yuè fèn zuì rè
乙：一般是七八月份最热。

ຂ: ປົກກະຕິແມ່ນເດືອນ 7 ເດືອນ 8 ຮ້ອນທີ່ສຸດ.

jiǎ zuì gāo wēn dù dá dào duō shao
甲：最高温度达到多少？

ກ: ອຸນຫະພູມສູງສຸດເທົ່າໃດ?

yǐ shè shì dù zuǒ yòu ba
乙：37摄氏度左右吧。

ຂ: ປະມານ 37 ອົງສານີ້ແລະ.

注释 ໝາຍເຫດ

"毛毛雨" ໝາຍເຖິງເມັດນ້ຳຝົນທີ່ມີຂະໜາດນ້ອຍໆ, ມີລັກສະນະຄ້າຍຄືຂົນບາງໆ, ໂດຍທົ່ວໄປເອີ້ນວ່າຝົນທີ່ນ້ອຍ, ພາສາລາວແປວ່າຝົນຝອຍ.

情景会话 4 ການສົນທະນາທີ 4

jiǎ wǒ xià xīng qī yào qù lǎo wō wàn xiàng chū chāi
甲：我下星期要去老挝万象出差。
ກ: ອາທິດໜ້າຂ້ອຍສິໄປເຮັດວຽກຢູ່ວຽງຈັນປະເທດລາວ.

yǐ ó tīng shuō lǎo wō hěn rè a
乙：哦？听说老挝很热啊！
ຂ: ຫວະ? ໄດ້ຍິນວ່າປະເທດລາວຮ້ອນຫຼາຍ!

jiǎ wǒ kàn guò tiān qì yù bào le xià xīng qī nà lǐ de wēn dù wéi
甲：我看过天气预报了，下星期那里的温度为 26—33
shè shì dù
摄氏度。
ກ: ຂ້ອຍເບິ່ງພະຍາກອນອາກາດແລ້ວ, ອາທິດໜ້າອຸນຫະພູມຢູ່ຫັ້ນແມ່ນ 26 ຫາ 33 ອົງສາ.

yǐ nà hái hǎo huì xià yǔ ma
乙：那还好。会下雨吗？
ຂ: ໄຄແດ່. ຝົນສິຕົກບໍ?

jiǎ tiān qì yù bào yǒu léi yǔ bù zhī dào fēi jī huì bù huì yīn cǐ wǎn diǎn
甲：天气预报有雷雨，不知道飞机会不会因此晚点。
ກ: ພະຍາກອນອາກາດມີຝົນຟ້າຄະນອງ, ບໍ່ຮູ້ວ່າຈະເປັນສາເຫດເຮັດໃຫ້ຍົນຊ້າບໍ.

yǐ　nà nǐ jì de dài shàng yǔ sǎn a　zhù nǐ lǚ tú shùn lì　yī lù píng ān
乙：那你记得带上雨伞啊！祝你旅途顺利，一路平安！
ຂ: ອັ້ນເຈົ້າຕ້ອງຖືຄັນຮົ່ມໄປນຳເດີ້! ຂໍໃຫ້ການເດີນທາງຂອງເຈົ້າສະດວກ, ປອດໄພ!

jiǎ　xiè xie nǐ　tīng shuō nǐ guò liǎng tiān yào qù běi jīng kāi huì
甲：谢谢你！听说你过两天要去北京开会？
ກ: ຂອບໃຈ! ໄດ້ຍິນວ່າອີກ 2 ມື້ເຈົ້າຈະໄປປະຊຸມຢູ່ປັກກິ່ງບໍ?

yǐ　shì de　wǒ zuò huǒ chē qù
乙：是的，我坐火车去。
ຂ: ແມ່ນແລ້ວ, ຂ້ອຍຂີ່ລົດໄຟໄປ.

jiǎ　yě zhù nǐ yī lù shùn fēng
甲：也祝你一路顺风！
ກ: ຂໍອວຍພອນໃຫ້ເຈົ້າເດີນທາງປອດໄພເຊັ່ນກັນ!

yǐ　xiè xie
乙：谢谢！
ຂ: ຂອບໃຈ!

注释 ໝາຍເຫດ

1. "晚点 ມາຮອດຊ້າ/ຫຼ້າຊ້າ"，ໝາຍຄວາມວ່າການອອກເດີນທາງຂອງຍົນ, ລົດ, ເຮືອ ຊ້າກວ່າເວລາທີ່ໄດ້ກຳນົດໄວ້.

2. "一路平安" "一路顺利" "一路顺风" ລ້ວນແຕ່ແມ່ນການອວຍພອນໃຫ້ຄົນອື່ນເດີນທາງດ້ວຍຄວາມສະຫວັດດີພາບ, ຄວາມສະດວກສະບາຍ, ແຕ່ຖ້າຂີ່ຍົນ, ທຳມະດາຈະບໍ່ເວົ້າວ່າ "一路顺风"，ຈະໃຊ້ຄຳວ່າ "一路平安" ກໍໄດ້ແລ້ວ.

三、单词与短语 ຄໍາສັບແລະວະລີ

拼音	汉语	老挝语
dǎ suàn	打 算	ມີແຜນ; ຈະ
chāo shì	超 市	ຊຸບເປີມາກເກັດ
zěn me	怎 么	ແນວໃດ
zǒu lù	走 路	ຍ່າງ
zuò chū zū chē	坐 出 租 车	ຂີ່ລົດແທັກຊີ
dìng	订	ຈອງ
dān chéng	单 程	ຖ້ຽວດຽວ
jī piào	机 票	ປີ້ຍົນ
zěn me yàng	怎 么 样	ເປັນຈັ່ງໃດ
yīn tiān	阴 天	ຟ້າບົດ
kě néng	可 能	ອາດຈະ
shēng wēn	升 温	ຮ້ອນຂຶ້ນ
wài miàn	外 面	ທາງນອກ
guā dà fēng	刮 大 风	ລົມພັດແຮງ
dǎ léi	打 雷	ຟ້າຮ້ອງ
duō shao	多 少	ເທົ່າໃດ
chà bu duō	差 不 多	ຊ່ຳໆກັນ
shì zhōng xīn	市 中 心	ໃຈກາງເມືອງ
shū diàn	书 店	ຮ້ານປຶ້ມ
bó wù guǎn	博 物 馆	ຫໍພິພິທະພັນ
qí zì xíng chē	骑 自 行 车	ຂີ່ລົດຖີບ
chéng dì tiě	乘 地 铁	ຂີ່ລົດໄຟໃຕ້ດິນ
zhāng	张	ໃບ
wǎng fǎn	往 返	ໄປກັບ
tiān qì	天 气	ອາກາດ
xià yǔ	下 雨	ຝົນຕົກ
qíng tiān	晴 天	ທ້ອງຟ້າປອດໂປ່ງ
jiàng wēn	降 温	ເຢັນລົງ
xià xuě	下 雪	ຫິມະຕົກ
zhèng zài	正 在	ກຳລັງ
chū tài yáng	出 太 阳	ແດດອອກ
qì wēn	气 温	ອຸນຫະພູມ
shè shì dù	摄 氏 度	ອົງສາ
zhì shǎo	至 少	ຢ່າງໜ້ອຍ

xū yào
需 要 ຄວາມຕ້ອງການ

gǎn shí jiān
赶 时 间 ຟ້າວໄປ; ຮີບຮ້ອນ

zuǒ yòu
左 右 ປະມານ

bàn lǐ
办 理 ດຳເນີນ; ຈັດການ; ເຮັດ; ແຈ້ງ

shǒu xù
手 续 ຂັ້ນຕອນ

hù zhào
护 照 ໜັງສືຜ່ານແດນ (ປັດສະປໍ)

kào qián
靠 前 ແຖວໜ້າ

yùn jī
晕 机 ເມົາຍົນ

xíng li
行 李 ເຄື່ອງເດີນທາງ

dēng jī pái
登 机 牌 ປີ້ຂຶ້ນຍົນ

zuǒ bian
左 边 ເບື້ອງຊ້າຍ

èr lóu
二 楼 ຊັ້ນສອງ

yóu qí
尤 其 ໂດຍສະເພາະ

qián hòu
前 后 ກ່ອນແລະຫຼັງ

fán rén
烦 人 ລຳຄານ

rè
热 ຮ້ອນ

tiān qì yù bào
天 气 预 报 ພະຍາກອນອາກາດ

wǎn diǎn
晚 点 ມາຮອດຊ້າ; ຫຼ້າຊ້າ

xiǎo shí
小 时 ຊົ່ວໂມງ

dǔ chē
堵 车 ຈາລະຈອນຕິດຂັດ

háng bān
航 班 ຖ້ຽວບິນ

dēng jī
登 机 ຂຶ້ນຍົນ

chū shì
出 示 ເອົາອອກມາໃຫ້ເບິ່ງ

gěi
给 ໃຫ້; ເອົາ

zuò wèi
座 位 ບ່ອນນັ່ງ

tuō yùn
托 运 ຝາກເຄື່ອງເດີນທາງ

hǎo de
好 的 ໄດ້

ān jiǎn
安 检 ກວດຄວາມປອດໄພ

diàn tī
电 梯 ລິບ

yīn yǔ tiān
阴 雨 天 ຟ້າບົດຝົນຕົກ

qīng míng jié
清 明 节 ບຸນອະນາໄມສຸສານ

máo mao yǔ
毛 毛 雨 ຝົນຝອຍ

zuì
最 ທີ່ສຸດ

chū chāi
出 差 ໄປວຽກຕ່າງແຂວງ

léi yǔ
雷 雨 ຝົນຟ້າຄະນອງ

yǔ sǎn
雨 伞 ຄັນຮົ່ມ

lǚ tú
旅途 ໄລຍະການເດີນທາງ

shùn lì
顺利 ສະດວກ

yī lù píng ān
一路平安 ເດີນທາງປອດໄພ; ເດີນທາງດ້ວຍຄວາມສະຫວັດດີພາບ

kāi huì
开会 ປະຊຸມ

yī lù shùn fēng
一路顺风 ເດີນທາງປອດໄພ; ເດີນທາງດ້ວຍຄວາມສະຫວັດດີພາບ

四、课后练习 ເຝິກຫັດນອກໂມງຮຽນ

1. 替换练习。ຜັດປ່ຽນກັນເຝິກຫັດ.

（1）我打算去市中心。

她　　超市

小黄　　书店

李红　　地铁站

（2）我打算走路去博物馆。

骑自行车

坐出租车

乘地铁

（3）今天北京下雨。

刮大风

下雪

天气很好

2. 用所给的词语补全句子。ຕື່ມຄຳສັບໃສ່ປະໂຫຍກໃຫ້ຄົບຖ້ວນ.

（1）他 ____________________。（打算）

（2）你觉得 ____________________？（怎么样）

（3）她 ____________ 好，____________。（不但……而且……）

3. 听录音，填空。ຟັງສຽງ, ຕື່ມຄຳສັບໃສ່ບ່ອນວ່າງ.

（1）A：您好！请问去南宁火车东站应该坐哪路公交车？

B：__________ 或 __________ 都可以。

（2）A：请问地铁站怎么走？

B：往前走大约 __________ 就到了。

（3）A：您好！请问到 __________ 的航班是在这里办理登机手续吗？

B：是的。请出示一下您的 __________。

（4）A：请问在哪里 __________？

B：乘左边的电梯上 __________。

（5）A：听说你过两天要去 __________ 开会？

B：是的，我 __________ 去。

第十课　家　庭
ບົດທີ 10　ຄອບຄົວ

一、重点句式 ໂຄງສ້າງປະໂຫຍກທີ່ສຳຄັນ

bà ba de mā ma jiào shén me
1. 爸 爸 的 妈 妈 叫 什 么？
ແມ່ຂອງພໍ່ເອີ້ນວ່າຫຍັງ?

bà ba de mā ma jiào nǎi nai
2. 爸 爸 的 妈 妈 叫 “奶 奶” 。
ແມ່ຂອງພໍ່ເອີ້ນວ່າ “ຍ່າ/ແມ່ເຖົ້າ”.

wǒ hǎo xiǎng jiā
3. 我 好 想 家。
ຂ້ອຍຄິດຮອດບ້ານຫລາຍ.

nǐ jiā yǒu jǐ kǒu rén
4. 你 家 有 几 口 人？
ຄອບຄົວຂອງເຈົ້າມີຈັກຄົນ?

wǒ jiā zhǐ yǒu kǒu rén
5. 我 家 只 有 3 口 人 。
ຄອບຄົວຂອງຂ້ອຍມີແຕ່ 3 ຄົນ.

nǐ bà ba shì zuò shén me gōng zuò de
6. 你 爸 爸 是 做 什 么 工 作 的?
ພໍ່ຂອງເຈົ້າເຮັດວຽກຫຍັງ?

wǒ bà ba shì chū zū chē sī jī yī shēng jiào shī
7. 我 爸 爸 是 出 租 车 司 机 / 医 生 / 教 师。

ພໍ່ຂອງຂ້ອຍແມ່ນຄົນຂັບລົດແທັກຊີ/ທ່ານໝໍ/ຄູອາຈານ.

nǐ fù mǔ yǒu duō dà nián jì le
8. 你父母有多大年纪了?
ພໍ່ແມ່ຂອງເຈົ້າອາຍຸຈັກປີແລ້ວ?

wǒ mǔ qīn duō suì le wǒ fù qīn kuài suì le
9. 我母亲50多岁了。/我父亲快60岁了。
ແມ່ຂ້ອຍອາຍຸ 50 ກວ່າປີແລ້ວ./ພໍ່ຂ້ອຍອາຍຸເກືອບ 60 ປີແລ້ວ.

nǐ yé ye shēn tǐ hǎo ma
10. 你爷爷身体好吗?
ສຸຂະພາບຂອງປູ່ເຈົ້າແຂງແຮງດີຢູ່ບໍ?

tā hái hěn jiàn kāng shēn tǐ hái hǎo yǒu diǎn xiǎo máo bìng
11. 他还很健康/身体还好/有点小毛病。
ລາວຍັງແຂງແຮງດີຫລາຍ/ສຸຂະພາບແຂງແຮງດີຢູ່/ມີບັນຫາໜ້ອຍໜຶ່ງ.

nǐ jiā dà ma
12. 你家大吗?
ເຮືອນຂອງເຈົ້າໃຫຍ່ບໍ?

tǐng dà de dà yuē yǒu píng fāng mǐ hěn zhǎi
13. 挺大的/大约有150平方米/很窄。
ໃຫຍ່ສົມຄວນ/ມີເນື້ອທີ່ປະມານ 150 ຕາແມັດ/ແຄບຫຼາຍ.

yǒu jǐ gè fáng jiān
14. 有几个房间?
ມີຈັກຫ້ອງ?

yǒu wǔ gè fáng jiān liǎng fáng yī tīng sì fáng liǎng tīng
15. 有五个房间/两房一厅/四房两厅。
ມີ 5 ຫ້ອງນອນ/2 ຫ້ອງນອນແລະ 1 ຫ້ອງຮັບແຂກ/4 ຫ້ອງນອນ

ແລະ 2 ຫ້ອງຮັບແຂກ.

语言点归纳 ຂໍ້ສະຫຼຸບ

1. ເຄືອຍາດວົງຕະກູນຄົນຈີນສະແດງອອກຕາມຮູບລຸ່ມນີ້.

2. ເວລາຖາມສະພາບການການເຮັດວຽກຂອງສະມາຊິກໃນຄອບຄົວ, ຖາມ ແບບນີ້ "你（的）+家庭成员称谓+是做什么工作的? ຊື່ຂອງສະມາຊິກຄອບຄົວ+(ຂອງ) ເຈົ້າ+ແມ່ນເຮັດວຽກຫຍັງ?" ຕອບແບບນີ້ : "我（的）+家庭成员称谓+是+职业。ຊື່ຂອງສະມາຊິກຄອບຄົວ+(ຂອງ) ຂ້ອຍ+ແ ມ່ນ+ອາຊີບ."

3. ຄຳວ່າ "ອາຍຸເທົ່າໃດ/ຈັກປີ" ແມ່ນຖາມອາຍຸຂອງຄົນ. ຕົວຢ່າງ: "她有多大年纪了? ນາງອາຍຸເທົ່າໃດ/ຈັກປີແລ້ວ? " ເວລາຕອບເບິ່ງຕາມຕົວຈິງ. ຕົວຢ່າງ: "她也就20出头。ນາງອາຍຸ 20 ປີຕົ້ນໆເທົ່ານັ້ນ." "她30岁左右。ນາງອາຍຸປະມານ 30 ປີ."

4. ຖາມເຮືອນຄົນອື່ນມີຈັກຫ້ອງຫຼືມີລະບຽງຈັກບ່ອນແລະອື່ນໆ, ຖາມແບບນີ້: "有几个房间/阳台? ມີຫ້ອງນອນຈັກຫ້ອງ/ລະບຽງຈັກບ່ອນ?" ຕອບຕາມຕົວຈິງ. ຕົວຢ່າງ: "有5个房间。ມີ 5 ຫ້ອງນອນ." "有两个阳台。ມີລະບຽງ 2 ບ່ອນ."

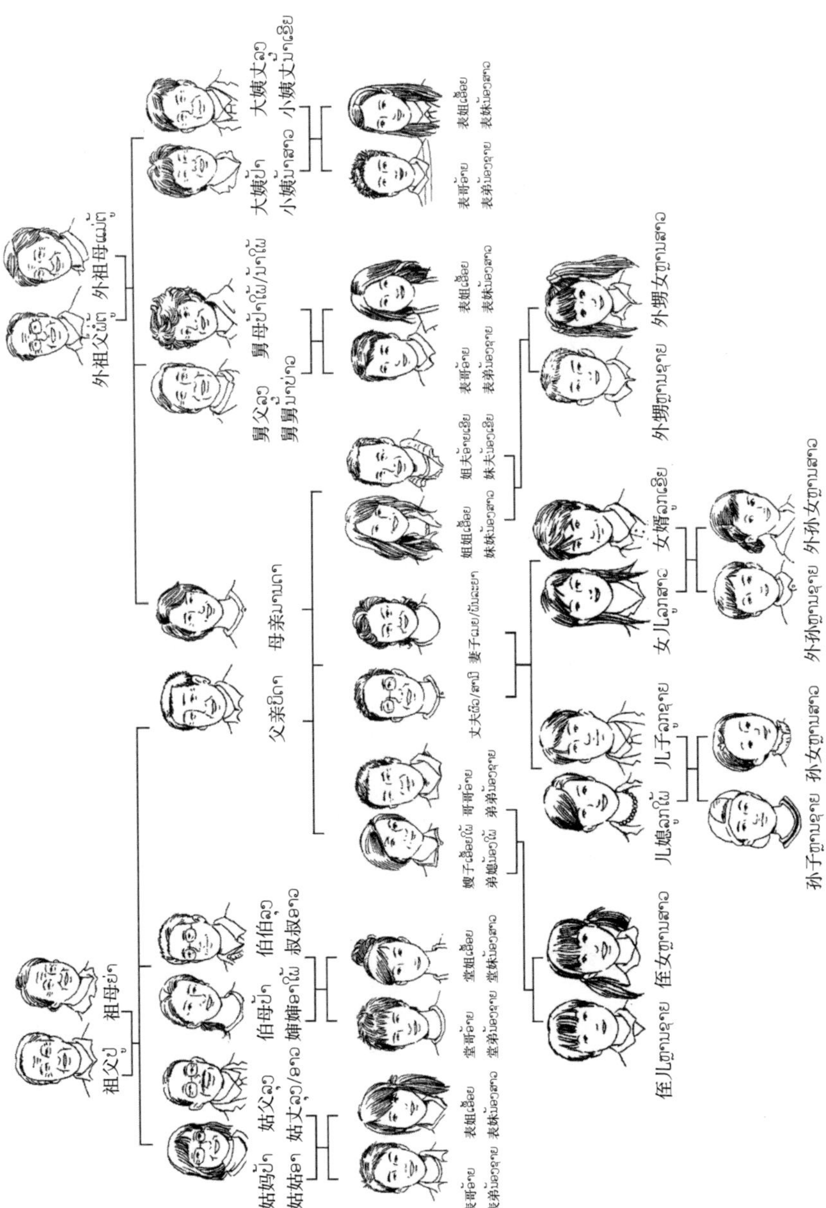
祖父ປູ່ 祖母ຍ່າ
外祖父ພໍ່ຕູ້ 外祖母ແມ່ຕູ້
姑妈ປ້າ 姑父ລຸງ
姑姑ອາ 姑丈ລຸງ/ອາວ
伯母ປ້າ 伯伯ລຸງ
婶婶ອາໃພ້ 叔叔ອາວ
父亲ບິດາ 母亲ມານດາ
舅父ລຸງ 舅母ປ້າໃພ້/ນ້າໃພ້
舅舅ນ້າບ່າວ
大姨ປ້າ 大姨丈ລຸງ
小姨ນ້າສາວ 小姨丈ນ້າເຂີຍ
表哥ອ້າຍ 表姐ເອື້ອຍ
表弟ນ້ອງຊາຍ 表妹ນ້ອງສາວ
堂哥ອ້າຍ 堂姐ເອື້ອຍ
堂弟ນ້ອງຊາຍ 堂妹ນ້ອງສາວ
嫂子ເອື້ອຍໃພ້ 哥哥ອ້າຍ
弟媳ນ້ອງໃພ້ 弟弟ນ້ອງຊາຍ
丈夫ຜົວ/ສາມີ 妻子ເມຍ/ພັນລະຍາ
姐姐ເອື້ອຍ 姐夫ອ້າຍເຂີຍ
妹妹ນ້ອງສາວ 妹夫ນ້ອງເຂີຍ
表哥ອ້າຍ 表姐ເອື້ອຍ
表弟ນ້ອງຊາຍ 表妹ນ້ອງສາວ
表哥ອ້າຍ 表姐ເອື້ອຍ
表弟ນ້ອງຊາຍ 表妹ນ້ອງສາວ
侄儿ຫຼານຊາຍ 侄女ຫຼານສາວ
儿媳ລູກໃພ້ 儿子ລູກຊາຍ
女儿ລູກສາວ 女婿ລູກເຂີຍ
外甥ຫຼານຊາຍ 外甥女ຫຼານສາວ
孙子ຫຼານຊາຍ 孙女ຫຼານສາວ
外孙ຫຼານຊາຍ 外孙女ຫຼານສາວ

二、会话训练 ເຝິກການສົນທະນາ

情景会话 1 ການສົນທະນາທີ 1

（甲：老挝人；乙：中国人）

(ກ: ຄົນລາວ; ຂ: ຄົນຈີນ)

jiǎ nǐ men zhōng guó rén zěn me chēng hu fù qīn de fù qīn
甲：你们中国人怎么称呼父亲的父亲？

ກ: ຄົນຈີນພວກເຈົ້າເອີ້ນພໍ່ຂອງພໍ່ວ່າແນວໃດ?

yǐ jiào yé ye
乙：叫“爷爷”。

ຂ: ເອີ້ນວ່າ “ປູ່” .

jiǎ mǔ qīn de mǔ qīn ne
甲：母亲的母亲呢？

ກ: ແມ່ຂອງແມ່ເອີ້ນວ່າແນວໃດລະ?

yǐ jiào wài pó wǒ men xiàn zài yī bān chēng hu fù qīn shí bù jiào fù qīn jiào bà ba chēng hu mǔ qīn bù jiào mǔ qīn jiào mā ma
乙：叫“外婆”。我们现在一般称呼父亲时不叫“父亲”，叫“爸爸”；称呼母亲不叫母亲，叫“妈妈”。

ຂ: ເອີ້ນວ່າ “ແມ່ເຖົ້າ” . ປະຈຸບັນນີ້ພວກເຮົາທຳມະດາບໍ່ເອີ້ນພໍ່ວ່າ “ບິດາ”, ເອີ້ນວ່າ “ພໍ່”; ບໍ່ເອີ້ນແມ່ວ່າ “ມານດາ”, ເອີ້ນວ່າ “ແມ່”.

jiǎ míng bai le xiè xie
甲：明白了。谢谢！

ກ: ເຂົ້າໃຈແລ້ວ. ຂອບໃຈ!

注释 ໝາຍເຫດ

1. ຄຳວ່າ "称呼 ເອີ້ນ", ຕົວຢ່າງ: "我怎么称呼您呢? ຂ້ອຍຊິເອີ້ນເຈົ້າວ່າແນວໃດ?" "别这么称呼我，直接叫我的名字就行了。ຢ່າເອີ້ນຂ້ອຍແນວນີ້, ເອີ້ນຊື່ຂອງຂ້ອຍໂດຍກົງກໍໄດ້ແລ້ວ."

2. ຊື່ເອີ້ນຂອງຄອບຄົວໃນພາສາຈີນມີຫຼາຍ, ເອີ້ນພໍ່ແມ່ຂອງຕົນເອງພາສາເວົ້າແມ່ນ "爸爸 ພໍ່" "妈妈 ແມ່", ພາສາຂຽນທຳມະດາເອີ້ນ "父亲 ບິດາ" "母亲 ມານດາ", ເອີ້ນພໍ່ແມ່ຂອງຄົນອື່ນທຳມະດາເອີ້ນວ່າ "你爸爸 ພໍ່ຂອງເຈົ້າ" "你妈妈 ແມ່ຂອງເຈົ້າ" ຫຼື "你父亲 ບິດາຂອງເຈົ້າ" "你母亲 ມານດາຂອງເຈົ້າ", ເອີ້ນຊື່ພໍ່ແມ່ຄົນອື່ນດ້ວຍຄວາມເຄົາລົບເອີ້ນວ່າ "令尊 ບິດາຂອງທ່ານ" "令堂 ມານດາຂອງທ່ານ".

情景会话 2 ການສົນທະນາທີ 2

（甲：老挝人；乙：中国人）
(ກ: ຄົນລາວ; ຂ: ຄົນຈີນ)

jiǎ lái zhè lǐ dú shū yǐ jīng bàn nián le wǒ zhēn xiǎng jiā a
甲：来这里读书已经半年了，我真想家啊！
ກ: ມາຮຽນຢູ່ນີ້ໄດ້ເຄິ່ງປີແລ້ວ, ຂ້ອຍຄິດຮອດບ້ານຫຼາຍ!

yǐ xiǎo gāng wǒ yě hěn xiǎng jiā nǐ jiā yǒu jǐ kǒu rén
乙：小刚，我也很想家。你家有几口人？
ຂ: ສຽວກ່າງ, ຂ້ອຍກໍຄິດຮອດບ້ານຄືກັນ. ຄອບຄົວຂອງເຈົ້າມີຈັກຄົນ?

jiǎ　wǒ jiā yǒu liù kǒu rén　bà ba　mā ma　yé ye　nǎi nai　jiě jie hé wǒ
甲：我家有六口人，爸爸、妈妈、爷爷、奶奶、姐姐和我。
ກ: ຄອບຄົວຂອງຂ້ອຍມີຫົກຄົນ, ພໍ່, ແມ່, ປູ່, ຍ່າ, ເອື້ອຍແລະຂ້ອຍ.

yǐ　nǐ bà ba mā ma shì zuò shén me gōng zuò de
乙：你爸爸妈妈是做什么工作的？
ຂ: ພໍ່ແມ່ຂອງເຈົ້າເຮັດວຽກຫຍັງແດ່?

jiǎ　wǒ bà ba shì yī jiā guó qǐ de gōng rén　wǒ mā ma shì hù shi
甲：我爸爸是一家国企的工人，我妈妈是护士。
ກ: ພໍ່ຂອງຂ້ອຍແມ່ນກຳມະກອນຂອງລັດວິສາຫະກິດ, ແມ່ຂອງຂ້ອຍ ແມ່ນພະຍາບານ.

yǐ　nǐ yé ye nǎi nai duō dà nián jì le
乙：你爷爷奶奶多大年纪了？
ຂ: ປູ່ຍ່າຂອງເຈົ້າອາຍຸເທົ່າໃດແລ້ວ?

jiǎ　yé ye　suì　nǎi nai　suì
甲：爷爷78岁，奶奶75岁。
ກ: ປູ່ມີອາຍຸ 78 ປີ, ຍ່າມີອາຍຸ 75 ປີ.

yǐ　tā men shēn tǐ hái hǎo ba
乙：他们身体还好吧？
ຂ: ສຸຂະພາບຂອງພວກເຂົາເຈົ້າ/ພວກເພິ່ນຍັງແຂງແຮງດີຢູ່ບໍ?

jiǎ　tā men shēn tǐ hái hěn jiàn kāng　wǒ men yī jiā guò de hěn xìng fú
甲：他们身体还很健康，我们一家过得很幸福。
ກ: ສຸຂະພາບຂອງພວກເຂົາເຈົ້າ/ພວກເພິ່ນຍັງແຂງແຮງດີຢູ່, ຄອບຄົວພວກເຮົາ/ພວກຂ້ອຍມີຄວາມສຸກຫຼາຍ.

yǐ　tài ràng rén xiàn mù le
乙：太让人羡慕了！
ຂ: ເປັນຕາສະອອນແທ້ເດ!

注释 ໝາຍເຫດ

1. ຄຳວ່າ "已经 ແລ້ວ", ຕົວຢ່າງ: "我妈妈已经50岁了。ແມ່ຂອງຂ້ອຍອາຍຸ 50 ປີແລ້ວ." "我已经吃过晚饭了。ຂ້ອຍກິນອາຫານແລງແລ້ວ."

2. ຄຳວ່າ "几口人 ມີຈັກຄົນ" ທຳມະດາໃຊ້ຖາມຈຳນວນຂອງສະມາຊິກໃນຄອບຄົວ/ຄົນໃນຄອບຄົວ. ຕົວຢ່າງ: "她家有几口人? ຄອບຄົວຂອງລາວມີຈັກຄົນ?" ຕອບຕາມຕົວຈິງ. ຕົວຢ່າງ: "她家有5口人。ຄອບຄົວຂອງລາວມີຫ້າຄົນ."

3. ຄຳວ່າ "羡慕 ສະອອນ", ຕົວຢ່າງ: "他们一家相处很和谐，真让人羡慕。ຄອບຄົວຂອງເຂົາເຈົ້າຢູ່ນຳກັນດ້ວຍຄວາມປອງດອງຫຼາຍ, ເປັນຕາສະອອນແທ້ເດ່." "我很羡慕你有这么好的条件。ຂ້ອຍອິດສາເຈົ້າຫຼາຍທີ່ມີເງື່ອນໄຂດີແບບນີ້."

情景会话 3 ການສົນທະນາທີ 3

（甲：中国人；乙：老挝人）

(ກ: ຄົນຈີນ; ຂ: ຄົນລາວ)

jiǎ xiàn zài zū zhù de fáng zi tiáo jiàn hěn bù hǎo wǒ yǒu diǎn xiǎng niàn yǐ qián zài jiā zhù de rì zi le

甲：现在租住的房子条件很不好，我有点想念以前在家住的日子了。

ກ: ເງື່ອນໄຂຂອງເຮືອນເຊົ່າໃນປະຈຸບັນຂີ້ຮ້າຍຫຼາຍ, ຂ້ອຍເລີຍຄິດຮອດຊີວິດໃນແຕ່ກ່ອນ/ເມື່ອກ່ອນທີ່ພັກຢູ່ເຮືອນຂອງຕົນ.

yǐ nǐ jiā dà ma
乙：你家大吗？
ຂ: ເຮືອນຂອງເຈົ້າໃຫຍ່ບໍ?

jiǎ bù suàn dà dà yuē yǒu píng fāng mǐ
甲：不算大，大约有120平方米。
ກ: ບໍ່ໃຫຍ່ປານໃດ, ມີປະມານ 120 ຕາແມັດ.

yǐ yǒu jǐ gè fáng jiān
乙：有几个房间？
ຂ: ມີຈັກຫ້ອງ?

jiǎ sì gè sān gè wò shì yī gè kè tīng
甲：四个。三个卧室，一个客厅。
ກ: ສີ່ຫ້ອງ. ສາມຫ້ອງນອນ, ໜຶ່ງຫ້ອງຮັບແຂກ.

yǐ yǒu jǐ gè wèi shēng jiān
乙：有几个卫生间？
ຂ: ມີຫ້ອງນ້ຳຈັກຫ້ອງ?

jiǎ liǎng gè hái yǒu liǎng gè yáng tái yī dà yī xiǎo wǒ hěn xiǎng niàn wǒ jiā de xiǎo yáng tái shàng miàn zhòng mǎn le huā
甲：两个。还有两个阳台，一大一小。我很想念我家的小阳台，上面种满了花。
ກ: ມີສອງຫ້ອງ. ຍັງມີລະບຽງສອງບ່ອນ, ຫ້ອງໜຶ່ງໃຫຍ່ຫ້ອງໜຶ່ງນ້ອຍ. ຂ້ອຍຄິດຮອດລະບຽງນ້ອຍຢູ່ເຮືອນຂ້ອຍ, ປູກດອກໄມ້ເຕັມໄປໝົດ.

yǐ nǐ men zài yáng tái zhòng le shén me huā
乙：你们在阳台种了什么花？
ຂ: ພວກເຈົ້າປູກດອກໄມ້ຫຍັງໃສ່ລະບຽງ?

jiǎ sān jiǎo méi hái yǒu yī xiē lán huā
甲：三角梅，还有一些兰花。
ກ: ປູກດອກເຈັ້ຍ, ຍັງມີດອກເຜີ້ງຈຳນວນໜຶ່ງ.

注释 ໝາຍເຫດ

1. ຄຳວ່າ "有点 ໜ້ອຍໜຶ່ງ", ຕົວຢ່າງ: "我有点担心他。ຂ້ອຍເປັນຫ່ວງລາວໜ້ອຍໜຶ່ງ." "这杯茶有点苦。ນ້ຳຊາຈອກນີ້ມີລົດຊາດຂົມໜ້ອຍໜຶ່ງ."

2. ຄຳວ່າ "想念 ຄິດຮອດ", ຕົວຢ່າງ: "我很想念家人。ຂ້ອຍຄິດຮອດຄົນໃນຄອບຄົວຫຼາຍ." "我经常想念一个儿时的朋友。ຂ້ອຍຄິດຮອດໝູ່ໃນຍາມເປັນເດັກຄົນໜຶ່ງຢູ່ສະເໝີ."

3. ຄຳວ່າ "还有 ຍັງມີ", ຕົວຢ່າງ: "我还有两本书要读。ຂ້ອຍຍັງມີປຶ້ມສອງຫົວທີ່ຕ້ອງອ່ານ." "我还有爷爷奶奶要照顾。ຂ້ອຍຍັງມີປູ່ຍ່າທີ່ຕ້ອງໄດ້ເບິ່ງແຍງດູແລ."

三、单词与短语 ຄຳສັບແລະວະລີ

bà ba
爸爸 ພໍ່

mā ma
妈妈 ແມ່

nǎi nai
奶奶 ຍ່າ; ແມ່ເຖົ້າ

jiā
家 ຄອບຄົວ

yǒu
有 ມີ

jǐ kǒu
几口 ຈັກຄົນ

rén
人 ຄົນ

zhǐ yǒu
只有 ມີແຕ່

chū zū chē
出租车 ລົດແທັກຊີ

sī jī
司机 ຄົນຂັບລົດ

yī shēng
医生 ທ່ານໝໍ

jiào shī
教师 ຄູອາຈານ

fù mǔ
父母 ພໍ່ແມ່

duō dà nián jì
多大年纪 ອາຍຸຈັກປີ; ເທົ່າໃດ

mǔ qīn
母亲 ແມ່

suì
岁 ອາຍຸ

fù qīn
父亲 ບິດາ

yé ye
爷爷 ປູ່; ພໍ່ເຖົ້າ

jiàn kāng
健康 ສຸຂະພາບດີ

yǒu diǎn
有点 ໜ້ອຍໜຶ່ງ

tǐng dà
挺大 ໃຫຍ່ສົມຄວນ

píng fāng mǐ
平方米 ຕາແມັດ

fáng jiān
房间 ຫ້ອງ

liǎng fáng yī tīng
两房一厅 ສອງຫ້ອງນອນໜຶ່ງຫ້ອງຮັບແຂກ

sì fáng liǎng tīng
四房两厅 ສີ່ຫ້ອງນອນສອງຫ້ອງຮັບແຂກ

zhōng guó rén
中国人 ຄົນຈີນ

chēng hu
称呼 ຊື່ເອີ້ນ

wài pó
外婆 ແມ່ເຖົ້າ

xiàn zài
现在 ປະຈຸບັນ

míng bai
明白 ເຂົ້າໃຈ

dú shū
读书 ອ່ານປຶ້ມ

bàn nián
半年 ເຄິ່ງປີ

jiě jie
姐姐 ເອື້ອຍ

gōng rén
工人 ກຳມະກອນ

xìng fú
幸福 ຄວາມສຸກ; ຄວາມຜາສຸກ

zū zhù
租住 ພັກເຊົ່າ

kuài suì
快 60 岁 ເກືອບ 60 ປີ

shēn tǐ
身体 ສຸຂະພາບ

hái hǎo
还好 ດີຢູ່

xiǎo máo bìng
小毛病 ບັນຫາໜ້ອຍໜຶ່ງ

dà yuē
大约 ປະມານ

hěn zhǎi
很窄 ແຄບຫລາຍ

zěn me
怎么 ເປັນຫຍັງ

jiào
叫 ເອີ້ນວ່າ

wǒ men
我们 ພວກເຮົາ

yī bān
一般 ທຳມະດາ

zhè lǐ
这里 ທີ່ນີ້

yǐ jīng
已经 ແລ້ວ

jǐ kǒu rén
几口人 ຈັກຄົນ

guó qǐ
国企 ລັດວິສາຫະກິດ

hù shi
护士 ພະຍາບານ

xiàn mù
羡慕 ສະອອນ

fáng zi
房子 ເຮືອນ

tiáo jiàn
条 件 ເງື່ອນໄຂ

xiǎng niàn
想 念 ຄິດຮອດ

zài jiā
在 家 ຢູ່ເຮືອນ

rì zi
日 子 ວັນ

wò shì
卧 室 ຫ້ອງນອນ

wèi shēng jiān
卫 生 间 ຫ້ອງນ້ຳ

shàng miàn
上 面 ຢູ່ເທິງ; ທາງເທິງ

huā
花 ດອກໄມ້

hái yǒu
还 有 ຍັງມີ

lán huā
兰 花 ດອກເຜິ້ງ; ດອກກ້ວຍໄມ້

bù hǎo
不 好 ບໍ່ດີ

yǐ qián
以 前 ແຕ່ກ່ອນ

zhù
住 ພັກອາໄສ

bù suàn
不 算 ບໍ່ຄິດໄລ່

kè tīng
客 厅 ຫ້ອງຮັບແຂກ

yáng tái
阳 台 ລະບຽງ

zhòng
种 ປູກ

sān jiǎo méi
三 角 梅 ດອກເຈ້ຍ

yī xiē
一 些 ຈຳນວນໜຶ່ງ

四、课后练习 ເຝິກຫັດນອກໂມງຮຽນ

1. 分组自由交流。 ແບ່ງຈຸແລກປ່ຽນກັນ.

（1）谈谈你的家庭成员、职业、住房等情况。

（2）说说中国和老挝的家庭、住房等有什么不同。

2. 说出和下列句子意思相似的表达（至少一句）。

ຍົກຕົວຢ່າງທີ່ມີຄວາມໝາຍຄ້າຍຄືກັນກັບປະໂຫຍກລຸ່ມນີ້ (ຢ່າງໜ້ອຍ 1 ປະໂຫຍກ).

（1）爸爸的哥哥叫什么？

（2）你家有几口人？

（3）你父母有多大年纪了？

（4）你妈妈是做什么工作的？

（5）你家住得宽敞吗？

3. 听录音，判断正误（正确的写T，错误的写F）。

ຟັງສຽງ, ພິຈາລະນາຖືກຜິດ (ຖືກໃຫ້ຂຽນ T, ຜິດໃຫ້ຂຽນ F).

（1）小王的爸爸是工程师。

（2）黄兰华的爷爷身体不太好。

（3）丁小英家有五口人，她父母、姐姐、妹妹和她自己。

（4）李明浩住在上海，他们一家过得很幸福。

（5）她家有五个卧室，两个客厅。

第十一课 购 物
ບົດທີ 11 ຊື້ເຄື່ອງ

一、重点句式 ໂຄງສ້າງປະໂຫຍກທີ່ສຳຄັນ

1. 实体店购物 ຊື້ເຄື່ອງຢູ່ຮ້ານຄ້າຕົວຈິງ

qǐng wèn nín xiǎng mǎi shén me dōng xi xū yào xiē shén me
（1）请问您想买什么东西/需要些什么?
ຂໍຖາມແດ່ທ່ານຢາກຊື້ຫຍັງ/ຕ້ອງການຫຍັງ?

wǒ xiǎng mǎi yī xiē niú ròu yī xiāng yǐn liào yī xiē tǔ tè chǎn
（2）我想买一些牛肉/一箱饮料/一些土特产。
ຂ້ອຍຢາກຊື້ຊີ້ນງົວໜ້ອຍໜຶ່ງ/ນ້ຳດື່ມຫີບໜຶ່ງ/ຜະລິດຕະພັນພື້ນເມືອງໜ້ອຍໜຶ່ງ.

wǒ xiǎng kàn kan yī fu xié zi hù fū pǐn huà zhuāng pǐn
（3）我想看看衣服/鞋子/护肤品/化妆品。
ຂ້ອຍຢາກເບິ່ງເສື້ອ/ເກີບ/ເຄື່ອງບຳລຸງຜິວ/ເຄື່ອງສຳອາງ.

wǒ suí biàn kàn kan
（4）我随便看看。
ຂ້ອຍຂໍເບິ່ງກ່ອນ.

qǐng wèn yǒu dà mǎ chèn shān fáng shài shuāng nóng suō kā fēi fěn ma
（5）请问有大码衬衫/防晒霜/浓缩咖啡粉吗?
ຂໍຖາມແດ່ມີເສື້ອເຊີດຂະໜາດໃຫຍ່/ໂລຊັນກັນແດດ/ກາເຟເອັສເປຣສໂຊຝຸ່ນບໍ?

yǒu zài zhè bian
（6）有，在这边。
ມີ, ຢູ່ທາງນີ້.

duì bu qǐ diàn li méi yǒu yǐ jīng mài wán le
（7）对不起，店里没有。已经卖完了。
ຂໍໂທດ, ຢູ່ໃນຮ້ານບໍ່ມີລະ. ຂາຍໝົດແລ້ວ.

zhè ge duō shao qián zěn me mài
（8）这个多少钱/怎么卖？
ອັນນີ້ລາຄາເທົ່າໃດ/ຂາຍແນວໃດ?

niú ròu měi qiān kè yuán
（9）牛肉每千克100元。
ຊີ້ນງົວກິໂລໜຶ່ງ 100 ຢວນ.

xié zi yuán yī shuāng yuán liǎng shuāng
（10）鞋子180元一双，300元两双。
ເກີບຄູ່ໜຶ່ງ 180 ຢວນ, ສອງຄູ່ 300 ຢວນ.

néng shǎo yī diǎn pián yi yī diǎn yōu huì yī diǎn dǎ zhé ma
（11）能少一点/便宜一点/优惠一点/打折吗？
ຫຼຸດໃຫ້ແດ່/ຖືກລົງແດ່/ຫຼຸດພິເສດໃຫ້ແດ່/ຫຼຸດເປີເຊັນໄດ້ບໍ່?

kě yǐ gěi nín zài yōu huì shí kuài qián
（12）可以给您再优惠十块钱。
ຫຼຸດພິເສດໃຫ້ທ່ານ 10 ຢວນ.

mǎi liǎng jiàn kě yǐ dǎ bā zhé
（13）买两件可以打八折。
ຊື້ສອງຜືນຫຼຸດ 20%.

qǐng wèn nín fù xiàn jīn hái shi shuā yín háng kǎ
（14）请问您付现金还是刷银行卡？
ທ່ານຈະຈ່າຍດ້ວຍເງິນສົດຫຼືບັດທະນາຄານ?

wǒ kě yǐ yòng wēi xìn huò zhī fù bǎo zhī fù ma
(15) 我可以用微信或支付宝支付吗？
ຂ້ອຍຈ່າຍເງິນດ້ວຍວິແຊັດຫຼືອາລີເພໄດ້ບໍ?

běn diàn zhī chí duō zhǒng zhī fù fāng shì
(16) 本店支持多种支付方式。
ຮ້ານເຮົາຊໍາລະເງິນໄດ້ດ້ວຍຫຼາຍວິທີ.

2. 网上购物 ຊື້ເຄື່ອງທາງອອນລາຍ

wǒ xǐ huan zài táo bǎo jīng dōng pīn duō duō wǎng zhàn gòu wù
(1) 我喜欢在淘宝/京东/拼多多网站购物。
ຂ້ອຍມັກຊື້ເຄື່ອງຢູ່ເວັບໄຊຖາວປາວ/ຈິ່ງຕຸ່ງ/ພິນຕົ່ວໆ.

yī jiàn bāo yóu mǎn bǎi bāo yóu
(2) 一件包邮/满百包邮。
ຜືນໜຶ່ງບໍ່ເສຍຄ່າສົ່ງ (ລວມຄ່າສົ່ງ)/ຊື້ເຕັມ 100 ຢວນບໍ່ເສຍຄ່າສົ່ງ (ລວມຄ່າສົ່ງ).

zhī chí huò dào fù kuǎn jǐn zhī chí zài xiàn zhī fù
(3) 支持货到付款/仅支持在线支付。
ເຄື່ອງຮອດແລ້ວຈຶ່ງຈ່າຍເງິນ (ຈ່າຍເງິນປາຍທາງ)/ສົ່ງເສີມການຊໍາລະເງິນທາງອອນລາຍ.

qī tiān wú lǐ yóu tuì huò
(4) 七天无理由退货。
ສົ່ງສິນຄ້າຄືນພາຍໃນ 7 ມື້ ໂດຍບໍ່ມີເຫດຜົນ.

rú hé zài wǎng shàng gòu mǎi
(5) 如何在网上购买？
ຊື້ເຄື່ອງທາງອອນລາຍແນວໃດ?

nǐ kě yǐ zài shǒu jī app shàng cāo zuò
（6）你可以在手机app上操作。
ເຈົ້າສາມາດຊື້ຢູ່ແອັບມືຖືໄດ້.

语言点归纳 ຂໍ້ສະຫຼຸບ

1.ໃນເວລາຊື້ເຄື່ອງຢູ່ຮ້ານຄ້າຕົວຈິງ, ຜູ້ຄ້າຂາຍບາງເທື່ອມັກຖາມ: "想买什么东西? ທ່ານຢາກຊື້ຫຍັງ?" "请问你需要些什么? ທ່ານຕ້ອງການຫຍັງ?" ເຮົາຈະຕອບໄດ້ແບບນີ້: "我想买……ຂ້ອຍຢາກຊື້..." "我想看看……ຂ້ອຍຢາກເບິ່ງ..." "我随便看看。ຂ້ອຍຂໍເບິ່ງກ່ອນ."

2. ຢູ່ໃນຮ້ານຢາກຊອກຫາເຄື່ອງທີ່ຕ້ອງການ, ຖາມຜູ້ຂາຍແບບນີ້ໄດ້ "（请问）有……吗? （ຂໍຖາມແດ່）ມີ... ບໍ?"

3. ຖາມລາຄາສາມາດເວົ້າແບບນີ້: "多少钱? ລາຄາເທົ່າໃດ?" ຄຳຕອບທຳມະດາແມ່ນ "单位数量+具体价钱 ຈຳນວນ+ລາຄາທີ່ແນ່ນອນ", ເຊັ່ນ: "每个××元。ແຕ່ລະອັນລາຄາ××ຢວນ." "××元一个。××ຢວນອັນໜຶ່ງ."

4. ຢູ່ຈີນ, ໃນເວລາຊື້ເຄື່ອງທາງອອນລາຍຫຼືຮ້ານຄ້າຕົວຈິງ ໃຊ້ອາລີເພຫຼືວີແຊັດມາຊຳລະເງິນເປັນເລື່ອງທຳມະດາ. ສະນັ້ນ, ຜູ້ຄ້າຂາຍມັກບອກລູກຄ້າວ່າ "本店支持多种支付方式（比如：现金、刷银行卡、支付宝以及微信支付）。ຮ້ານເຮົາສົ່ງເສີມການຊຳລະເງິນດ້ວຍຫຼາຍວິທີ（ເຊັ່ນ: ເງິນສົດ, ບັດທະນາຄານ, ອາລີເພ ແລະ ວີແຊັດ." "可以用微信或支付宝支付。ຊຳລະເງິນດ້ວຍວີແຊັດຫຼືອາ

ລືເຜໄດ້.” “不能/不支持网上支付。ຈ່າຍເງິນທາງອອນລາຍບໍ່ໄດ້/ບໍ່ສົ່ງເສີມການຊໍາລະເງິນທາງອອນລາຍ.”

二、会话训练 ເຝິກການສົນທະນາ

情景会话 1 ການສົນທະນາທີ 1

（在服装店）
(ຢູ່ຮ້ານຂາຍເສື້ອ)

jiǎ nín hǎo qǐng wèn nín yào mǎi xiē shén me
甲：您好！请问您要买些什么？
ກ: ສະບາຍດີ! ເອື້ອຍ (ນ້ອງ) ຕ້ອງການຊື້ຫຍັງ?

yǐ wǒ xiǎng kàn kan qún zi zhè tiáo qún zi kàn qǐ lái bù cuò wǒ néng shì yī xià ma
乙：我想看看裙子……这条裙子看起来不错，我能试一下吗？
ຂ: ຂ້ອຍຢາກເບິ່ງກະໂປ່ງ... ກະໂປ່ງຜືນນີ້ງາມດີເນາະ, ຂ້ອຍລອງໄດ້ບໍ?

jiǎ dāng rán kě yǐ nín píng shí chuān shén me hào de
甲：当然可以。您平时穿什么号的？
ກ: ໄດ້ແນ່ນອນ. ປົກກະຕິເອື້ອຍ (ນ້ອງ) ນຸ່ງຂະໜາດໃດ?

yǐ wǒ yī bān chuān zhōng hào de
乙：我一般穿中号的。
ຂ: ຂ້ອຍນຸ່ງຂະໜາດກາງ.

jiǎ zhè jiàn zhèng hǎo shì zhōng hào de nín kě yǐ shì chuān
甲：这件正好是中号的，您可以试穿。

ກ: ຜືນນີ້ພໍດີແມ່ນຂະໜາດກາງ, ເອື້ອຍ (ນ້ອງ) ລອງເບິ່ງໄດ້.

yǐ　suī rán kuǎn shì hěn hǎo　dàn shì yán sè yǒu diǎn àn　hái yǒu qí tā yán sè de ma
乙：虽然款式很好，但是颜色有点暗……还有其他颜色的吗?

ຂ: ແບບງາມຢູ່, ແຕ່ວ່າສີມືດໄປໜ້ອຍໜຶ່ງ... ຍັງມີສີອື່ນອີກບໍ?

jiǎ　hái yǒu yī jiàn tiān lán sè de　nín shì shi kàn　nín chuān zhè jiàn zhēn hǎo kàn　tā jiǎn zhí jiù shì wèi nín liáng shēn dìng zuò de
甲：还有一件天蓝色的，您试试看。(试穿后)您穿这件真好看，它简直就是为您量身定做的。

ກ: ຍັງມີຜືນໜຶ່ງສີຟ້າ, ເອື້ອຍ (ນ້ອງ) ລອງເບິ່ງດູ. (ລອງແລ້ວ) ເອື້ອຍ (ນ້ອງ) ນຸ່ງຜືນນີ້ງາມຫຼາຍ, ກະໂປ່ງຜືນນີ້ຄືສັ່ງຕັດໃຫ້ເອື້ອຍ (ນ້ອງ) ເລີຍ.

yǐ　tā zěn me mài ne
乙：它怎么卖呢?

ຂ: ຂາຍແນວໃດນໍ້?

jiǎ　yuán
甲：280 元 。

ກ: 280 ຢວນ.

yǐ　néng zài pián yi yī diǎn ma
乙：能再便宜一点吗?

ຂ: ຫຼຸດລາຄາໃຫ້ແດ່ໄດ້ບໍ?

jiǎ　rú guǒ nín xǐ huan　nà jiù　yuán ba　zhè shì zuì yōu huì de jià gé le
甲：如果您喜欢，那就260元吧。这是最优惠的价格了。

ກ: ຖ້າເອື້ອຍ (ນ້ອງ) ມັກ, 260 ຢວນກະໄດ້. ນີ້ແມ່ນລາຄາພິເສດທີ່ສຸດ.

yǐ　hǎo ba　nà wǒ yào le　kě yǐ yòng zhī fù bǎo huò zhě wēi xìn fù kuǎn ma
乙：好吧，那我要了。可以用支付宝或者微信付款吗?

ຂ: ຕົກລົງ, ຂ້ອຍເອົາ. ຈ່າຍເງິນດ້ວຍອາລີເພຫຼືວີແຊັດໄດ້ບໍ?

jiǎ kě yǐ de qǐng zài zhè biān sǎo èr wéi mǎ fù kuǎn xiè xie
甲：可以的，请在这边扫二维码付款。谢谢！
ກ: ໄດ້, ເຊີນມາທາງນີ້ສະແກນຄິວອາໂຄດຈ່າຍເງິນ. ຂອບໃຈ!

注释 ໝາຍເຫດ

1. "虽然……但是…… ເຖິງວ່າ...ແຕ່..." ສະແດງເຖິງການພົວພັນແບບຫັນປ່ຽນ, ເພື່ອເຊື່ອມຕໍ່ສອງປະໂຫຍກທີ່ມີຄວາມໝາຍກົງກັນຂ້າມຫຼືມີຄວາມໝາຍໃກ້ຄຽງ. ເຊັ່ນ: "虽然那幅画很漂亮，但是太贵了。ເຖິງວ່າຮູບນັ້ນງາມຫຼາຍ, ແຕ່ແພງໂພດ." "我虽然会说英语，但是说得不太好。ເຖິງວ່າຂ້ອຍເວົ້າພາສາອັງກິດໄດ້, ແຕ່ເວົ້າບໍ່ເກັ່ງປານໃດ."

2. ຂະໜາດຂອງເສື້ອ ທຳມະດາໃຊ້ຄຳວ່າ "大号 ຂະໜາດໃຫຍ່" "中号 ຂະໜາດກາງ" "小号 ຂະໜາດນ້ອຍ".

3. ໃນເວລາຊື້ເຄື່ອງຕໍ່ລອງລາຄາສາມາດເວົ້າວ່າ "能再便宜些吗？ຫຼຸດລາຄາຕື່ມອີກແດ່ໄດ້ບໍ່?" ຫຼື "还有优惠吗？ຍັງມີສ່ວນຫຼຸດບໍ?"

情景会话 2 ການສົນທະນາທີ 2

（在老挝一家特产超市）
(ຢູ່ຮ້ານຄ້າໃຫຍ່ຜະລິດຕະພັນພື້ນເມືອງ)

jiǎ nín hǎo wǒ xiǎng mǎi yī xiē lǎo wō tè chǎn qǐng wèn yǒu shén me tuī jiàn ma
甲：您好！我想买一些老挝特产，请问有什么推荐吗？

ກ: ສະບາຍດີ! ຂ້ອຍຢາກຊື້ຜະລິດຕະພັນພິເສດຂອງລາວ, ຂໍຖາມແດ່ມີຫຍັງແນະນຳໃຫ້ບໍ?

yǐ lǎo wō de kā fēi hé mù diāo gōng yì pǐn dōu hěn yǒu míng nín kàn zhè kuǎn
乙：老挝的咖啡和木雕工艺品都很有名。您看，这款
kā fēi yòu pián yi yòu hǎo hē xìng jià bǐ hěn gāo běn dì rén dōu ài mǎi
咖啡又便宜又好喝，性价比很高，本地人都爱买。

ຂ: ກາເຟແລະເຄື່ອງຫັດຖະກຳໄມ້ແກະສະຫຼັກຂອງລາວມີຊື່ສຽງຫຼາຍ. ທ່ານເບິ່ງແມ້, ກາເຟຊະນິດນີ້ທັງຖືກທັງແຊບ, ກຸ້ມຄ່າຫຼາຍ, ປະຊາຊົນທ້ອງຖິ່ນກໍມັກຊື້.

jiǎ hǎo wǒ kǎo lǜ yī xià
甲：好，我考虑一下。

ກ: ໄດ້, ຂ້ອຍຄິດເບິ່ງກ່ອນ.

yǐ hái yǒu zhè xiē mù diāo chá tuō hé guǒ pán yòu jīng měi yòu shí yòng
乙：还有这些木雕茶托和果盘，又精美又实用，
sòng lǐ huò zì yòng dōu fēi cháng hǎo
送礼或自用都非常好。

ຂ: ຍັງມີໄມ້ແກະສະຫຼັກຈານຮອງຈອກນ້ຳຊາແລະຈານໝາກໄມ້, ທັງປານີດທັງມີປະໂຫຍດ, ໃຫ້ເປັນຂອງຂວັນຫຼືໃຊ້ເອງລ້ວນແຕ່ດີ.

jiǎ ǹg tā men kàn qǐ lái mán yǒu tè sè
甲：嗯，它们看起来蛮有特色。

ກ: ເຈົ້າ, ເບິ່ງແລ້ວເປັນເຄື່ອງທີ່ມີເອກະລັກພິເສດພໍສົມຄວນ.

yǐ xiàn zài wǒ men zhèng zài gǎo cù xiāo huó dòng kā fēi mǎi bāo sòng
乙：现在我们正在搞促销活动，咖啡买5包送1
bāo guǒ pán quán bù dǎ bā zhé chū shòu jī huì nán dé yo
包，果盘全部打八折出售。机会难得哟。

ຂ: ປະຈຸບັນນີ້ພວກເຮົາກຳລັງຈັດກິດຈະກຳສົ່ງເສີມການຂາຍ,

ຊື້ກາເຟ 5 ຖົງແຖມ 1 ຖົງ, ຈານໝາກໄມ້ລ້ວນແຕ່ຫຼຸດລາຄາ 20%. ແມ່ນໂອກາດທີ່ຫາຍາກ.

jiǎ tài hǎo le nà wǒ yào bāo kā fēi hé gè mù diāo guǒ pán
甲：太好了，那我要10包咖啡和3个木雕果盘。
ກ: ດີຫຼາຍ, ຊັ້ນຂ້ອຍເອົາກາເຟ 10 ຖົງ ແລະ ຈານໝາກໄມ້ແກະສະຫຼັກ 3 ອັນ.

yǐ hǎo de bāo zhuāng hǎo le qǐng dào nà biān guì tái jié zhàng
乙：好的，包装好了。请到那边柜台结账。
ຂ: ໄດ້, ຫໍ່ໃຫ້ແລ້ວ. ເຊີນໄປຊໍາລະເງິນຢູ່ບ່ອນເກັບເງິນເດີ້.

jiǎ xiè xie
甲：谢谢!
ກ: ຂອບໃຈ!

注释 ໝາຍເຫດ

1. "又……又……ທັງ...ທັງ..."，ເພື່ອສະແດງເຖິງມີສອງລັກສະນະໃນເວລາດຽວກັນຫຼືມີສອງກໍລະນີນໍາກັນ. ເຊັ່ນ "她的头发又长又黑。ຜົມຂອງນາງທັງຍາວທັງດໍາ." "他又学汉语又学法语。ລາວທັງຮຽນພາສາຈີນທັງຮຽນພາສາຝຣັ່ງ."

2. "打折" ແມ່ນ "打折扣 ຫຼຸດລາຄາ"，ໝາຍຄວາມວ່າຈໍາໜ່າຍສິນຄ້າດ້ວຍການຫຼຸດລາຄາທີ່ກໍານົດໄວ້. ໃນເວລາຊື້ຂາຍສິນຄ້າ，ລາຄາຕົວຈິງແມ່ນ×/10 ຂອງລາຄາທີ່ກໍານົດ，ກໍແມ່ນເທົ່າໃດ折 ພາສາລາວແປວ່າຫຼຸດ×%. ເຊັ່ນລາຄາກໍານົດແມ່ນ 10 ຢວນ, ຂາຍໃນລາຄາ 8 ຢວນ，ລາຄາຂາຍແມ່ນ 8/10 ຂອງລາຄາເດີມ,

ກໍແມ່ນ "八折" ຍັງສາມາດເວົ້າໄດ້ວ່າ "打八折" ພາສາລາວແປວ່າ: ຫຼຸດ 20%.

情景会话 3 ການສົນທະນາທີ 3

（网购）
(ຊື້ເຄື່ອງທາງອອນລາຍ)

jiǎ wǒ xiǎng zài wǎng shàng mǎi yī gè pán nǐ néng jiāo wǒ zěn me cāo zuò ma
甲：我想在网上买一个U盘，你能教我怎么操作吗？
ກ：ຂ້ອຍຢາກຊື້ຢູ່ເອັສບີອັນໜຶ່ງທາງອອນລາຍ, ເຈົ້າສອນຂ້ອຍຊື້ໄດ້ບໍ?

yǐ dāng rán kě yǐ nǐ xiǎng zài jīng dōng shāng chéng hái shi táo bǎo wǎng mǎi
乙：当然可以。你想在京东商城还是淘宝网买？
ຂ：ໄດ້ແນ່ນອນ. ເຈົ້າຢາກຊື້ຢູ່ຈິງຕຸ່ງຫຼືເວັບໄຊຖາວປາວ?

jiǎ zài nǎ ge píng tái mǎi bǐ jiào hǎo ne
甲：在哪个平台买比较好呢？
ກ：ຊື້ຢູ່ເວັບໄຊໃດດີກວ່າ?

yǐ táo bǎo wǎng de xuǎn zé bǐ jiào duō dàn jīng dōng shāng chéng kě yǐ huò dào fù kuǎn
乙：淘宝网的选择比较多，但京东商城可以货到付款。
ຂ：ເວັບໄຊຖາວປາວມີທາງເລືອກຫຼາຍກວ່າ, ແຕ່ວ່າຈິງຕຸ່ງ ສິນຄ້າຮອດແລ້ວຈຶ່ງຈ່າຍເງິນກໍໄດ້.

jiǎ nà wǒ hái shi zài jīng dōng shāng chéng mǎi ba
甲：那我还是在京东商城买吧。
ກ：ຄັນຊັ້ນຂ້ອຍຊື້ຢູ່ຈິງຕຸ່ງດີກວ່າ.

yǐ nǐ jìn rù jīng dōng shāng chéng de guān fāng wǎng zhàn xiān yòng shǒu
乙：你进入京东商城的官方网站，先用手
jī hào mǎ zhù cè yī gè zhàng hào rán hòu dēng lù
机号码注册一个账号，然后登录。

ຂ: ເຈົ້າເຂົ້າເວັບໄຊທາງການຂອງຈິ່ງຕຸ່ງ, ໃຊ້ໝາຍເລກໂທລະສັບ ລົງທະບຽນເລກບັນຊີກ່ອນ, ແລ້ວເຂົ້າສູ່ລະບົບ.

jiǎ hǎo de dēng lù chéng gōng le
甲：好的，登录成功了。

ກ: ເຈົ້າ, ເຂົ້າສູ່ລະບົບໄດ້ແລ້ວ.

yǐ zài sōu suǒ lán shū rù pán
乙：在搜索栏输入“U盘”。

ຂ: ຢູ່ປ່ອງບ່ອນຄົ້ນຫາພິມຄຳວ່າ “ຢູເອສບີ” ໃສ່.

jiǎ hǎo de wa hǎo duō pán
甲：好的……哇，好多U盘！

ກ: ໄດ້ໆ... ໂອ, ມີຢູເອສບີຫຼາຍເນາະ!

yǐ tiāo yī gè nǐ xǐ huan de jiā rù gòu wù chē rán hòu diǎn jī qù gòu wù
乙：挑一个你喜欢的，加入购物车，然后点击“去购物
chē jié suàn fù kuǎn fāng shì xuǎn zé huò dào fù kuǎn jí kě
车结算”。付款方式选择“货到付款”即可。

ຂ: ເລືອກໂຕທີ່ເຈົ້າມັກ, ວາງໄວ້ຢູ່ໃນລົດຊື້ເຄື່ອງ, ແລ້ວກົດ “ຊຳລະເງິນຢູ່ລົດຊື້ເຄື່ອງ”. ວິທີຈ່າຍເງິນເລືອກເອົາ “ສິນຄ້າສົ່ງຮອດແລ້ວຈຶ່ງຈ່າຍເງິນ” ກໍໄດ້ແລ້ວ.

jiǎ hǎo le shāng pǐn jì dào zhī hòu kuài dì yuán huì gěi wǒ dǎ diàn huà
甲：好了。商品寄到之后快递员会给我打电话
de duì ba
的，对吧？

ກ: ຄັນສິນຄ້າສົ່ງຮອດແລ້ວພະນັກງານສົ່ງສິນຄ້າຈະໂທຫາຂ້ອຍ,

ແມ່ນບໍ?

yǐ　shì de　nǐ děng zhe shōu huò jiù kě yǐ le
乙：是的，你等着收货就可以了。
ຂ: ແມ່ນແລ້ວ, ເຈົ້າຖ້າຮັບສິນຄ້າກໍໄດ້ລະ.

jiǎ　hǎo de　xiè xie nǐ
甲：好的，谢谢你！
ກ: ເຈົ້າ, ຂອບໃຈ!

yǐ　bù yòng kè qi
乙：不用客气。
ຂ: ບໍ່ເປັນຫຍັງ.

注释 ໝາຍເຫດ

1. ຊື້ເຄື່ອງທາງອອນລາຍຢູ່ຈີນເປັນເລື່ອງທຳມະດາ, ປະຊາຊົນຊື້ສິນຄ້າຫຼາຍຊະນິດໄດ້ຢ່າງສະດວກສະບາຍ. ຊື້ເຄື່ອງທາງອອນລາຍລາຄາຖືກ, ສະດວກວ່ອງໄວ, ສາມາດຊື້ເຄື່ອງຜ່ານຄອມພິວເຕີ, ມືຖືໄດ້, ສົ່ງສິນຄ້າກໍວ່ອງໄວ, ທຳມະດາແລ້ວ1–7 ມື້ກໍໄດ້ຮັບສິນຄ້າແລ້ວ. ຖ້າບໍ່ພໍໃຈກໍ ສົ່ງສິນຄ້າຄືນໄດ້.

2. "货到付款 ສິນຄ້າສົ່ງຮອດແລ້ວຈຶ່ງຈ່າຍເງິນ (ຈ່າຍເງິນປາຍທາງ)" ໃນການຊື້ເຄື່ອງທາງອອນລາຍແມ່ນໝາຍເຖິງສົ່ງສິນຄ້າຮອດມືລູກຄ້າແລ້ວ, ລູກຄ້າກວດກາສິນຄ້າແລ້ວ ຈຶ່ງເອົາເງິນໃຫ້ພະນັກງານສົ່ງເຄື່ອງ, ຫຼັງຈາກນັ້ນຈຶ່ງໂອນເງິນ ເຂົ້າບັນຊີຂອງຜູ້ຄ້າຂາຍ. ຖ້າວ່າສິນຄ້າມີບັນຫາ, ລູກຄ້າສາມາດປະຕິເສດສິນຄ້າໄດ້ໂດຍກົງ.

情景会话 4 ການສົນທະນາທີ 4

（网络买家与淘宝商家的对话）

(ການສົນທະນາລະຫວ່າງຜູ້ຊື້ອອນໄລກັບຜູ້ຂາຍ)

jiǎ nǐ hǎo wǒ kàn zhòng le nǐ men jiā de zhè kuǎn sī jīn qǐng wèn jīn tiān xià dān de huà dà gài shén me shí hou néng fā huò ne

甲：你好！我看中了你们家的这款丝巾。请问今天下单的话，大概什么时候能发货呢？

ກ: ສະບາຍດີ! ຂ້ອຍຖືກໃຈຜ້າພັນຄໍຜືນນີ້ຂອງຮ້ານເຈົ້າ. ຂໍຖາມແດ່ສັ່ງຊື້ມື້ນີ້, ປະມານມື້ໃດຈຶ່ງສົ່ງເຄື່ອງໃຫ້?

yǐ nǐ hǎo qīn jīn tiān zhōng wǔ zhī qián xià dān de huà wǒ men dāng tiān jiù kě yǐ fā huò yo

乙：你好，亲，今天中午之前下单的话，我们当天就可以发货哟。

ຂ: ສະບາຍດີ, ຖ້າວ່າສັ່ງຊື້ເຄື່ອງກ່ອນຕອນທ່ຽງມື້ນີ້, ພວກເຮົາກໍສົ່ງເຄື່ອງໃຫ້ໃນມື້ນີ້ເລີຍ.

jiǎ hǎo de kě yǐ bāo yóu ma

甲：好的。可以包邮吗？

ກ: ດີໆ. ສົ່ງໂດຍບໍ່ເສຍຄ່າ (ລວມຄ່າສົ່ງ) ໄດ້ບໍ?

yǐ qīn wǒ men jiā shì mǎn bǎi bāo yóu yī tiáo sī jīn de jià qián méi yǒu dá dào bāo yóu jīn é ne

乙：亲，我们家是满百包邮，一条丝巾的价钱没有达到包邮金额呢。

ຂ: ລູກຄ້າທີ່ຮັກ, ຮ້ານພວກເຮົາແມ່ນຊື້ເຖິງ 100 ຢວນຈຶ່ງຈະບໍ່ເສຍຄ່າສົ່ງເດີ້, ຜ້າພັນຄໍຜືນໜຶ່ງຍັງບໍ່ທັນຮອດລາຄານັ້ນຕ້ອງໄດ້ເສຍຄ່າສົ່ງ.

jiǎ　lìng wài yī jiā mài de bǐ nǐ men pián yi　hái bāo yóu
甲：另外一家卖得比你们便宜，还包邮。
ກ: ຮ້ານອື່ນລາຄາຖືກກວ່າພວກເຈົ້າ, ຍັງບໍ່ເສຍຄ່າສົ່ງ.

yǐ　qīn　wǒ men jiā shì guān fāng qí jiàn diàn　zhì liàng jué duì shì bié jiā bǐ bù shàng de yo
乙：亲，我们家是官方旗舰店，质量绝对是别家比不上的哟。

ຂ: ຮ້ານພວກເຮົາແມ່ນຮ້ານຄ້າສະເພາະ, ຄຸນນະພາບຂອງຮ້ານພວກເຮົາຮ້ານອື່ນແມ່ນທຽບບໍ່ໄດ້.

jiǎ　kě shì yóu fèi zhēn de tǐng gāo de
甲：可是邮费真的挺高的……
ກ: ແຕ່ວ່າຄ່າສົ່ງແພງແທ້...

yǐ　qīn　diàn li xiàn zài yǒu dì èr jiàn bàn jià de huó dòng　yī tiáo sī jīn yuán　liǎng tiáo zhǐ yào　yuán　ér qiě kě yǐ bāo yóu le　nín kǎo lǜ yī xià
乙：亲，店里现在有第二件半价的活动，一条丝巾68元，两条只要102元，而且可以包邮了。您考虑一下？

ຂ: ດຽວນີ້ຮ້ານພວກເຮົາມີກິດຈະກຳຊື້ຜືນທີ 2 ຫຼຸດລາຄາ 50%, ຜ້າພັນຄໍຜືນໜຶ່ງ 68 ຢວນ, ສອງຜືນ 102 ຢວນ, ໃນນັ້ນລວມຄ່າສົ່ງແລ້ວ. ທ່ານພິຈາລະນາເບິ່ງດູ.

jiǎ　rú guǒ dōng xi yǒu wèn tí　kě yǐ tuì huò huò huàn huò ma
甲：如果东西有问题，可以退货或换货吗？
ກ: ຖ້າວ່າສິນຄ້າມີບັນຫາ, ສາມາດສົ່ງຄືນຫຼືປ່ຽນສິນຄ້າໄດ້ບໍ?

yǐ　kě yǐ de　qīn　wǒ men zhī chí qī tiān wú lǐ yóu tuì huò
乙：可以的，亲，我们支持七天无理由退货。
ຂ: ໄດ້, ທ່ານສາມາດສົ່ງສິນຄ້າຄືນໄດ້ພາຍໃນ 7 ມື້ໂດຍບໍ່ມີເຫດຜົນ.

jiǎ hǎo de wǒ zài kǎo lǜ yī xià xiè xie nǐ
甲：好的，我再考虑一下。谢谢你。
ກ: ດີໆ, ຂ້ອຍຄິດເບິ່ງກ່ອນ. ຂອບໃຈ.

yǐ bù kè qi yo qīn
乙：不客气哟，亲。
ຂ: ບໍ່ເປັນຫຍັງ.

注释 ໝາຍເຫດ

1. "亲 ທີ່ຮັກ" ແມ່ນຄຳສັບທີ່ນິຍົມໃຊ້ທາງອິນເຕີເນັດ, ຜູ້ໃຊ້ອິນເຕີເນັດໂດຍສະເພາະແມ່ນຜູ້ຄ້າຂາຍຂອງຖາວປາວມັກໃຊ້, ມີໝາຍຄວາມວ່າ "亲爱的朋友 ໝູ່ເພື່ອນທີ່ຮັກແພງ" "亲爱的顾客 ລູກຄ້າທີ່ຮັກແພງ" ແລະອື່ນໆ, ສະແດງເຖິງຄວາມສະໜິດສະໜົມ ແລະມີຊີວິດຊີວາ.

2. "包邮 ສົ່ງບໍ່ເສຍເງິນ" ໝາຍເຖິງລາຄາຂອງສິນຄ້າລວມຄ່າຂົນສົ່ງແລ້ວ, ຜູ້ຊື້ບໍ່ຕ້ອງຈ່າຍຄ່າຂົນສົ່ງອີກ.

3. "下单 ສັ່ງຊື້ເຄື່ອງ" "官方旗舰店 ຮ້ານຄ້າສະເພາະ" "货到付款 ສິນຄ້າສົ່ງຮອດແລ້ວຈຶ່ງຈ່າຍເງິນ" "在线支付 ຊຳລະເງິນທາງອອນລາຍ" "当天发货 ສົ່ງສິນຄ້າໃນມື້ສັ່ງຊື້" "七天无理由退货 ສົ່ງສິນຄ້າຄືນພາຍໃນ 7 ມື້ໂດຍບໍ່ມີເຫດຜົນ" ແລະອື່ນໆ, ລ້ວນແຕ່ແມ່ນພາສາທີ່ມັກໃຊ້ທົ່ວໄປ ໃນການຊື້ເຄື່ອງທາງອອນລາຍຢູ່ຈີນໃນສູ່ມື້ນີ້.

三、单词与短语 ຄຳສັບແລະວະລີ

gòu wù
购物 ຊື້ເຄື່ອງ

niú ròu
牛肉 ຊີ້ນງົວ

tǔ tè chǎn
土特产 ຜະລິດຕະພັນພື້ນເມືອງ

xié zi
鞋子 ເກີບ

huà zhuāng pǐn
化妆品 ເຄື່ອງສຳອາງ

chèn shān
衬衫 ເສື້ອເຊີດ

nóng suō
浓缩 ເອສເປຣສໂຊ

mài wán
卖完 ຂາຍໝົດ

zěn me mài
怎么卖 ຂາຍແນວໃດ

yōu huì
优惠 ຫຼຸດລາຄາພິເສດ

yín háng kǎ
银行卡 ບັດທະນາຄານ

zhī chí
支持 ສະໜັບສະໜູນ

shí tǐ diàn
实体店 ຮ້ານຄ້າຕົວຈິງ

yǐn liào
饮料 ເຄື່ອງດື່ມ

yī fu
衣服 ເສື້ອ

hù fū pǐn
护肤品 ເຄື່ອງບຳລຸງຜິວ

suí biàn
随便 ຕາມໃຈ

fáng shài shuāng
防晒霜 ໂລຊັນກັນແດດ

kā fēi
咖啡 ກາເຟ

duō shao qián
多少钱 ລາຄາເທົ່າໃດ

pián yi yī diǎn
便宜一点 ຫຼຸດໃຫ້ແດ່ໜ້ອຍໜຶ່ງ

dǎ zhé
打折 ຫຼຸດເປີເຊັນ

zhī fù
支付 ຈ່າຍເງິນ

bāo yóu
包邮 ສົ່ງບໍ່ເສຍເງິນ; ບໍ່ເສຍຄ່າສົ່ງ

huò dào fù kuǎn
货到付款 ຈ່າຍເງິນໃນເວລາສິນຄ້າສົ່ງຮອດ

zài xiàn zhī fù
在线支付 ຈ່າຍເງິນອອນລາຍ

tuì huò
退货 ສົ່ງສິນຄ້າຄືນ

zhōng hào
中号 ຂະໜາດກາງ

yán sè
颜色 ສີ

lǐ yóu
理由 ເຫດຜົນ

qún zi
裙子 ກະໂປ່ງ

kuǎn shì
款式 ປະເພດ

àn
暗 ມືດ

tiān lán sè
天蓝色 ສີຟ້າ

liáng shēn dìng zuò
量身定做 ສັ່ງຕັດ

tè chǎn
特产 ຜະລິດຕະພັນທີ່ມີເອກະລັກ

gōng yì pǐn
工艺品 ສິລະປະຫັດຖະກຳ

kǎo lǜ
考虑 ພິຈາລະນາ; ຄິດເບິ່ງກ່ອນ

guǒ pán
果盘 ຈານໝາກໄມ້

shí yòng
实用 ເປັນປະໂຫຍດ

zì yòng
自用 ໃຊ້ເອງ

jī huì nán dé
机会难得 ໂອກາດທີ່ຫາຍາກ

jié zhàng
结账 ຈ່າຍເງິນ

cāo zuò
操作 ປະຕິບັດ

guān fāng wǎng zhàn
官方网站 ເວັບໄຊທາງການ

zhàng hào
账号 ເລກບັນຊີ

gòu wù chē
购物车 ລົດຊື້ເຄື່ອງ

fù kuǎn fāng shì
付款方式 ວິທີການຈ່າຍເງິນ

shāng pǐn
商品 ສິນຄ້າ

shōu huò
收货 ຮັບສິນຄ້າ

xià dān
下单 ສັ່ງຊື້ສິນຄ້າ

jiǎn zhí
简直 ຄື; ຊ່ຳວ່າ

èr wéi mǎ
二维码 ຄິວອາໂຄດ (QR code)

mù diāo
木雕 ໄມ້ແກະສະຫຼັກ

xìng jià bǐ
性价比 ກຸ້ມຄ່າ

chá tuō
茶托 ຈານຮອງຈອກນ້ຳຊາ

jīng měi
精美 ປານີດ

sòng lǐ
送礼 ໃຫ້ຂອງຂວັນ

cù xiāo
促销 ສົ່ງເສີມການຂາຍ

guì tái
柜台 ໂຕະຮັບແຂກ

pán
U盘 ຢູເອສບີ

píng tái
平台 ເວທີ

zhù cè
注册 ລົງທະບຽນ

dēng lù
登录 ເຂົ້າສູ່ລະບົບ

jié suàn
结算 ການຊຳລະເງິນ

xuǎn zé
选择 ເລືອກ

kuài dì yuán
快递员 ພະນັກງານສົ່ງສິນຄ້າ

sī jīn
丝巾 ຜ້າພັນຄໍ

fā huò
发货 ຍິນສົ່ງເຄື່ອງ

jīn é
金额 ມູນຄ່າ

zhì liàng
质量 ຄຸນນະພາບ

guān fāng qí jiàn diàn
官方旗舰店 ຮ້ານຄ້າສະເພາະ

yóu fèi
邮费 ຄ່າໄປສະນີ

bàn jià
半价 ເຄິ່ງລາຄາ

huàn huò
换货 ປ່ຽນສິນຄ້າ

四、课后练习 ເຝິກຫັດນອກໂມງຮຽນ

1. 回答下列问题。ຕອບຄໍາຖາມລຸ່ມນີ້.

（1）你最近买过什么东西？多少钱？

（2）你喜欢在实体店购物还是在网上购物？为什么？

（3）你买东西一般用什么方式支付？

2. 整理句子。ແປງປະໂຫຍກໃຫ້ຖືກ.

（1）我　想　土特产　买　一些

（2）可以　优惠　给　您　再　十块钱

（3）看起来　这　不错　条　裙子

3. 听录音，选择意思相同或相近的答案。ຟັງສຽງ, ເລືອກເອົາຄໍາສັບທີ່ເຈົ້າໄດ້ຍິນ.

（1）A. 这件衣服能打折吗？

B. 这件衣服怎么卖？

C. 我很想买这件衣服。

（2）A. 这些茶杯打八折。

B. 这些茶杯打六折。

C. 这些茶杯打五折。

（3）A. 还可以优惠10元钱。

B. 价格不能再低了。

C. 还可以少20元钱。

（4）A. 这款咖啡虽然贵但味道很好，很值得买。

B. 这款咖啡价格适中而且味道很好，很划算。

C. 这款咖啡价格又低味道又好，很划算。

（5）A. 你可以向我学习怎么操作。

B. 你能给我指导一下怎么操作吗？

C. 这个操作困难吗？

第十二课　餐饮、美食

ບົດທີ 12　ອາຫານການກິນ

一、重点句式 ໂຄງສ້າງປະໂຫຍກທີ່ສຳຄັນ

nǐ xiǎng chī hē shén me
1. 你 想 吃/喝 什 么？
ເຈົ້າຢາກກິນຫຍັງ/ດື່ມຫຍັງ?

wǒ xiǎng chī xuě gāo hē kě lè
2. 我 想 吃 雪 糕/喝 可 乐。
ຂ້ອຍຢາກກິນກະແລ້ມ/ດື່ມ ໂຄລາ ໂຄລາ.

wǒ xiàn zài hái bù è bù kě shén me yě bù xiǎng chī hē
3. 我 现 在 还 不 饿/不 渴， 什 么 也 不 想 吃/喝。
ດຽວນີ້ຂ້ອຍຍັງບໍ່ທັນຫິວເຂົ້າ/ບໍ່ຫິວນ້ຳ, ບໍ່ຢາກກິນຫຍັງ/ດື່ມຫຍັງ.

nǐ xǐ huan chī zhōng cān xī cān lǎo wō cài ma
4. 你 喜 欢 吃 中 餐/西 餐/老 挝 菜 吗？
ເຈົ້າມັກກິນອາຫານຈີນ/ອາຫານຕາເວັນຕົກ/ອາຫານລາວບໍ?

nǐ xǐ huan hē hóng chá kā fēi niú nǎi ma
5. 你 喜 欢 喝 红 茶/咖 啡/牛 奶 吗？
ເຈົ້າມັກດື່ມນ້ຳຊາແດງ/ກາເຟ/ນົມບໍ?

wǒ xǐ huan hē niú nǎi bù xǐ huan hē guǒ zhī
6. 我 喜 欢 喝 牛 奶，不 喜 欢 喝 果 汁。
ຂ້ອຍມັກດື່ມນົມ, ບໍ່ມັກດື່ມນ້ຳໝາກໄມ້.

wǒ xǐ huan chī rì běn liào lǐ
7. 我 喜 欢 吃 日 本 料 理。
ຂ້ອຍມັກກິນອາຫານຍີ່ປຸ່ນ.

wǒ xǐ huan chī qī chéng shóu de niú pái
8. 我喜欢吃七成熟的牛排。
ຂ້ອຍມັກກິນສະເຕັກສຸກ 70%.

wǒ piān ài tián shí
9. 我偏爱甜食。
ຂ້ອຍມັກກິນຂອງຫວານຫຼາຍກວ່າ.

zhè ge hǎo chī hǎo hē ma
10. 这个好吃/好喝吗?
ອັນນີ້ແຊບບໍ?

hěn hǎo chī hěn hǎo hē
11. 很好吃/很好喝。
ແຊບຫຼາຍ.

bù hǎo chī bù hǎo hē
12. 不好吃/不好喝。
ບໍ່ແຊບ.

yī bān bān
13. 一般般。
ທໍາມະດາ.

tā cháng qǐ lái zěn me yàng
14. 它尝起来怎么样?
ຊີມແລ້ວເປັນແນວໃດ?

hěn měi wèi hěn kě kǒu yǒu diǎn kǔ
15. 很美味/很可口/有点苦。
ແຊບຫຼາຍ (ລົດຊາດດີຫຼາຍ)/ລົດຊາດດີຫຼາຍ (ຖືກປາກ)/ຂົມໜ້ອຍໜຶ່ງ.

wèi dào yī bān hěn nán chī kǒu gǎn hěn chà
16. 味道一般/很难吃/口感很差。

ລົດຊາດທຳມະດາ/ບໍ່ແຊບ/ລົດຊາດບໍ່ດີ.

zhè dào cài tài là tài xián tài dàn
17. 这道菜太辣/太咸/太淡。
ອາຫານເບື່ອງນີ້ເຜັດຫຼາຍ/ເຄັມຫຼາຍ/ຈືດຫຼາຍ (ຈາງຫຼາຍ).

zhè zhǒng shuǐ guǒ hěn suān hěn tián
18. 这种水果很酸/很甜。
ໝາກໄມ້ຊະນິດນີ້ສົ້ມຫຼາຍ/ຫວານຫຼາຍ.

zhè fèn kǎo niú ròu hěn nèn
19. 这份烤牛肉很嫩。
ຊີ້ນງົວປີ້ງນີ້ອ່ອນນຸ້ມຫຼາຍ.

zhè yáng ròu dùn de hěn ruǎn
20. 这羊肉炖得很软。
ຊີ້ນແກະນີ້ຕົ້ມໄດ້ອ່ອນຫຼາຍ.

zhè kuài jī xiōng ròu hěn chái
21. 这块鸡胸肉很柴。
ຊີ້ນເອິກໄກ່ຕ່ອນນີ້ແຫ້ງຫຼາຍ.

běn diàn tí gōng wài mài hé táng shí
22. 本店提供外卖和堂食。
ຮ້ານນີ້ສະໜອງອາຫານສົ່ງເຖິງທີ່ແລະກິນຢູ່ຮ້ານ.

zěn yàng zài wǎng shàng dìng wài mài
23. 怎样在网上订外卖？
ສັ່ງອາຫານສົ່ງເຖິງທີ່ທາງອອນລາຍຈັ່ງໃດ?

nǐ kě yǐ tōng guò shǒu jī shàng wǎng shàng de měi tuán huò è
24. 你可以通过手机上/网上的“美团”或“饿
le me děng dìng wài mài
了么”等 app 订外卖。

ເຈົ້າສາມາດສັ່ງອາຫານສົ່ງເຖິງທີ່ໄດ້ໂດຍຜ່ານ “ແອັບເໝີຍຖວນ”

ຫຼື "ແອັບເອີ້ເລີະເມີະ" ແລະແອັບອື່ນໆຂອງມີຖືຫຼືອອນລາຍ.

语言点归纳 ຂໍ້ສະຫຼຸບ

1. ສອບຖາມຄວາມນິຍົມອາຫານການກິນຂອງຄົນອື່ນ, ຖາມໄດ້: "你想吃/喝什么？" ສອບຖາມອາຫານການກິນທີ່ຄົນອື່ນຢາກ, ຖາມແບບນີ້: "你想吃/喝什么？ເຈົ້າຢາກກິນ/ດື່ມຫຍັງ？" ຄຳຕອບແມ່ນ: "我想吃/喝……ຂ້ອຍຢາກກິນ/ດື່ມ..." ຫຼື "我什么也不想吃/喝。ຂ້ອຍບໍ່ຢາກກິນຫຍັງ/ດື່ມຫຍັງ."

2. ສອບຖາມອາຫານການກິນທີ່ຄົນອື່ນມັກ, ຖາມແບບນີ້: "你喜欢吃/喝……吗？ເຈົ້າມັກກິນ/ດື່ມ... ບໍ？" ຕອບຫຼືບັນຍາຍອາຫານທີ່ຕົນເອງມັກ, ເວົ້າແບບນີ້: "我喜欢吃/喝…… ຂ້ອຍມັກກິນ/ດື່ມ..." "我不喜欢吃/喝……ຂ້ອຍບໍ່ມັກກິນ/ດື່ມ..."

3. "偏爱……ມັກ...ຫຼາຍກ່ວາ" ໝາຍເຖິງມັກອາຫານຫຼືເຄື່ອງຂອງອັນໃດອັນໜຶ່ງແທ້ໆ. ເຊັ່ນ: "我偏爱杧果汁。ຂ້ອຍມັກນ້ຳໝາກມ່ວງຫຼາຍກ່ວາ." "她偏爱珍珠首饰。ລາວມັກເຄື່ອງປະດັບປະເພດໄຂ່ມຸກຫຼາຍກ່ວາ."

4. "好吃/好喝吗/味道怎么样？ແຊບບໍ/ລົດຊາດເປັນແນວໃດ？", ຄຳຕອບແມ່ນ: "很好吃/很好喝。ແຊບຫຼາຍ." "不好吃/不好喝。ບໍ່ແຊບ." ຫຼື "一般般。ທຳມະດາ.", ມີຄວາມໝາຍວ່າ "不好吃也不难吃/不好喝也不难喝。ບໍ່ແຊບປານໃດ." ສາມາດເພີ່ມການອະທິບາຍ

ຢ່າງລະອຽດຕໍ່ລົດຊາດ.

5. "外卖 ອາຫານສົ່ງເຖິງທີ່" ໝາຍເຖິງອາຫານທີ່ເມືອກິນ, ກົງກັນຂ້າມກັບ "堂食 ກິນຢູ່ຮ້ານອາຫານ".

二、会话训练 ເຝິກການສົນທະນາ

情景会话 1 ການສົນທະນາທີ 1

（讨论中老特色美食。甲：中国学生；乙：老挝学生）
(ສົນທະນາອາຫານທີ່ມີເອກະລັກຂອງຈີນແລະລາວ. ກ: ນັກສຶກສາຈີນ; ຂ: ນັກສຶກສາລາວ)

jiǎ nǐ lái zhōng guó yī gè yuè le chī de guàn zhōng cān ma
甲：你来中国一个月了，吃得惯中餐吗？
ກ: ເຈົ້າມາປະເທດຈີນໜຶ່ງເດືອນແລ້ວ, ລຶ້ງກິນອາຫານຈີນບໍ?

yǐ hái kě yǐ zhōng cān de pǐn zhǒng hěn fēng fù tīng shuō zhōng guó yǒu bā dà cài xì shì nǎ bā zhǒng ne
乙：还可以，中餐的品种很丰富。听说中国有八大菜系，是哪八种呢？
ຂ: ໄດ້ຢູ່, ອາຫານຈີນມີຫຼາກຫຼາຍຊະນິດ. ໄດ້ຍິນວ່າອາຫານຈີນມີແປດປະເພດ, ປະເພດໃດແດ່?

jiǎ shì lǔ cài chuān cài yuè cài sū cài mǐn cài zhè cài xiāng cài huī cài
甲：是鲁菜、川菜、粤菜、苏菜、闽菜、浙菜、湘菜、徽菜。
ກ: ແມ່ນອາຫານຊ່ານຕຸ່ງ, ອາຫານເສສວນ, ອາຫານກວາງຕຸ້ງ, ອາຫານຈ່ຽງຊູ່, ອາຫານຝູ່ຈຽນ, ອາຫານເຈ້ຈ່ຽງ, ອາຫານຫູໜານ, ອາຫານອ່ານຮຸ່ຍ.

yǐ nǐ zuì xǐ huan nǎ zhǒng ne
乙：你最喜欢哪种呢？
ຂ: ເຈົ້າມັກອາຫານປະເພດໃດທີ່ສຸດ?

jiǎ wǒ zuì xǐ huan yuè cài
甲：我最喜欢粤菜。
ກ: ຂ້ອຍມັກອາຫານກວາງຕຸ້ງຫຼາຍທີ່ສຸດ.

yǐ bái qiē jī shǔ yú yuè cài ma
乙：白切鸡属于粤菜吗？
ຂ: ໄກ່ຕົ້ມແມ່ນອາຫານກວາງຕຸ້ງບໍ?

jiǎ shì de nà shì wǒ de zuì ài
甲：是的。那是我的最爱。
ກ: ແມ່ນແລ້ວ. ນັ້ນແມ່ນອາຫານທີ່ຂ້ອຍມັກທີ່ສຸດ.

yǐ tīng shuō sì chuān rén hěn ài chī huǒ guō ér qiě tā men de huǒ guō hěn là duì ma
乙：听说四川人很爱吃火锅，而且他们的火锅很辣，对吗？
ຂ: ໄດ້ຍິນວ່າຄົນເສສວນມັກກິນຊີ້ນຈຸ່ມ, ແລະຊີ້ນຈຸ່ມຂອງເຂົາເຈົ້າເຜັດຫຼາຍ, ແມ່ນບໍ?

jiǎ duì kě yǐ shuō shì wú là bù huān lǎo wō rén xǐ huan chī là ma
甲：对，可以说是无辣不欢。老挝人喜欢吃辣吗？
ກ: ແມ່ນແລ້ວ. ເວົ້າໄດ້ວ່າກິນອາຫານບໍ່ເຜັດຈະຮູ້ສຶກບໍ່ຄັກ. ຄົນລາວມັກກິນອາຫານເຜັດບໍ?

yǐ wǒ men xǐ huan chī suān là de cài bǐ rú dōng yīn gōng hé liáng bàn suān mù guā sī guǎng xī yǒu nǎ xiē tè sè měi shí ne
乙：我们喜欢吃酸辣的菜，比如冬阴功和凉拌酸木瓜丝。广西有哪些特色美食呢？
ຂ: ພວກຂ້ອຍມັກກິນອາຫານສົ້ມແລະເຜັດ, ເຊັ່ນ: ຕົ້ມຍໍາກຸ້ງແລະ

ຕໍາໝາກຫຸ່ງ. ກວາງຊີມີອາຫານ ທີ່ມີເອກະລັກຫຍັງແດ່?

jiǎ nà kě jiù duō le yǒu guì lín mǐ fěn luó sī fěn gōng chéng yóu chá
甲：那可就多了！有桂林米粉、螺蛳粉、恭城油茶、
bā mǎ xiāng zhū wǔ sè nuò mǐ fàn lǎo yǒu miàn děng děng
巴马香猪、五色糯米饭、老友面等等。

ກ: ມີຫຼາຍແທ້! ມີເຝີກຸ້ຍຫຼິນ, ເຝີຫອຍ, ນໍ້າຊາມັນກຸ່ງເສີງ, ໝູຫອມປ່າໝ້າ, ເຂົ້າໜຽວຫ້າສີ, ໝີ່ຫຼາວໂຢວ ແລະອື່ນໆ.

yǐ wa tīng zhe jiù ràng rén liú kǒu shuǐ le
乙：哇，听着就让人流口水了。
ຂ: ໂອ່, ຟັງແລ້ວກໍນໍ້າລາຍໄຫຼແລ້ວ.

注释 ໝາຍເຫດ

1. ຄໍາເວົ້າທີ່ປະຕິເສດຂອງ "吃得惯 ກິນໄດ້" ແມ່ນ "吃不惯 ບໍ່ລຶ້ງກິນ". ເຊັ່ນ: "我吃得惯这里的饭菜。ຂ້ອຍລຶ້ງກິນອາຫານບ່ອນນີ້." "她吃不惯榴梿。ລາວບໍ່ລຶ້ງກິນໝາກຖົ່ວລຽນ."

2. "特色美食 ອາຫານທີ່ມີເອກະລັກ" ໝາຍເຖິງອາຫານເປົາຫຼືອາຫານກິນຫຼິ້ນທີ່ມີເອກະລັກຂອງທ້ອງຖິ່ນ.

3. "比较 ກ່ວາ/ອ່າວ" ທາງຫຼັງເພີ່ມຄໍາຄຸນນາມຫຼືຄໍາລັກສະນະນາມ, ໝາຍເຖິງມີລະດັບໃດໜຶ່ງ. ເຊັ່ນ: "这道菜比较咸。ອາຫານເບື້ອງນີ້ອ່າວເຄັມ." "他跑得比较快。ລາວແລ່ນໄດ້ອ່າວໄວ."

情景会话 2 ການສົນທະນາທີ 2

（在餐馆。甲：服务员；乙：男顾客；丙：女顾客）
(ຢູ່ຮ້ານອາຫານ. ກ: ຜູ້ບໍລິການ; ຂ: ລູກຄ້າຜູ້ຊາຍ; ຄ: ລູກຄ້າຜູ້ຍິງ)

jiǎ huān yíng guāng lín qǐng wèn jǐ wèi yòng cān
甲：欢迎光临！请问几位用餐？
ກ: ຍິນດີຕ້ອນຮັບ! ຂໍຖາມແດ່ທ່ານມານຳກັນຈັກຄົນ?

yǐ liǎng gè qǐng wèn yǒu kào chuāng de zhuō zi ma
乙：两个。请问有靠窗的桌子吗？
ຂ: ມີສອງຄົນ. ຂໍຖາມແດ່ມີໂຕະທີ່ໃກ້ປ່ອງຢ້ຽມບໍ?

jiǎ yǒu zhè biān qǐng qǐng xiān kàn yī xià cài dān wǒ děng huìr jiù lái
甲：有，这边请。（入座后）请先看一下菜单，我等会儿就来。
ກ: ມີ, ເຊີນມາທາງນີ້. (ນັ່ງແລ້ວ) ເຊີນເບິ່ງລາຍການອາຫານ, ຖ້າຈັກໜ້ອຍຂ້ອຍຈະກັບມາ.

yǐ hǎo de xiè xie nǐ xiān kàn ba
乙：好的，谢谢。（把菜单递给丙）你先看吧。
ຂ: ເຈົ້າ, ຂອບໃຈ. (ເອົາລາຍການອາຫານໃຫ້ ຄ) ເຈົ້າເບິ່ງກ່ອນເດີ.

bǐng wǒ kàn kan yǒu shén me cài kě yǐ tuī jiàn de ma
丙：我看看……（看到甲走过来，问甲）有什么菜可以推荐的吗？
ຄ: ມາເບິ່ງດູ...(ເຫັນ ກ ກຳລັງຍ່າງມາ, ຖາມ ກ) ມີອາຫານຫຍັງແນະນຳບໍ?

jiǎ suàn róng xiā shì wǒ men diàn de zhāo pái cài diǎn de rén hěn duō
甲：蒜蓉虾是我们店的招牌菜，点的人很多。
ກ: ກຸ້ງຂົ້ວໃສ່ກະທຽມແມ່ນອາຫານທີ່ເດັ່ນຂອງຮ້ານເຮົາ, ມີລູກຄ້າຫຼາຍຄົນສັ່ງ.

yǐ nà wǒ men jiù diǎn yī fèn ba
乙：那我们就点一份吧。
ຂ: ຄັນຊັ້ນພວກເຮົາສັ່ງ 1 ຈານເທາະ.

bǐng zài lái gè chǎo kōng xīn cài yǐ jí yī fèn hóng mèn dòu fu hǎo bù hǎo
丙：再来个炒空心菜，以及一份红焖豆腐，好不好？
ຄ: ເອົາຂົ້ວຜັກບົ້ງຕື່ມ, ແລະອົບເຕົ້າຮູ້ໜຶ່ງ, ດີບໍ?

yǐ dōu kě yǐ tīng nǐ de
乙：都可以，听你的。
ຂ: ໄດ້, ຕາມໃຈເຈົ້າ.

bǐng nǐ kàn kan hái xiǎng chī shén me
丙：（把菜单递给乙）你看看还想吃什么。
ຄ: (ເອົາລາຍການອາຫານໃຫ້ ຂ) ເຈົ້າເບິ່ງແມ້ຍັງຢາກຫຍັງອີກບໍ.

yǐ wǒ men zài diǎn yī dào yìng cài ba lái yī zhī jiàng yóu jī zěn me yàng
乙：我们再点一道硬菜吧，来一只酱油鸡，怎么样？
ຂ: ພວກເຮົາສັ່ງອາຫານເລີດລົດໜຶ່ງເຍື່ອງເທາະ, ເອົາໄກ່ສະອື໊ວໂຕໜຶ່ງ, ວ່າຈັ່ງໃດ?

bǐng yī zhī huì bù huì tài duō le bàn zhī jiù gòu le ba
丙：一只会不会太多了？半只就够了吧？
ຄ: ໂຕໜຶ່ງຫຼາຍໂພດບໍ? ເຄິ່ງໂຕກໍ່ພໍແລ້ວຕີ?

yǐ yě xíng nà jiù yào bàn zhī jiàng yóu jī zài lái liǎng wǎn mǐ fàn hé yī píng pí jiǔ ba
乙：也行，那就要半只酱油鸡。再来两碗米饭和一瓶啤酒吧。

ຂ: ກະໄດ້, ຄັນຊັ້ນເອົາໄກ່ສະອິ໊ວເຄິ່ງໂຕ. ເອົາເຂົ້າຈ້າວສອງຖ້ອຍ
ແລະເບຍໜຶ່ງແກ້ວເນາະ.

jiǎ　hái yào diǎn bié de ma
甲：还 要 点 别 的 吗?
ກ: ຍັງຊິສັ່ງຫຍັງອີກບໍ?

yǐ　bù yòng le　xiè xie
乙：不 用 了，谢 谢!
ຂ: ໄດ້ແລ້ວ, ຂອບໃຈ!

jiǎ　hǎo de　nà wǒ jiù gěi nǐ men xià dān le
甲：好 的，那 我 就 给 你 们 下 单 了。
ກ: ເຈົ້າ, ຄັນຊັ້ນຂ້ອຍອອກບິນໃຫ້ພວກທ່ານເລີຍ.

yǐ　xiè xie　má fan kuài yī diǎn shàng cài
乙：谢 谢。麻 烦 快 一 点 上 菜。
ຂ: ຂອບໃຈ. ກະລຸນາເອົາອາຫານມາໄວແດ່ເດີ້.

（一个小时后）
(1 ຊົ່ວໂມງຕໍ່ມາ)

yǐ　chī bǎo le ma
乙：吃 饱 了 吗?
ຂ: ກິນອີ່ມແລ້ວບໍ?

bǐng　chī bǎo la　wǒ men zǒu ba
丙：吃 饱 啦。我 们 走 吧!
ຄ: ກິນອີ່ມແລ້ວ. ພວກເຮົາໄປກັນເທາະ!

yǐ　fú wù yuán　mǎi dān
乙：服 务 员，买 单!
ຂ: ຜູ້ບໍລິການ, ໄລ່ເງິນແດ່!

jiǎ nǐ men yī gòng xiāo fèi le yuán qǐng hé duì yī xià
甲：你们一共消费了168元，请核对一下。
ກ: ພວກທ່ານກິນທັງໝົດ 168 ຢວນ, ກະລຸນາກວດຄືນກ່ອນ.

yǐ hǎo le méi wèn tí
乙：好了，没问题。
ຂ: ໄດ້ແລ້ວ, ບໍ່ມີບັນຫາ.

jiǎ shuā kǎ wēi xìn hái shi zhī fù bǎo ne
甲：刷卡、微信还是支付宝呢？
ກ: ຈ່າຍເງິນດ້ວຍບັດ, ວີແຊັດ ຫຼືອາລີເພ?

yǐ shuā kǎ ba
乙：刷卡吧。
ຂ: ດ້ວຍບັດສະ.

jiǎ kě yǐ le qǐng ná hǎo nín de xiǎo piào huān yíng xià cì guāng lín
甲：可以了。请拿好您的小票。欢迎下次光临！
ກ: ໄດ້ແລ້ວ. ຢ່າລືມໃບບິນຂອງທ່ານເດີ້. ເທື່ອໜ້າມາໃໝ່ເດີ້!

注释 ໝາຍເຫດ

1. "来 ມາ" ໃຊ້ຄໍາສັບນີ້ມາແທນຄໍາກິລິຍາທີ່ມີຄວາມໝາຍລະອຽດ. ຄໍາສັບ "来" ໃນປະໂຫຍກມີຄວາມໝາຍວ່າ "要 ເອົາ", "ເອົາຂົ້ວຜັກບົ້ງຕື່ມ" "ເອົາໄກ່ສະອື້ວໜຶ່ງໂຕ".

2. "硬菜 ອາຫານເລີດລົດ" ໝາຍເຖິງອາຫານທີ່ແກ້ຄວາມຢາກ, ບໍ່ຫິວງ່າຍ, ທັງໝາຍເຖິງອາຫານທີ່ມີລະດັບສູງ, ລາຄາອ່າວແພງ.

3. ຄໍາສັບທີ່ມັກໃຊ້ໃນເວລາກິນເຂົ້າຢູ່ຮ້ານອາຫານມີ: "点菜 ສັ່ງອາຫານ" "下单 ອອກບິນ" "上菜 ເອົາອາຫານມາ" "买单 ໄລ່

ເງິນ” ແລະອື່ນໆ. “ໄລ່ເງິນ” ເປັນຄຳເວົ້າທີ່ມັກໃຊ້, ມີຄວາມໝາຍວ່າຈ່າຍເງິນ, ຊຳລະເງິນ.

情景会话 3 ການສົນທະນາທີ 3

（订外卖。甲：公司员工；乙：甲的同事）
(ສັ່ງອາຫານດ່ວນ. ກ: ພະນັກງານຂອງບໍລິສັດ; ຂ: ພະນັກງານທີ່ຮ່ວມງານຂອງຄົນກ)

jiǎ　zhè ge jì huà shū míng zǎo jiù yào tí jiāo　kàn lái wǒ men jīn wǎn yào jiā bān le　yào bù yào yī qǐ dìng wài mài
甲：这个计划书明早就要提交，看来我们今晚要加班了。要不要一起订外卖？

ກ: ແຜນການນີ້ຕ້ອງສົ່ງໃນຕອນເຊົ້າມື້ອື່ນ, ຄືນນີ້ພວກເຮົາຄືຊິໄດ້ເຮັດວຽກກາຍເວລາ. ສັ່ງອາຫານສົ່ງເຖິງທີ່ນຳກັນບໍ?

yǐ　kě yǐ ya　shì gěi cān guǎn dǎ diàn huà dìng cān ma
乙：可以呀。是给餐馆打电话订餐吗？

ຂ: ດີ. ໂທສັ່ງອາຫານນຳຮ້ານອາຫານບໍ?

jiǎ　bù　wǒ yī bān shì yòng shǒu jī zài wǎng shàng dìng cān　hěn fāng biàn, suí shí suí dì kě yǐ xià dān
甲：不，我一般是用手机在网上订餐，很方便，随时随地可以下单。

ກ: ບໍ່, ທຳມະດາຂ້ອຍສັ່ງອາຫານທາງອອນລາຍດ້ວຍມືຖື, ສະດວກຫຼາຍ, ສັ່ງອາຫານໄດ້ທຸກທີ່ທຸກເວລາ.

yǐ　wǒ hái méi yǒu shì guo zài wǎng shàng dìng cān　yào zěn me cāo zuò ne
乙：我还没有试过在网上订餐，要怎么操作呢？

ຂ: ຂ້ອຍຍັງບໍ່ເຄີຍສັ່ງອາຫານທາງອອນລາຍ, ຕ້ອງເຮັດແນວໃດ?

jiǎ wǒ cāo zuò gěi nǐ kàn xiān dēng lù měi tuán wǎng jìn rù wài mài zhè yī lán sōu suǒ xiǎng chī de měi shí

甲：我操作给你看。先登录"美团网"，进入"外卖"这一栏，搜索想吃的美食。

ກ: ຂ້ອຍເຮັດໃຫ້ເຈົ້າເບິ່ງ. ເຂົ້າ "ເວັບໄຊເໝີຍຖວນ" ກ່ອນ, ແລ້ວເຂົ້າຫາຊ່ອງ "ອາຫານສົ່ງເຖິງທີ່" , ຄົ້ນຫາອາຫານທີ່ຢາກກິນ.

yǐ wǒ xiǎng chī jiǔ cài jiǎo zi a zhè jiā de kàn qǐ lái bù cuò

乙：我想吃韭菜饺子……啊，这家的看起来不错。

ຂ: ຂ້ອຍຢາກກິນກ້ຽວຜັກແປ້ນ... ເອີ, ຮ້ານນີ້ຄືຊິດີກເນາະ.

jiǎ wǒ yǐ qián chī guo zhè jiā de jiǎo zi què shí bù cuò nà jiù lái liǎng fèn jiā rù gòu wù chē

甲：我以前吃过这家的饺子，确实不错。那就来两份，加入购物车。

ກ: ຂ້ອຍເຄີຍກິນກ້ຽວຮ້ານນີ້, ດີກແທ້ໆ. ຄັນຊັ້ນເອົາສອງຊຸດ, ເພີ່ມພວກມັນເຂົ້າໃສ່ລົດຊື້ເຄື່ອງ.

yǐ rán hòu ne

乙：然后呢?

ຂ: ຈາກນັ້ນເດ່?

jiǎ diǎn jī qù jié suàn hé duì sòng cān dì zhǐ lián xì fāng shì suǒ diǎn de shí wù yǐ jí jià qián rán hòu tí jiāo dìng dān què rèn zhī fù

甲：点击"去结算"，核对送餐地址、联系方式、所点的食物以及价钱，然后提交订单，确认支付。

ກ: ກົດ "ໄປຊໍາລະເງິນ" , ກວດກາເບິ່ງສະຖານທີ່ສົ່ງອາຫານ, ວິທີຕິດຕໍ່, ອາຫານແລະລາຄາທີ່ສັ່ງຊື້, ຈາກນັ້ນສົ່ງໃບສັ່ງຊື້, ຢືນຢັນການຊໍາລະເງິນ.

yǐ kě yǐ zài xiàn zhī fù nà zhēn shì tài fāng biàn le
乙：可以在线支付？那真是太方便了。

ຂ: ສາມາດຊຳລະເງິນທາງອອນລາຍ? ສະດວກແທ້.

jiǎ shì de fēi cháng fāng biàn hǎo le xià hǎo dān le
甲：是的，非常方便。好了，下好单了。

ກ: ແມ່ນແລ້ວ, ສະດວກຫຼາຍ. ສຳເລັດແລ້ວ, ອອກບິນແລ້ວ.

yǐ dà gài shén me shí hou néng sòng dào ne
乙：大概什么时候能送到呢？

ຂ: ປານໃດຊິສົ່ງຮອດເບາະ?

jiǎ gēn jù zhè lǐ xiǎn shì de yù jì sòng dá shí jiān dà yuē diǎn bàn jiù néng sòng dào
甲：根据这里显示的"预计送达时间"，大约6点半就能送到。

ກ: ອີງຕາມ "ການຄາດຄະເນເວລາທີ່ສົ່ງຮອດ" ທີ່ສະແດງຢູ່ນີ້, ປະມານ 6:30 ກໍສົ່ງຮອດ.

yǐ zhè me kuài xiàn zài yǐ jīng diǎn fēn le wǒ yǐ wéi yào diǎn yǐ hòu cái néng sòng dào ne kàn lái bù yòng è zhe dù zi jiā bān le xiè xie nǐ
乙：这么快！现在已经5点40分了，我以为要7点以后才能送到呢。看来不用饿着肚子加班了。谢谢你！

ຂ: ໄວແທ້! ຕອນນີ້ 5 ໂມງ 40 ນາທີແລ້ວ, ຂ້ອຍຄິດວ່າຫຼັງ 7 ໂມງຈິ່ງສົ່ງຮອດ. ຄັນເປັນແນວນີ້ເຮັດວຽກກາຍເວລາກໍບໍ່ຫິວເຂົ້າ. ຂອບໃຈ!

jiǎ bù kè qi
甲：不客气。

ກ: ບໍ່ເປັນຫຍັງ.

注释 ໝາຍເຫດ

1. ຂະແໜງການສົ່ງອາຫານເຖິງທີ່ຂອງຈີນຈະເລີນຫຼາຍ, ປັດຈຸບັນ ພະນັກງານຫ້ອງການສ່ວນຫຼາຍມັກສັ່ງອາຫານທາງອອນລາຍໂດຍຜ່ານຄອມພິວເຕີຫຼືມືຖື. ປັດຈຸບັນນີ້ເວັບໄຊສັ່ງອາຫານເຖິງທີ່ທາງອອນລາຍທີ່ໃຫຍ່ທີ່ສຸດຂອງຈີນແມ່ນ "ເໝີຍຖວນ" ແລະ "ເອີເລີະເມີະ".

2. "看来 ອາດຈະ" ແມ່ນອີງຕາມປະສົບການຫຼືສະພາບການທີ່ຮູ້ແລ້ວຄາດຄະເນ. ເຊັ່ນ: "他这么晚还没到，看来是发生什么事了。ເດິກປານນີ້ແລ້ວລາວຍັງມາບໍ່ຮອດເທື່ອ, ອາດຈະມີຫຍັງເກີດຂຶ້ນກັບລາວ."

3. "核对 ກວດກາ" ໝາຍເຖິງກວດສອບຄວາມຖືກຕ້ອງ. ເຊັ່ນ: "核对账单 ກວດກາໃບບິນ".

4. "以为 ຄິດວ່າ" ໃຊ້ເພື່ອຕັດສິນຄົນຫຼືເຫດການ, ສ່ວນຫຼາຍຈະເປັນການຕັດສິນທີ່ບໍ່ຖືກກັບຄວາມຈິງ. ເຊັ່ນ: "我以为她会留下，结果她还是走了。ຂ້ອຍຄິດວ່າລາວຊິຢູ່, ແຕ່ສຸດທ້າຍລາວກໍໄປ."

三、单词与短语 ຄຳສັບແລະວະລີ

chī 吃 ກິນ	hē 喝 ດື່ມ	xuě gāo 雪 糕 ກະແລັມ	kě lè 可乐 ໂຄຄາໂຄລາ
è 饿 ຫິວເຂົ້າ	kě 渴 ຫິວນ້ຳ	zhōng cān 中 餐 ອາຫານຈີນ	
xī cān 西 餐 ອາຫານຕາເວັນຕົກ		hóng chá 红 茶 ຊາແດງ	kā fēi 咖 啡 ກາເຟ

niú nǎi
牛 奶 ນ້ຳນົມ

piān ài
偏 爱 ມັກຫຼາຍກວ່າ

hǎo chī
好 吃 ແຊບ

cháng
尝 ຊີມ

kě kǒu
可 口 ລົດຊາດດີ; ຖືກປາກ

wèi dào
味 道 ລົດຊາດ

kǒu gǎn
口 感 ລົດຊາດ

xián
咸 ເຄັມ

suān
酸 ສົ້ມ

kǎo niú ròu
烤 牛 肉 ປີ້ງຊີ້ນງົວ

yáng ròu
羊 肉 ຊີ້ນແບ້

ruǎn
软 ອ່ອນ

chái
柴 ແຫ້ງ

táng shí
堂 食 ກິນຢູ່ຮ້ານອາຫານ

fēng fù
丰 富 ອຸດົມສົມບູນ; ຫຼາກຫຼາຍ

bái qiē jī
白 切 鸡 ໄກ່ຕົ້ມ

tè sè měi shí
特 色 美 食 ອາຫານທີ່ມີເອກະລັກ

nuò mǐ fàn
糯 米 饭 ເຂົ້າໜຽວ

guǒ zhī
果 汁 ນ້ຳໝາກໄມ້

tián shí
甜 食 ຂອງຫວານ

hǎo hē
好 喝 ແຊບ

měi wèi
美 味 ລົດຊາດດີ; ແຊບ

kǔ
苦 ຂົມ

nán chī
难 吃 ບໍ່ແຊບ

là
辣 ເຜັດ

dàn
淡 ຈາງ; ຈືດ

tián
甜 ຫວານ

nèn
嫩 ອ່ອນ

dùn
炖 ຕົ້ມ

jī xiōng ròu
鸡 胸 肉 ຊີ້ນເອິກໄກ່

wài mài
外 卖 ອາຫານສົ່ງເຖິງທີ່

pǐn zhǒng
品 种 ປະເພດ

cài xì
菜 系 ອາຫານທ້ອງຖິ່ນ

huǒ guō
火 锅 ຊີ້ນຈຸ່ມ

mǐ fěn
米 粉 ເຝີ

liú kǒu shuǐ
流 口 水 ນ້ຳລາຍໄຫຼ

huān yíng guāng lín
欢 迎 光 临 ຍິນດີຕ້ອນຮັບ

kào chuāng
靠 窗 ໃກ້ປ່ອງຢ້ຽມ

tuī jiàn
推 荐 ແນະນຳ

zhāo pái cài
招 牌 菜 ອາຫານທີ່ເດັ່ນຂອງຮ້ານ

hóng mèn dòu fu
红 焖 豆 腐 ອົບເຕົ້າຮູ້

jiàng yóu jī
酱 油 鸡 ໄກ່ສະອິ໊ວ

pí jiǔ
啤 酒 ເບຍ

shàng cài
上 菜 ເອົາອາຫານມາ

mǎi dān
买 单 ໄລ່ເງິນ

hé duì
核 对 ກວດກາ

xiǎo piào
小 票 ໃບບິນ

tí jiāo
提 交 ສົ່ງ

sōu suǒ
搜 索 ຄົ້ນຫາ

gòu wù chē
购 物 车 ລົດຊື້ເຄື່ອງ

dì zhǐ
地 址 ສະຖານທີ່

dìng dān
订 单 ໃບສັ່ງຊື້

xiǎn shì
显 示 ສະແດງ

sòng dá
送 达 ສົ່ງຮອດ

yòng cān
用 餐 ຮັບປະທານອາຫານ

cài dān
菜 单 ລາຍການອາຫານ

suàn róng xiā
蒜 蓉 虾 ກຸ້ງຂົ້ວໃສ່ກະທຽມ

kōng xīn cài
空 心 菜 ຜັກບົ້ງ

yìng cài
硬 菜 ອາຫານເລີດລົດ

mǐ fàn
米 饭 ເຂົ້າຈ້າວ

xià dān
下 单 ອອກບິນ

chī bǎo
吃 饱 ກິນອີ່ມ

xiāo fèi
消 费 ບໍລິໂພກ (ກິນ)

méi wèn tí
没 问 题 ບໍ່ມີບັນຫາ

jì huà shū
计 划 书 ແຜນການ

jiā bān
加 班 ເຮັດວຽກກາຍເວລາ

jiǔ cài jiǎo zi
韭 菜 饺 子 ກ້ຽວຜັກແປ້ນ

jié suàn
结 算 ຊຳລະ

lián xì fāng shì
联 系 方 式 ວິທີຕິດຕໍ່

gēn jù
根 据 ອີງຕາມ

yù jì
预 计 ຄາດຄະເນ

yǐ wéi
以 为 ຄິດວ່າ

四、课后练习 ເຝິກຫັດນອກໂມງຮຽນ

1. 分组自由对话。ແບ່ງກຸ່ມສົນທະນາ.

（1）说说自己喜欢吃的菜和不喜欢吃的菜。

（2）谈一下自己家乡或当地的特色美食。

2. 替换练习。ຜັດປ່ຽນກັນເຝິກຫັດ.

（1）你喜欢吃中餐吗？

西餐

老挝菜

川菜

（2）这道菜味道一般。

很难吃

口感很差

很美味

（3）这种水果很酸。

很甜

很好吃

不好吃

3. 听录音，选出你听到的词语。ຟັງສຽງ, ເລືອກເອົາຄຳສັບທີ່ເຈົ້າໄດ້ຍິນ.

（1）A. 牛奶　　B. 水果　　C. 牛肉

（2）A. 很好　　B. 很多　　C. 很丰富

（3）A. 提供　　B. 推荐　　C. 供给

（4）A. 下单　　B. 买单　　C. 订餐

（5）A. 提交　　B. 交接　　C. 点餐

第十三课 住宿（包含酒店、民宿、租房等）
ບົດທີ 13 ການພັກເຊົາ (ຢູ່ໂຮງແຮມ, ເຮືອນພັກ ແລະການເຊົ່າເຮືອນ)

一、重点句式 ໂຄງສ້າງປະໂຫຍກທີ່ສຳຄັນ

1. 预订和入住酒店 ການຈອງຫ້ອງພັກ ແລະ ແຈ້ງເຂົ້າພັກໂຮງແຮມ

qǐng wèn hái yǒu yuè rì de dān jiān biāo zhǔn jiān ma
（1）请问还有6月5日的单间/标准间吗？
ຂໍຖາມແດ່ ໃນວັນທີ 5 ເດືອນ 6 ຍັງມີຫ້ອງຕຽງດ່ຽວ/ຫ້ອງຕຽງຄູ່ ຫວ່າງຢູ່ບໍ່?

wǒ xiǎng dìng yī gè dān jiān biāo zhǔn jiān háo huá tào fáng
（2）我想订一个单间/标准间/豪华套房。
ຂ້ອຍຢາກຈອງຫ້ອງຕຽງດ່ຽວ/ຫ້ອງຕຽງຄູ່/ຫ້ອງສູດຫ້ອງໜຶ່ງ.

qǐng wèn nín xiǎng dìng jǐ gè wǎn shang
（3）请问您想订几个晚上？
ທ່ານຢາກຈອງຈັກຄືນບໍ?

wǒ xiǎng dìng liǎng gè wǎn shang liǎng wǎn
（4）我想订两个晚上/两晚。
ຂ້ອຍຢາກຈອງສອງຄືນ.

fáng jiān li kě yǐ shàng wǎng dǎ guó jì cháng tú diàn huà ma
（5）房间里可以上网/打国际长途电话吗？
ຢູ່ໃນຫ້ອງ ຫຼິ້ນອິນເຕີເນັດ/ໂທໄປຕ່າງປະເທດ ໄດ້ບໍ?

kě yǐ tí gōng jiào zǎo sòng cān xǐ yī fú wù ma
（6）可以提供叫早/送餐/洗衣服务吗？
ມີບໍລິການ ປຸກຕອນເຊົ້າ/ສົ່ງອາຫານເຊົ້າ/ຊັກເຄື່ອງບໍ?

rù zhù yào tí gōng shén me zhèng jiàn
（7）入住要提供什么证件？
ເວລາແຈ້ງເຂົ້າພັກ ຕ້ອງມີເອກະສານຫຍັງແດ່?

yào píng shēn fèn zhèng huò hù zhào děng yǒu xiào zhèng jiàn dēng jì rù zhù
（8）要凭身份证或护照等有效证件登记入住。
ຕ້ອງໃຊ້ເອກະສານທີ່ຍັງບໍ່ໝົດອາຍຸເຊັ່ນ ບັດປະຈຳຕົວ ຫຼື ໜັງສືຜ່ານແດນ ລົງທະບຽນເວລາເຂົ້າພັກ.

shén me shí hou yào tuì fáng
（9）什么时候要退房？
ແຈ້ງອອກຈັກໂມງ?

yào zài cì rì zhōng wǔ shí èr diǎn xià wǔ liǎng diǎn qián tuì fáng
（10）要在次日中午十二点/下午两点前退房。
ໃຫ້ແຈ້ງອອກກ່ອນເວລາ 12 ໂມງ/ກ່ອນ 14 ໂມງໃນມື້ຕໍ່ໄປ.

2. 租房 ການເຊົ່າເຮືອນ

qǐng wèn nín zhè lǐ yǒu fáng jiān fáng zi chū zū ma
（1）请问您这里有房间/房子出租吗？
ຂໍຖາມແດ່ ທີ່ນີ້ມີຫ້ອງ/ເຮືອນໃຫ້ເຊົ່າບໍ?

nín xiǎng zū duō cháng shí jiān duō jiǔ
（2）您想租多长时间/多久？
ທ່ານຢາກເຊົ່າດົນປານໃດ?

wǒ xiǎng zū sān gè yuè bàn nián yī nián
（3）我想租三个月/半年/一年。
ຂ້ອຍຢາກເຊົ່າສາມເດືອນ/ເຄິ່ງປີ/ໜຶ່ງປີ.

nǐ xiǎng zū shén me yàng de fáng zi
(4) 你想租什么样的房子?
ເຈົ້າຢາກເຊົ່າຫ້ອງແບບໃດ?

wǒ xiǎng zū yī gè dān jiān yī tào èr jū shì
(5) 我想租一个单间/一套二居室。
ຂ້ອຍຢາກເຊົ່າຫ້ອງດ່ຽວຫ້ອງໜຶ່ງ/ຊຸດທີ່ມີສອງຫ້ອງນອນຊຸດໜຶ່ງ.

wǒ xiǎng zū jiāo tōng biàn lì cǎi guāng hǎo de fáng zi
(6) 我想租交通便利/采光好的房子。
ຂ້ອຍຢາກເຊົ່າເຮືອນທີ່ໄປມາສະດວກ/ແຈ້ງສະຫວ່າງດີ.

zhè ge fáng zi yǒu duō dà
(7) 这个房子有多大?
ຫ້ອງນີ້ກວ້າງປານໃດ?

dà yuē píng fāng mǐ
(8) 大约 60 平方米。
ປະມານ 60 ຕາແມັດ.

àn yuè àn jì dù zhī fù
(9) 按月/按季度支付。
ໃຫ້ຈ່າຍເປັນເດືອນ/ໄຕມາດ.

fáng zū měi gè yuè yuán
(10) 房租每个月 2000 元。
ຄ່າເຊົ່າຫ້ອງ ເດືອນລະ 2000 ຢວນ.

语言点归纳 ຂໍ້ສະຫຼຸບ

1. ທຳມະດາ ເວລາພວກເຮົາຈອງຫ້ອງນຳໂຮງແຮມຈະຖາມວ່າ:

"请问您这里有某月某日的房间吗? ຂໍຖາມແດ່ ໃນວັນທີ × ເດືອນ × ມີຫ້ອງຫວ່າງຢູ່ບໍ?" ເວລາຢາກເຊົ່າເຮືອນຈະຖາມວ່າ: "请问您这里有房子出租吗? ຂໍຖາມແດ່ ທີ່ນີ້ມີເຮືອນໃຫ້ເຊົ່າບໍ?"

2. ໂດຍທົ່ວໄປແລ້ວ ການພັກຢູ່ໂຮງແຮມເພິ່ນຈະຄິດໄລ່ຫົວໜ່ວຍເວລາເປັນ "一晚 ຄືນໜຶ່ງ", ສະນັ້ນ ເວລາເຮົາຈອງຫ້ອງ ພະນັກງານມັກຈະຖາມວ່າ "订几个晚上? ຈະຈອງຈັກຄືນ?" ແລະຄຳຕອບຈະແມ່ນ "×个晚上 (× ຄືນ)" ຫຼື "×晚 (× ຄືນ)".

3. ຄຳວ່າ "什么样的…… ...ແບບໃດ/ແນວໃດ", ໃຊ້ຖາມລັກສະນະຫຼືສະພາບຂອງສິ່ງຂອງຕ່າງໆ. ເຊັ່ນວ່າ "你想买什么样的电脑? ເຈົ້າຢາກຊື້ຄອມພິວເຕີແບບໃດ?" "她住的是什么样的房子? ເຮືອນທີ່ນາງຢູ່ນັ້ນເປັນເຮືອນແນວໃດ? (ໝາຍຄວາມວ່າ ຈະເປັນອາພາດເມັນ/ຫ້ອງຊຸດ ຫຼື ຈະເປັນເຮືອນວິນລາແລະອື່ນໆ)"

4. ເວລາຖາມເນື້ອທີ່ສາມາດໃຊ້ຄຳວ່າ "有多大? ກວ້າງປານໃດ/ໃຫຍ່ຊ່ຳໃດ?" ແລະ ເວລາຕອບຈະຕອບດັ່ງນີ້ ຄື "数字+面积单位 (ຕົວເລກ+ຫົວໜ່ວຍເນື້ອທີ່)".

5. ເວລາຖາມໄລຍະເວລາກໍ່ສາມາດໃຊ້ຄຳວ່າ "多久 ດົນປານໃດ" "多长时间 ເວລາດົນປານໃດ". ເຊັ່ນວ່າ "她离开多久了? ນາງໄປດົນປານໃດລະ?" "他来中国多长时间了? ລາວມາຈີນເປັນເວລາດົນປານໃດລະ?"

二、会话训练 ເຝິກການສົນທະນາ

情景会话 1 ການສົນທະນາທີ 1

（预定酒店。甲：酒店服务员；乙：客人）
(ການຈອງໂຮງແຮມ. ກ: ພະນັກງານໂຮງແຮມ; ຂ: ແຂກ)

jiǎ nín hǎo wéi yī nà jiǔ diàn
甲：您好！维伊纳酒店。
ກ: ສະບາຍດີ! ທີ່ນີ້ແມ່ນໂຮງແຮມວີອີນາ.

yǐ nǐ hǎo qǐng wèn kě yǐ bāng wǒ yù dìng yī gè fáng jiān ma
乙：你好！请问可以帮我预订一个房间吗？
ຂ: ສະບາຍດີ! ຂໍຈອງຫ້ອງໜຶ່ງໄດ້ບໍ?

jiǎ dāng rán kě yǐ nín xiǎng yào dān rén jiān hái shi shuāng rén jiān
甲：当然可以。您想要单人间还是双人间？
ກ: ໄດ້. ທ່ານຢາກໄດ້ຫ້ອງຕຽງດ່ຽວ ຫຼື ຫ້ອງຕຽງຄູ່ບໍ?

yǐ wǒ xiǎng yào yī gè biāo zhǔn shuāng rén jiān duō shao qián yī gè wǎn shang
乙：我想要一个标准双人间。多少钱一个晚上？
ຂ: ຂ້ອຍຢາກໄດ້ຫ້ອງຕຽງຄູ່ມາດຕະຖານຫ້ອງໜຶ່ງ. ຄືນໜຶ່ງລາຄາເທົ່າໃດບໍ?

jiǎ yuán bāo hán zǎo cān qǐng wèn nín yào dìng ma
甲：250 元，包含早餐。请问您要订吗?
ກ: 250 ຢວນ, ມີອາຫານເຊົ້າພ້ອມ. ທ່ານຈະຈອງດຽວນີ້ເລີຍບໍ?

yǐ qǐng bāng wǒ dìng liǎng gè wǎn shang yuè rì rù zhù
乙：请帮我订两个晚上。10 月 25 日入住。
ຂ: ກະລຸນາຈອງສອງຄືນໃຫ້ແນ່. ຈະເຂົ້າພັກໃນ ວັນທີ 25 ເດືອນ 10 ເດີ້.

jiǎ　hǎo de　qǐng wèn nín de diàn huà
甲：好的。请问您的电话？
ກ: ໄດ້. ຂໍເລກໂທຂອງທ່ານແດ່?

yǐ
乙：16787688835。
ຂ: 16787688835.

jiǎ　zěn me chēng hu nín ne
甲：怎么称呼您呢？
ກ: ທ່ານຊື່ແລະນາມສະກຸນຫຍັງນໍ?

yǐ　wǒ jiào huáng lì huá　xiè xie nǐ
乙：我叫黄力华。谢谢你！
ຂ: ຂ້ອຍຊື່ ຫວງລີ່ຫົວ. ຂອບໃຈເດີ້!

jiǎ　bù kè qi　zhè shì wǒ yīng gāi zuò de
甲：不客气，这是我应该做的。
ກ: ບໍ່ເປັນຫຍັງ, ມັນເປັນໜ້າທີ່ຂອງຂ້ອຍ.

注释 ໝາຍເຫດ

1. ຄໍາວ່າ "预订" ໝາຍຄວາມວ່າ "预先订购 ສັ່ງຈອງລ່ວງໜ້າ" ເຊັ່ນວ່າ "预订酒店 ຈອງໂຮງແຮມ" "预订一个单人间/双人间 ຈອງຫ້ອງຕຽງດ່ຽວ/ຫ້ອງຕຽງຄູ່ ຫ້ອງໜຶ່ງ".

2. ຄໍາວ່າ "称呼" ໃນການສົນທະນາດັ່ງກ່າວໝາຍຄວາມວ່າ "叫（别人的名字）ເອີ້ນ (ຊື່ແລະນາມສະກຸນຂອງເພິ່ນ)". "我怎么称呼您呢？ ຂ້ອຍຈະເອີ້ນຊື່ແລະນາມສະກຸນຂອງທ່ານແນວໃດ?" ປະໂຫຍກນີ້ເປັນປະໂຫຍກທີ່ສຸພາບ ເວລາຖາມເຖິງຊື່ແລະນາມສະກຸນຂອງເພິ່ນ.

情景会话 2 ການສົນທະນາທີ 2

（办理入住手续。甲：客人；乙：酒店服务员）
(ການເຂົ້າພັກ. ກ: ແຂກ; ຂ: ພະນັກງານໂຮງແຮມ)

jiǎ nín hǎo má fan bāng wǒ bàn yī xià rù zhù shǒu xù
甲：您好！麻烦帮我办一下入住手续。
ກ: ສະບາຍດີ! ຂໍແຈ້ງເຂົ້າພັກແດ່.

yǐ qǐng wèn nín yǒu yù dìng ma
乙：请问您有预订吗?
ຂ: ຂໍຖາມແດ່ທ່ານໄດ້ຈອງຫ້ອງໄວ້ກ່ອນບໍ?

jiǎ wǒ zài jiǔ diàn de guān wǎng shàng yù dìng le
甲：我在酒店的官网上预订了。
ກ: ຂ້ອຍຈອງທາງເວບໄຊຂອງໂຮງແຮມແລ້ວ.

yǐ hǎo de qǐng bào yī xià nín de shǒu jī hào
乙：好的，请报一下您的手机号。
ຂ: ເຈົ້າ, ຂໍເລກໂທຂອງທ່ານແດ່.

jiǎ
甲：16787919188。
ກ: 16787919188.

yǐ yī gè dān jiān zhù sān gè wǎn shang duì ma
乙：Philavong，一个单间，住三个晚上，对吗?
ຂ: ທ່ານ ພິລະວົງ, ຫ້ອງຕຽງດ່ຽວ, ຢູ່ສາມຄືນ, ແມ່ນບໍ?

jiǎ shì de
甲：是的。
ກ: ແມ່ນແລ້ວ.

yǐ　qǐng chū shì yī xià nín de hù zhào　bìng zhī fù　yuán yā jīn
乙：请出示一下您的护照，并支付500元押金。
ຂ: ກະລຸນາແຈ້ງໜັງສືຜ່ານແດນຂອງທ່ານ, ພ້ອມທັງຈ່າຍເງິນມັດຈຳ 500 ຢວນດ້ວຍ.

jiǎ　hǎo de　gěi nín
甲：好的，给您。
ກ: ເຈົ້າ, ນີ້ເດ.

yǐ　bàn hǎo le　nín de fáng jiān hào shì　zhè shì nín de fáng kǎ
乙：办好了。您的房间号是308。这是您的房卡。
ຂ: ຮຽບຮ້ອຍແລ້ວ. ຫ້ອງຂອງທ່ານແມ່ນ 308. ນີ້ແມ່ນບັດເຂົ້າຫ້ອງຂອງທ່ານ.

jiǎ　qǐng wèn fáng jiān li yǒu wǎng luò jiē xiàn kǒu ma
甲：请问房间里有网络接线口吗？
ກ: ຂໍຖາມແດ່ໃນຫ້ອງມີບ່ອນສຽບສາຍອິນເຕີເນັດບໍ?

yǐ　yǒu de　nín kě yǐ yòng yǒu xiàn wǎng luò huò zhě　lái shàng wǎng
乙：有的，您可以用有线网络或者Wi-Fi来上网。
ຂ: ມີ, ທ່ານຈະຫຼິ້ນເນັດໄດ້ ໂດຍໃຊ້ລະບົບເນັດມີສາຍ ຫຼື ວາຍຟາຍ.

jiǎ　nà shén me shí hou tuì fáng ne
甲：那什么时候退房呢？
ກ: ເມື່ອໃດທ່ານຈະອອກຫ້ອງພັກ?

yǐ　míng tiān zhōng wǔ shí èr diǎn zhī qián
乙：明天中午十二点之前。
ຂ: ມື້ອື່ນກ່ອນ 12 ໂມງຕອນສວາຍ.

jiǎ　hǎo de　xiè xie
甲：好的。谢谢！
ກ: ເຈົ້າ, ຂອບໃຈເດີ້!

yǐ bù kè qi
乙：不客气！
ຂ: ບໍ່ເປັນຫຍັງ!

注释 ໝາຍເຫດ

1. ຄຳເວົ້າກ່ຽວກັບ "办理入住手续 ການເຂົ້າພັກ" ທີ່ໃຊ້ກັນເລື້ອຍໆນັ້ນມີ: "有/没有预订 ໄດ້/ຍັງບໍ່ທັນຈອງ" "住×个晚上 ຢູ່ × ຄືນ" "出示护照/身份证 ແຈ້ງໜັງສືຜ່ານແດນ/ບັດປະຈຳຕົວ".

2. ຄຳວ່າ "或者" ໝາຍເຖິງການເລືອກ ຫຼື ການພົວພັນທີ່ຄ້າຍຄືກັນ, ພາສາລາວແປວ່າ "ຫຼື" ແລະ ມັກຈະໃຊ້ໃນປະໂຫຍກບອກເລົ່າ. ເຊັ່ນ: "我想去南宁或者桂林旅游。ຂ້ອຍຢາກໄປທ່ຽວໜານນິງ ຫຼື ກຸ້ຍຫຼິນ." "周末我一般会打篮球或者跑步。ທຳມະດາແລ້ວທ້າຍອາທິດ ຂ້ອຍມັກໄປຫຼິ້ນບານບ້ວງ ຫຼື ແລ່ນອອກກຳລັງກາຍ."

情景会话 3 ການສົນທະນາທີ 3

（结账退房）
(ການຊຳລະເງິນ ແລະ ແຈ້ງອອກ)

jiǎ nín hǎo wǒ xiǎng jié zhàng tuì fáng
甲：您好！我想结账退房。
ກ: ສະບາຍດີ! ຂ້ອຍຢາກຊຳລະເງິນ ແລະ ແຈ້ງອອກ.

yǐ qǐng shāo děng nín yī gòng zhù le sān gè wǎn shang duì ma
乙：请稍等。您一共住了三个晚上，对吗?
ຂ: ກະລຸນາລໍຖ້າບຶດໜຶ່ງ. ທ່ານພັກທັງໝົດສາມຄືນ, ແມ່ນບໍ?

jiǎ　shì de
甲：是的。

ກ: ແມ່ນແລ້ວ.

yǐ　nín xiāo fèi le liǎng hé pào miàn hé yī píng kě lè　duì ma
乙：您消费了两盒泡面和一瓶可乐，对吗？

ຂ: ທ່ານກິນໝີ່ສອງກັບ ແລະ ໂຄລາໂຄລາຕຸກໜຶ່ງ, ແມ່ນບໍ?

jiǎ　duì de
甲：对的。

ກ: ແມ່ນແລ້ວ.

yǐ　fáng fèi shì　yuán　pào miàn hé kě lè shì　yuán　yī gòng shì　yuán　qǐng zài zhè lǐ qiān míng
乙：房费是600元，泡面和可乐是30元，一共是630元。请在这里签名。

ຂ: ຄ່າຫ້ອງແມ່ນ 600 ຢວນ, ໝີ່ ແລະ ໂຄລາໂຄລາ 30 ຢວນ, ລວມທັງໝົດ 630 ຢວນ. ກະລຸນາເຊັນຊື່ຢູ່ນີ້.

jiǎ　hǎo de
甲：好的。

ກ: ເຈົ້າ.

yǐ　zhè shì nín de yā jīn
乙：这是您的押金。

ຂ: ນີ້ແມ່ນເງິນມັດຈໍາຂອງທ່ານ.

jiǎ　qǐng bāng wǒ kāi yī zhāng fā piào
甲：请帮我开一张发票。

ກ: ກະລຸນາຂຽນໃບບິນ ໃຫ້ແດ່ໃບໜຶ່ງ.

yǐ　hǎo de　qǐng sǎo mǎ　tián yī xià fā piào xìn xī
乙：好的，请扫码，填一下发票信息。

ຂ: ເຈົ້າ, ເຊີນສະແກນ QR ໂຄດ, ແລ້ວຂຽນຂໍ້ມູນໃສ່ໃບບິນ.

jiǎ tián hǎo le
甲：填 好 了。
ກ: ຂຽນແລ້ວໆ.

yǐ zhè shì nín de fā piào qǐng jiǎn chá yī xià
乙：这 是 您 的 发 票 。 请 检 查 一 下。
ຂ: ນີ້ແມ່ນໃບບິນຂອງທ່ານ. ກະລຸນາກວດເບິ່ງກ່ອນ.

jiǎ méi wèn tí le xiè xie
甲：没 问 题 了。谢 谢!
ກ: ບໍ່ມີບັນຫາຫຍັງແລ້ວ. ຂອບໃຈ!

yǐ bù kè qi
乙：不 客 气。
ຂ: ບໍ່ເປັນຫຍັງດອກ.

注释 ໝາຍເຫດ

1. ຄຳເວົ້າກ່ຽວກັບ "(酒店)结账退房 ຊຳລະເງິນແລະແຈ້ງອອກໂຮງແຮມ" ທີ່ໃຊ້ກັນເລື້ອຍໆນັ້ນມີ: "您住了×个晚上。ທ່ານພັກ × ຄືນ." "房费是……元。ຄ່າຫ້ອງແມ່ນ... ຢວນ." "请开发票。ກະລຸນາຂຽນໃບບິນ."

2. ຢູ່ປະເທດຈີນ ພາຍຫຼັງບໍລິໂພກຢູ່ໂຮງແຮມ ຫຼື ຮ້ານອາຫານແລ້ວ ລູກຄ້າຈະຈ່າຍເງິນໄດ້ໂດຍ ໃຊ້ມືຖືກສະແກນ QR ໂຄດ ຫຼື ສະແກນ QR ໂຄດ ເພື່ອຂຽນຂໍ້ມູນ ເພື່ອຂໍໃບບິນໄດ້.

情景会话 4 ການສົນທະນາທີ 4

jiǎ nín hǎo qǐng wèn zhè lǐ yǒu fáng zi chū zū ma
甲：您好！请问这里有房子出租吗？
ກ: ສະບາຍດີ! ຂໍຖາມແດ່ ທີ່ນີ້ມີຫ້ອງໃຫ້ເຊົ່າບໍ?

yǐ yǒu nín xiǎng yào shén me yàng de fáng zi
乙：有。您想要什么样的房子？
ຂ: ມີ. ທ່ານຢາກໄດ້ຫ້ອງແບບໃດ?

jiǎ yǒu dài chú fáng hé wèi shēng jiān de yī jū shì ma
甲：有带厨房和卫生间的一居室吗？
ກ: ມີເຮືອນໜຶ່ງຫ້ອງນອນ ແຕ່ມີຫ້ອງຄົວ ແລະ ຫ້ອງນ້ຳພ້ອມບໍ?

yǒu de
乙：有的。
ຂ: ມີ.

jiǎ fáng zi li yǒu shén me jiā jù hé jiā diàn
甲：房子里有什么家具和家电？
ກ: ໃນຫ້ອງມີເຟີນີເຈີ ແລະ ເຄື່ອງໃຊ້ໄຟຟ້າຫຍັງແດ່?

yǐ yǒu shā fā shū zhuō chuáng hé cǎi diàn bīng xiāng xǐ yī jī
乙：有沙发、书桌、床和彩电、冰箱、洗衣机，
kě yǐ līn bāo rù zhù
可以拎包入住。
ຂ: ມີໂຊຟາ, ໂຕະອ່ານໜັງສື, ຕຽງ, ໂທລະພາບສີ, ຕູ້ເຢັນ, ຈັກຊັກຜ້າ,
ທ່ານຫິ້ວກະເປົາເຂົ້າມາຢູ່ໄດ້ເລີຍ.

jiǎ wǒ kě yǐ xiān kàn yī xià fáng zi ma
甲：我可以先看一下房子吗？
ກ: ຂໍເບິ່ງຫ້ອງກ່ອນໄດ້ບໍ?

yǐ　kě yǐ　qǐng gēn wǒ lái
乙：可以。请 跟 我 来。
ຂ: ໄດ້. ເຊີນຕາມຂ້ອຍມາ.

jiǎ　　　　　　　　sì hū yǒu diǎn àn　cǎi guāng bù zěn me yàng
甲：（看过房子后）似 乎 有 点 暗，采 光 不 怎 么 样 ……
hái yǒu bié de yī jū shì ma　wǒ xiǎng yào míng liàng xiē de
还 有 别 的 一 居 室 吗？我 想 要 明 亮 些 的。
ກ: (ຫຼັງຈາກເບິ່ງເຮືອນແລ້ວ) ອ່າວມືດເນາະ, ບໍ່ຄ່ອຍແຈ້ງສະຫວ່າງປານໃດ... ຍັງມີເຮືອນໜຶ່ງຫ້ອງນອນອື່ນໆອີກບໍ? ຂ້ອຍຢາກໄດ້ຫ້ອງແຈ້ງກວ່ານີ້ອີກ.

yǐ　duì miàn yǒu yī jiān cháo nán de　cǎi guāng hěn hǎo　wǒ dài nín qù kàn kan
乙：对 面 有 一 间 朝 南 的，采 光 很 好，我 带 您 去 看 看。
ຂ: ທາງໜ້າມີຫ້ອງໜຶ່ງປິ່ນໄປທາງໃຕ້, ແຈ້ງສະຫວ່າງດີ, ຈະພາທ່ານໄປເບິ່ງ.

jiǎ　　　　　　　　ǹg　zhè jiān bù cuò　fáng zū duō shao qián
甲：（看过另一间后）嗯，这 间 不 错。房 租 多 少 钱？
ກ: (ຫຼັງຈາກເບິ່ງຫ້ອງແລ້ວ) ເອີ, ຫ້ອງນີ້ຄັກຢູ່. ຄ່າເຊົ່າຫ້ອງເທົ່າໃດ?

yǐ　měi gè yuè　yuán　yā yī fù sān
乙：每 个 月 1500 元，押 一 付 三。
ຂ: ເດືອນລະ 1500 ຢວນ, ມັດຈຳ 1 ເດືອນ ຈ່າຍກ່ອນ 3 ເດືອນ.

jiǎ　xíng ba　nà wǒ yào zhè jiān le
甲：行 吧，那 我 要 这 间 了。
ກ: ໄດ້, ຕົກລົງເອົາຫ້ອງນີ້ເລີຍຊັ້ນນາ.

yǐ　hǎo de　wǒ men qù qiān yī xià hé tóng ba
乙：好 的，我 们 去 签 一 下 合 同 吧。
ຂ: ເຈົ້າ, ຄັນຊັ້ນພວກເຮົາໄປເຊັນສັນຍາເທາະ.

注释 ໝາຍເຫດ

1. ຄຳວ່າ "不怎么样 ບໍ່ປານໃດ" ມີຄວາມໝາຍວ່າ "ບໍ່ສັກ ບໍ່ດີເທົ່າທີ່ຄວນ" ພາສາລາວແປວ່າ "ບໍ່ຄ່ອຍດີປານໃດ", ເປັນຄຳເວົ້າທີ່ນຸ້ມນວນແບບໜຶ່ງ. ເຊັ່ນວ່າ: "这件衣服不怎么样（不好看或质量不好）。ເສື້ອຜືນນີ້ບໍ່ປານໃດ (ໝາຍວ່າ ບໍ່ງາມ ຫຼື ຄຸນນະພາບບໍ່ດີ)."

2. ຄຳວ່າ "拎包入住 ຫິ້ວກະເປົາເຂົ້າມາຢູ່ໄດ້" ໝາຍເຖິງເຮືອນທີ່ຈະຂາຍ ຫຼື ໃຫ້ເຊົ່ານັ້ນ ໄດ້ຕົບແຕ່ງ ແລະ ປະດັບເປັນທີ່ຮຽບຮ້ອຍແລ້ວ ແລະ ໄດ້ປະກອບເຟີນີເຈີ ເຄື່ອງໃຊ້ໄຟຟ້າພ້ອມ ເຊິ່ງຜູ້ຊື້ ຫຼື ຜູ້ເຊົ່າເຮືອນນັ້ນ ສາມາດຖືເຄື່ອງສ່ວນຕົວມາ ກໍເຂົ້າໄປຢູ່ໄດ້ເລີຍ.

3. ຄຳວ່າ "押一付三 ມັດຈຳ 1 ເດືອນ ຈ່າຍກ່ອນ 3 ເດືອນ" ໝາຍເຖິງ ໃຫ້ມັດຈຳ ຄ່າເຊົ່າເຮືອນ 1 ເດືອນໄວ້ ແລ້ວໃຫ້ຈ່າຍຄ່າເຊົ່າເຮືອນລ່ວງໜ້າ 3 ເດືອນພ້ອມ. "ມັດຈຳ 1 ເດືອນ ຈ່າຍກ່ອນ 2 ເດືອນ" "ມັດຈຳ 2 ເດືອນ ຈ່າຍກ່ອນ 3 ເດືອນ" ກໍເປັນຄຳເວົ້າລັກສະນະດຽວກັນ.

4. ເວລາລູກຄ້າຊອກເຮືອນເຊົ່າ ສາມາດຖາມເຈົ້າຂອງເຮືອນຫຼືນາຍໜ້າ ດັ່ງນີ້: "我想租……的房，您有……的房出租吗? ຂ້ອຍຢາກເຊົ່າເຮືອນ... ທ່ານມີເຮືອນ... ໃຫ້ເຊົ່າບໍ?"

三、单词与短语 ຄຳສັບແລະວະລີ

zhù sù
住宿 ພັກເຊົາ

yù dìng
预订 ຈອງ

rù zhù
入住 ແຈ້ງເຂົ້າພັກ

dān jiān
单间 ຫ້ອງຕຽງດ່ຽວ

biāo zhǔn jiān
标准间 ຫ້ອງຕຽງຄູ່

háo huá tào fáng
豪华套房 ຫ້ອງສູດ

guó jì cháng tú diàn huà
国际长途电话 ໂທຕ່າງປະເທດ

jiào zǎo
叫早 ປຸກຕອນເຊົ້າ

zhèng jiàn
证件 ເອກະສານ

shēn fèn zhèng
身份证 ບັດປະຈຳຕົວ

hù zhào
护照 ໜັງສືຜ່ານແດນ

dēng jì
登记 ລົງທະບຽນ

tuì fáng
退房 ແຈ້ງອອກ

cì rì
次日 ມື້ຕໍ່ໄປ; ມື້ຖັດໄປ

zū
租 ເຊົ່າ

chū zū
出租 ໃຫ້ເຊົ່າ

cǎi guāng
采光 ຄວາມແຈ້ງສະຫວ່າງ

píng fāng mǐ
平方米 ຕາແມັດ; ແມັດມົນທົນ

jì dù
季度 ໄຕມາດ

fáng zū
房租 ຄ່າເຊົ່າເຮືອນ; ຫ້ອງ

bāo hán
包含 ລວມ

chēng hu
称呼 ເອີ້ນ

shǒu xù
手续 ຂັ້ນຕອນປະຕິບັດຕາມ ລະບຽບການ

shǒu jī hào
手机号 ເລກມືຖື

yā jīn
押金 ເງິນມັດຈຳ

fáng kǎ
房卡 ບັດເຂົ້າຫ້ອງ

huò zhě
或者 ຫຼື

wǎng luò jiē xiàn kǒu
网络接线口 ບ່ອນຕໍ່ສາຍອິນເຕີເນັດ

yǒu xiàn wǎng luò
有线网络 ອິນເຕີເນັດມີສາຍ

jié zhàng
结账 ຊຳລະເງິນ

pào miàn
泡 面 ໝີ່

fáng fèi
房 费 ຄ່າຫ້ອງ

fā piào
发 票 ໃບບິນ

wèi shēng jiān
卫 生 间 ຫ້ອງນ້ຳ

jiā jù
家具 ເຟີນີເຈີ

shā fā
沙 发 ໂຊຟາ; ຊະລົງ

chuáng
床 ຕຽງ

bīng xiāng
冰 箱 ຕູ້ເຢັນ

kě lè
可 乐 ໂຄຄາໂຄລາ

qiān míng
签 名 ເຊັນ; ເຊັນຊື່

chú fáng
厨 房 ຫ້ອງຄົວ

yī jū shì
一居室 ເຮືອນຊຸດໜຶ່ງຫ້ອງນອນ

jiā diàn
家 电 ເຄື່ອງໃຊ້ໄຟຟ້າ

shū zhuō
书 桌 ໂຕະອ່ານໜັງສື

cǎi diàn
彩 电 ໂທລະພາບສີ

xǐ yī jī
洗 衣 机 ຈັກຊັກຜ້າ

līn bāo rù zhù
拎 包 入 住 ຫິ້ວກະເປົາເຂົ້າຢູ່ໄດ້ເລີຍ

míng liàng
明 亮 ຮຸ່ງແຈ້ງ; ຮຸ່ງ

cháo nán
朝 南 ປິ່ນໄປທາງໃຕ້

yā yī fù sān
押 一 付 三 ມັດຈຳ 1 ເດືອນຈ່າຍກ່ອນ 3 ເດືອນ

hé tóng
合 同 ສັນຍາ

四、课后练习 ຝຶກຫັດນອກໂມງຮຽນ

1. 模拟下列情景进行对话。ຈຳລອງສະພາບການລຸ່ມນີ້ແລ້ວສ້າງເປັນບົດສົນທະນາ.

（1）你想租一套一室一厅的房子，与房东对话。

（2）入住酒店及退房时和前台对话。

2. 用所给的词语造句。 ໃຊ້ຄຳສັບແຕ່ງໃຫ້ເປັນປະໂຫຍກ.

（1）预订　　（2）称呼　　（3）或者

3. 听录音，回答问题。 ຟັງສຽງ, ຕອບຄຳຖາມ.

（1）入住要提供什么证件？

（2）王芳红想租什么样的房子？

（3）这位先生想租多长时间？

（4）房子里有什么家具和家电？

（5）房租多少钱？

第十四课　观光旅游

ບົດທີ 14　ການທ່ອງທ່ຽວ

一、重点句式 ໂຄງສ້າງປະໂຫຍກທີ່ສຳຄັນ

nǐ qù guo xiǎng qù nǎ lǐ lǚ yóu
1. 你去过/想去哪里旅游？
ເຈົ້າເຄີຍໄປ/ຢາກໄປທ່ອງທ່ຽວຢູ່ໃສ?

wǒ qù guo běi jīng wàn xiàng
2. 我去过北京/万象。
ຂ້ອຍເຄີຍໄປປັກກິ່ງ/ວຽງຈັນ.

wǒ xiǎng qù tǎ luán
3. 我想去塔銮。
ຂ້ອຍຢາກໄປທາດຫຼວງ.

wǒ qù guo xiǎng qù láng bó lā bāng háng zhōu hé xī ān lǚ yóu
4. 我去过/想去琅勃拉邦/杭州和西安旅游。
ຂ້ອຍເຄີຍໄປ/ຢາກໄປທ່ອງທ່ຽວຢູ່ຫຼວງພະບາງ/ຫາງໂຈ່ວແລະຊີອ່ານ.

běi jīng yǒu nǎ xiē dì fang zhí dé wán
5. 北京有哪些地方值得玩？
ປັກກິ່ງມີບ່ອນໃດໜ້າໄປທ່ຽວແດ່?

cháng chéng gù gōng hé yí hé yuán dōu zhí dé wán
6. 长城、故宫和颐和园都值得玩。
ກຳແພງເມືອງຈີນ, ພະລາຊະວັງບູຮານແລະສວນອຸທິຍານລະດູຮ້ອນ

ອີ່ເຫີຍປອນລ້ອນແຕ່ໜ້າໄປທ່ຽວ.

xiāng gǎng dí shì ní lè yuán hǎo wán ma
7. 香 港 迪 士 尼 乐 园 好 玩 吗？
ດິສນີແລນຮົງກົງ (Disneyland) ມ່ວນບໍ?

fēi cháng hǎo wán tǐng hǎo wán de hái xíng ba yī diǎnr yě bù hǎo wán
8. 非 常 好 玩 / 挺 好 玩 的 / 还 行 吧 / 一 点 儿 也 不 好 玩 。

ມ່ວນຫຼາຍ/ມ່ວນສົມຄວນ/ມ່ວນຢູ່/ບໍ່ມ່ວນເລີຍ.

zěn yàng gòu mǎi nà lǐ de mén piào
9. 怎 样 购 买 那 里 的 门 票 ？
ຊື້ປີ້ຜ່ານປະຕູແນວໃດ?

kě yǐ zài shòu piào chù gòu mǎi shí tǐ mén piào yě kě yǐ zài wǎng shàng yù gòu diàn zǐ mén piào
10. 可 以 在 售 票 处 购 买 实 体 门 票 ，也 可 以 在 网 上 预 购 电 子 门 票 。

ສາມາດຊື້ປີ້ຕົວຈິງຢູ່ຫ້ອງຂາຍປີ້, ຈອງປີ້ອີເລັກໂຕຼນິກອອນລາຍກໍໄດ້.

píng xué shēng zhèng lǎo rén zhèng kě yǐ mǎi yōu huì piào
11. 凭 学 生 证 /老 人 证 可 以 买 优 惠 票 。
ໃຊ້ບັດນັກຮຽນ, ນັກສຶກສາ/ບັດຜູ້ເຖົ້າຊື້ປີ້ສາມາດຫຼຸດລາຄາໄດ້.

ér tóng bàn piào
12. 儿 童 半 票 。
ເດັກນ້ອຍປີ້ເຄິ່ງລາຄາ.

wǒ mǎi le yī zhāng jǐng qū tōng piào
13. 我 买 了 一 张 景 区 通 票 。
ຂ້ອຍໄດ້ຊື້ປີ້ເຂົ້າຊົມທຸກບ່ອນໃນແຫຼ່ງທ່ອງທ່ຽວໜຶ່ງໃບແລ້ວ.

kě yǐ bāng wǒ pāi zhāng zhào piàn ma
14. 可以帮我拍张照片吗？
ຖ່າຍຮູບໃຫ້ຂ້ອຍແດ່ໄດ້ບໍ?

nín pāi de zhēn hǎo
15. 您拍得真好！
ເຈົ້າຖ່າຍຮູບງາມຫຼາຍ!

语言点归纳 ຂໍ້ສະຫຼຸບ

1. ເວລາຖາມສະຖານທີ່ຈະໃຊ້ຄຳວ່າ "哪里 ໃສ" ຫຼື "哪个地方 ບ່ອນໃດ" "哪些地方 ບ່ອນໃດ" . ເຊັ່ນ: "你想去哪里工作? ເຈົ້າຢາກໄປເຮັດວຽກຢູ່ໃສ?" "他家在哪个地方? ເຮືອນຂອງລາວຢູ່ບ່ອນໃດ?" "哪些地方值得参观? ບ່ອນໃດໜ້າໄປທ່ຽວຊົມ? "

2. ຄຳວ່າ "值得…… ໜ້າ/ເປັນຕາ" ໝາຍເຖິງເຮັດແນວນີ້ໄດ້ຮັບຜົນດີ, ມີຄ່າ, ມີຄວາມໝາຍ. ໃນເວລາຍ້ອງຍໍແລະແນະນຳສະຖານທີ່ທ່ອງທ່ຽວບ່ອນໃດບ່ອນໜຶ່ງ, ເວົ້າໄດ້ວ່າບ່ອນນັ້ນ "值得玩ໜ້າໄປທ່ຽວ" "值得一游 ໜ້າໄປທ່ອງທ່ຽວ" "值得参观 ໜ້າໄປທ່ຽວຊົມ" ແລະອື່ນໆ.

3. ເວລາຖາມເຖິງຄວາມໜ້າສົນໃຈຂອງສະຖານທີ່ທ່ອງທ່ຽວຈະໃຊ້ຄຳວ່າ: "……好玩吗? ...ມ່ວນບໍ? " ຈະຕອບວ່າ: "非常好玩。ມ່ວນຫຼາຍ." "挺好玩的。ມ່ວນສົມຄວນ." "还行吧。ມ່ວນຢູ່." "一点儿也不好玩。ບໍ່ມ່ວນຈັກເມັດ ຫຼືບໍ່ມ່ວນເລີຍ."

4. ປີ້ຂອງແຫຼ່ງທ່ອງທ່ຽວຈີນໂດຍທົ່ວໄປມີ "实体票 ປີ້ຕົວຈິງ"

"电子票 ປີ້ອີເລັກໂຕຼນິກ" "半票 ປີ້ເຄິ່ງລາຄາ" "通票 ປີ້ເຂົ້າຊົມໄດ້ທຸກບ່ອນ" ແລະປະເພດອື່ນໆ.

二、会话训练 ເຝິກການສົນທະນາ

情景会话 1 ການສົນທະນາທີ 1

（甲：中国人；乙：老挝人）
（ກ：ຄົນຈີນ；ຂ：ຄົນລາວ）

jiǎ　nǐ zài zhōng guó zhè jǐ nián，qù guo nǎ xiē dì fang lǚ yóu
甲：你在中国这几年，去过哪些地方旅游？
ກ: ເຈົ້າມາຢູ່ຈີນຫຼາຍປີມານີ້, ເຄີຍໄປທ່ຽວບ່ອນໃດແດ່?

yǐ　wǒ qù guo běi jīng hé sū zhōu
乙：我去过北京和苏州。
ຂ: ຂ້ອຍເຄີຍໄປປັກກິ່ງແລະຊູໂຈ່ວ.

jiǎ　yǒu shén me gǎn jué
甲：有什么感觉？
ກ: ມີຄວາມຮູ້ສຶກແນວໃດ?

yǐ　běi jīng de gù gōng hé cháng chéng zhèn hàn rén xīn，hú tòng hé sì hé yuàn yě hěn yǒu tè sè；sū zhōu de yuán lín bù jú jīng qiǎo，lìng rén shǎng xīn yuè mù
乙：北京的故宫和长城震撼人心，胡同和四合院也很有特色；苏州的园林布局精巧，令人赏心悦目。
ຂ: ພະລາຊະວັງບູຮານແລະກຳແພງເມືອງຈີນປັກກິ່ງເຮັດໃຫ້ປະທັບໃຈຫຼາຍ, ຫູຖົງແລະຊື່ເຫີຢວນກໍມີເອກະລັກ ພິເສດ; ການຈັດວາງ

ຂອງສວນອຸທິຍານຊູ່ໂຈ່ວສວຍງາມປານິດ, ເຮັດໃຫ້ສະບາຍໃຈ.

jiǎ xià yī cì lǚ yóu nǐ xiǎng qù nǎ lǐ ne
甲：下一次旅游你想去哪里呢？
ກ: ເທື່ອໜ້າເຈົ້າຢາກໄປທ່ຽວໃສ?

yǐ xià cì wǒ xiǎng qù yóu guì lín lí jiāng tīng shuō nà lǐ shān shuǐ rú huà
乙：下次我想去游桂林漓江，听说那里山水如画。
ຂ: ເທື່ອໜ້າຂ້ອຍຢາກໄປທ່ຽວແມ່ນ້ຳຫຼີຈ່ຽງຂອງເມືອງກຸ້ຍຫຼິນ, ໄດ້ຍິນ ວ່າພູຜາແມ່ນ້ຳຢູ່ແຫ່ງນັ້ນງາມຄືພາບວາດ.

jiǎ nà shì guì lín shān shuǐ jiǎ tiān xià zhí dé qù
甲：那是。桂林山水甲天下，值得去。
ກ: ແມ່ນແລ້ວ. ທິວທັດພູຜາແມ່ນ້ຳຂອງເມືອງກຸ້ຍຫຼິນສວຍງາມເປັນທີ 1 ໃນໂລກ, ໜ້າໄປທ່ຽວຊົມ.

yǐ nǐ ne yǒu shén me dǎ suàn
乙：你呢？有什么打算？
ຂ: ເຈົ້າເດ? ມີແຜນຫຍັງບໍ?

jiǎ wǒ dǎ suàn nián dǐ qù yī tàng lǎo wō duì le qǐng wèn lǎo wō yǒu nǎ xiē hǎo wán de dì fang ne
甲：我打算年底去一趟老挝。对了，请问老挝有哪些好玩的地方呢？
ກ: ທ້າຍປີຂ້ອຍຢາກໄປປະເທດລາວ. ແມ່ນແລະ, ຂໍຖາມແດ່ຢູ່ລາວມີບ່ອນໃດມ່ວນໆແດ່?

yǐ lǎo wō hǎo wán de dì fang hěn duō bǐ rú wàn xiàng de kǎi xuán mén tǎ luán yù fó sì láng bó lā bāng de guāng xī pù bù děng děng
乙：老挝好玩的地方很多，比如万象的凯旋门、塔銮、玉佛寺，琅勃拉邦的光西瀑布，等等。
ຂ: ບ່ອນມ່ວນໆຢູ່ລາວມີຫຼາຍ, ເຊັ່ນວ່າ: ປະຕູໄຊ, ທາດຫຼວງ, ຫໍພະ

ແກ້ວ, ນ້ຳຕົກຕາດກວາງຊີ ແຂວງຫຼວງພະບາງ, ແລະອື່ນໆ.

jiǎ wa zhè me duō hǎo wán de dì fang wǒ zhēng qǔ dōu qù kàn kan
甲：哇，这么多好玩的地方！我争取都去看看。
ກ: ໂອ້, ມີບ່ອນມ່ວນໆຫຼາຍປານນີ້ນໍ! ຂ້ອຍຈະພະຍາຍາມໄປທ່ຽວບ່ອນເຫຼົ່ານີ້ໃຫ້ໝົດ.

yǐ zhù nǐ wán de kāi xīn
乙：祝你玩得开心！
ຂ: ຂໍໃຫ້ເຈົ້າທ່ຽວມ່ວນໆເດີ້!

注释 ໝາຍເຫດ

1. ຄຳວ່າ "什么 ໃຜ, ໃດ, ຫຍັງ" ໃຊ້ຢູ່ທາງໜ້າຂອງຄຳນາມ. ເພື່ອຖາມເຖິງຄົນຫຼືສິ່ງຂອງ. ເຊັ່ນ: "他是什么人？ລາວແມ່ນໃຜ？" "这是什么地方？ນີ້ແມ່ນບ່ອນໃດ？" "你有什么想法？ເຈົ້າມີຄວາມຄິດເຫັນຫຍັງ？"

2. ຄຳວ່າ "对了 ແມ່ນແລ້ວ" ສະແດງວ່າຄິດເລື່ອງໃດໜຶ່ງອອກແບບກະທັນຫັນ, ໃຊ້ເພື່ອການປ່ຽນລະຫວ່າງຫົວຂໍ້ຫຼືສ້າງຫົວຂໍ້ໃໝ່ໃນເວລາລົມກັນ. ເຊັ່ນ: "对了，还有件事要告诉你。ແມ່ນແລ້ວ, ຍັງມີເລື່ອງໜຶ່ງຊິບອກໃຫ້ເຈົ້າຮູ້."

3. ຄຳວ່າ "等等 ແລະອື່ນໆ" ໃຊ້ໃນການຍົກຕົວຢ່າງທີ່ຍັງບໍ່ທັນໝົດ. ເຊັ່ນ: "我喜欢吃榴梿、杧果、波罗蜜等等。ຂ້ອຍມັກກິນໝາກທຸລຽນ, ໝາກມ່ວງ, ໝາກມີ້ ແລະອື່ນໆ."

情景会话 2 ການສົນທະນາທີ 2

（甲：老挝人；乙：南宁人）

(ກ: ຄົນລາວ; ຂ: ຄົນໜານໜິງ)

jiǎ mǎi piào de duì wǔ hǎo cháng a
甲：（在桃花盛开时节的青秀山景区门口）买票的队伍好长啊！

ກ: (ຢູ່ປະຕູເຂດທ່ອງທ່ຽວພູຊິ່ງຊິ້ວໃນລະດູດອກຄາຍເບັ່ງບານ) ແຖວຊື້ປີ້ຍາວແທ້!

yǐ xiàn zài shì lǚ yóu wàng jì yóu kè bǐ jiào duō bù guò bié dān xīn wǒ tí qián zài wǎng shàng mǎi le diàn zǐ mén piào wǒ men zhí jiē shuā èr wéi mǎ jiù kě yǐ jìn qù le
乙：现在是旅游旺季，游客比较多。不过别担心，我提前在网上买了电子门票，我们直接刷二维码就可以进去了。

ຂ: ຕອນນີ້ແມ່ນລະດູທ່ອງທ່ຽວຍອດນິຍົມ, ນັກທ່ອງທ່ຽວມີຫຼາຍ. ແຕ່ບໍ່ຕ້ອງເປັນຫ່ວງ, ຂ້ອຍຊື້ປີ້ອີເລັກໂຕຼນິກລ່ວງໜ້າແລ້ວ, ພວກເຮົາສະແກນ QR ໂຄດ ກໍສາມາດເຂົ້າໄປໄດ້ແລ້ວ.

jiǎ tài hǎo le
甲：太好了！

ກ: ດີຫຼາຍ!

yǐ ér qiě wǎng shàng kě yǐ mǎi dào jiào yōu huì de xué shēng piào lǎo rén piào ér tóng piào
乙：而且网上可以买到较优惠的学生票、老人票、儿童票。

ຂ: ແລະສາມາດຊື້ປີ້ນັກຮຽນທີ່ມີສ່ວນຫຼຸດ, ປີ້ຜູ້ອາວຸໂສແລະປີ້ເດັກນ້ອຍ

ທາງອິນເຕີເນັດ.

jiǎ zhēn fāng biàn a
甲：真方便啊！
ກ: ສະດວກສະບາຍແທ້ເນາະ!

yǐ lèi bù lèi
乙：（游玩了几个小时后）累不累？
ຂ:（ພາຍຫຼັງທ່ຽວຫຼາຍຊົ່ວໂມງແລ້ວ）ເມື່ອຍບໍ?

jiǎ hǎo lèi qīng xiù shān shí zài shì tài dà le
甲：好累！青秀山实在是太大了！
ກ: ເມື່ອຍຫລາຍ! ພູຊິ່ງຊິ້ວກວ້າງໃຫຍ່ໂພດ!

yǐ wǒ men zuò xià lái xiū xi yī xià ba
乙：我们坐下来休息一下吧。
ຂ: ພວກເຮົານັ່ງພັກຜ່ອນຈັກໜ້ອຍເທາະ.

jiǎ hǎo
甲：好。
ກ: ດີ.

yǐ qīng xiù shān gōng yuán yǒu zhè me duō jǐng diǎn nǐ zuì xǐ huan nǎ yī chù
乙：青秀山公园有这么多景点，你最喜欢哪一处？
ຂ: ສວນສາທາລະນະພູຊິ່ງຊິ້ວມີຈຸດທ່ຽວຊົມຫຼາຍແນວນີ້, ເຈົ້າມັກບ່ອນໃດຫຼາຍທີ່ສຸດ?

jiǎ wǒ zuì xǐ huan táo huā dǎo nà lǐ de táo huā piào liang jí le nǐ ne
甲：我最喜欢桃花岛，那里的桃花漂亮极了！你呢？
ກ: ຂ້ອຍມັກດອນດອກຄາຍຫຼາຍທີ່ສຸດ, ດອກຄາຍຢູ່ທີ່ນັ້ນງາມອີ່ຫຼີ! ເຈົ້າເດ?

yǐ wǒ xǐ huan zài lóng xiàng tǎ de jiǔ céng tǎ dǐng tiào wàng yōng jiāng
乙：我喜欢在龙象塔的九层塔顶眺望邕江，
zhēn shì měi bù shèng shōu
真是美不胜收！

ຂ: ຂ້ອຍມັກຢືນຫຼຽວເບິ່ງແມ່ນ້ຳຢົງຈ່ຽງຢູ່ຊັ້ນ 9 ທີ່ເປັນຊັ້ນສູງສຸດຂອງທາດຫຼົງຊຽງ, ຈັ່ງແມ່ນງາມຫຼາຍຈົນເບິ່ງບໍ່ທົ່ວ!

jiǎ jīn tiān wán de hěn jìn xìng wǒ men děng huìr zuò guān guāng chē xià
甲：今天玩得很尽兴。我们等会儿坐观光车下
shān hǎo ma wǒ yǐ jīng méi lì qi zǒu xià shān le
山，好吗？我已经没力气走下山了。

ກ: ມື້ນີ້ຫຼິ້ນເຕັມທີ່. ຈັກໜ້ອຍພວກເຮົາຂີ່ລົດນຳທ່ຽວລົງພູ, ດີບໍ? ຂ້ອຍບໍ່ມີແຮງຍ່າງລົງພູແລ້ວ.

yǐ nà wǒ men yào gǎn jǐn qù hòu chē diǎn xiàn zài yǐ jīng xià wǔ diǎn bàn
乙：那我们要赶紧去候车点。现在已经下午5点半
le guān guāng chē zhǐ kāi dào diǎn yào shi cuò guò le wǒ men jiù
了，观光车只开到6点，要是错过了，我们就
zhǐ néng bù xíng xià shān le
只能步行下山了。

ຂ: ຊັ້ນພວກເຮົາຮີບໄປບ່ອນຖ້າລົດ. ດຽວນີ້ຄ່າຍແລງ 5:30 ແລ້ວ, ລົດນຳທ່ຽວແລ່ນຮອດ 6:00, ຖ້າບໍ່ທັນ ພວກເຮົາຊິໄດ້ຍ່າງລົງພູ.

jiǎ hǎo de nà wǒ men kuài zǒu ba
甲：好的，那我们快走吧。
ກ: ໄດ້, ຊັ້ນພວກເຮົາຮີບໄປເທາະ.

注释 ໝາຍເຫດ

1. ຄຳວ່າ "旺季 ລະດູທ່ອງທ່ຽວຍອດນິຍົມ" ໝາຍເຖິງໄລຍະທີ່ທຸລະກິດຈະເລີນຮຸ່ງເຮືອງຫຼືລະດູການທີ່ຜະລິດຕະພັນໃດໜຶ່ງຜະ

ລົດໄດ້ຫຼາຍ. ເຊັ່ນ: "家电销售旺季 ລະດູການທີ່ການຄ້າຂາຍເຄື່ອງໃຊ້ໄຟຟ້າໃນເຮືອນໄດ້ຫຼາຍ" "榴梿旺季 ລະດູການທີ່ໝາກທຸລຽນຜະລິດໄດ້ຫຼາຍ".ກົງກັນຂ້າມແມ່ນ "淡季 ລະດູການທີ່ບໍ່ໄດ້ຮັບຄວາມນິຍົມ". ເຊັ່ນ: "旅游淡季 ລະດູການທີ່ການທ່ອງທ່ຽວບໍ່ໄດ້ຮັບຄວາມນິຍົມ" "海鲜淡季 ລະດູການທີ່ອາຫານທະເລຜະລິດໄດ້ໜ້ອຍ".

2. ປັດຈຸບັນນີ້ມີແຫຼ່ງທ່ອງທ່ຽວຫຼາຍບ່ອນມີ "ປີ້ອີເລັກໂຕຼນິກ", ນັກທ່ອງທ່ຽວສາມາດຈອງປີ້ຜ່ານເວັບໄຊສັ່ງຊື້ປີ້, ຈ່າຍເງິນແລ້ວທາງເວັບໄຊຈະສົ່ງ QR ໂຄດຫຼືຕົວເລກເຂົ້າໃນມືຖືຂອງນັກທ່ອງທ່ຽວ, ນັກທ່ອງທ່ຽວມີແຕ່ກວດປີ້ຢູ່ປະຕູເຂົ້າອອກແຫຼ່ງທ່ອງທ່ຽວດ້ວຍການສະແກນ QR ໂຄດຫຼືພິມຕົວເລກໃສ່, ກໍສຳເລັດການກວດປີ້ແລ້ວ. ເມື່ອທຽບກັບປີ້ທີ່ເຮັດດ້ວຍເຈ້ຍ, ປີ້ອີເລັກໂຕຼນິກປອດໄພ, ສະດວກວ່ອງໄວກ່ວາ.

3. ຄຳວ່າ "……不……?" ພາສາລາວແປວ່າ "...ຫຼືບໍ່". ເຊັ່ນ: "这幅画美不美? ຮູບແຕ້ມນີ້ງາມຫຼືບໍ່?" "你想不想去公园? ເຈົ້າຢາກໄປສວນສາທາລະນະຫຼືບໍ່?"

4. ຄຳວ່າ "美不胜收 ງາມຫຼາຍຈົນເບິ່ງບໍ່ທົ່ວ" ໝາຍເຖິງມີສິ່ງທີ່ດີງາມຢ່າງຫຼວງຫຼາຍ, ເບິ່ງບໍ່ທົ່ວ. ເຊັ່ນ: "这里的自然风光真是美不胜收。ທິວທັດທຳມະຊາດຢູ່ແຫ່ງນີ້ງາມຫຼາຍຈົນເບິ່ງບໍ່ທົ່ວ."

5. ຄຳວ່າ "要是 ຫາກວ່າ" ສະແດງການສົມມຸດ, ໝາຍເຖິງ "ຖ້າຫາກ, ຖ້າຫາກວ່າ" , ມັກໃຊ້ກັບ "就 ກໍ" . ເຊັ່ນ: "我要是能再瘦一

点儿就好了。ຖ້າຫາກວ່າຂ້ອຍຈ່ອຍລົງໜ້ອຍໜຶ່ງກໍດີແລ້ວ.” “这事要是妈妈知道了，一定会生气的。ຖ້າຫາກວ່າແມ່ຮູ້ເລື່ອງນີ້ແລ້ວ, ລາວຕ້ອງໃຈຮ້າຍແນ່ນອນ.”

情景会话 3 ການສົນທະນາທີ 3

（甲：游客；乙：路人）
（ກ: ນັກທ່ອງທ່ຽວ; ຂ: ຄົນສັນຈອນ）

jiǎ nín hǎo qǐng wèn kě yǐ bāng wǒ pāi yī zhāng zhào piàn ma
甲：您好！请问可以帮我拍一张照片吗？
ກ: ສະບາຍດີ! ກະລຸນາຊ່ວຍຖ່າຍຮູບໃຫ້ຂ້ອຍແດ່ໄດ້ບໍ?

yǐ kě yǐ ya nín xiǎng zài nǎr pāi
乙：可以呀。您想在哪儿拍？
ຂ: ໄດ້ຕົວະ. ທ່ານຢາກຖ່າຍຮູບຢູ່ບ່ອນໃດ?

jiǎ jiù zài zhè lǐ nín kàn néng bǎ dà mén pāi jìn qù ma
甲：就在这里。您看能把大门拍进去吗？
ກ: ຢູ່ນີ້ແລະ. ທ່ານເບິ່ງດູສາມາດຖ່າຍເອົາປະຕູໃຫຍ່ໄດ້ບໍ?

yǐ wǒ kàn yī xià yīng gāi méi wèn tí nín xiǎng pāi quán shēn hái shi bàn shēn
乙：我看一下……应该没问题。您想拍全身还是半身？
ຂ: ຂ້ອຍເບິ່ງກ່ອນ...ຄົງບໍ່ມີບັນຫາ. ທ່ານຢາກຖ່າຍໝົດໂຕຫຼືເຄິ່ງໂຕ（ເຄິ່ງຄີງ）?

jiǎ néng pāi quán shēn ma
甲：能拍全身吗？

ກ: ຖ່າຍໝົດໂຕໄດ້ບໍ?

yǐ méi wèn tí zhǔn bèi hǎo le ma
乙：没问题。准备好了吗？
ຂ: ບໍ່ມີບັນຫາ. ກຽມພ້ອມແລ້ວບໍ?

jiǎ zhǔn bèi hǎo le
甲：准备好了。
ກ: ກຽມພ້ອມແລ້ວ.

yǐ yī èr āi yā yǒu jǐ gè rén gāng hǎo zǒu guò lái dǎng zhù jǐng le děi ràng tā men zǒu kāi cái hǎo pāi wǒ guò qù tí xǐng yī xià
乙：一、二……哎呀，有几个人刚好走过来，挡住景了，得让他们走开才好拍。我过去提醒一下。
ຂ: ໜຶ່ງ, ສອງ... ໂອ໊ຍ, ພໍດີມີຄົນຍ່າງກາຍມາ, ບັງທິວທັດໝົດ, ໃຫ້ເຂົາເຈົ້າໄປກ່ອນຈຶ່ງຖ່າຍ. ຂ້ອຍໄປບອກເຂົາເຈົ້າກ່ອນ.

jiǎ hǎo de bù zháo jí
甲：好的，不着急。
ກ: ໄດ້, ບໍ່ຟ້າວດອກ.

yǐ hǎo tā men zǒu le wǒ men kě yǐ pāi le
乙：好，他们走了，我们可以拍了。
ຂ: ໄດ້ແລ້ວ, ເຂົາເຈົ້າໄປແລ້ວ, ພວກເຮົາຖ່າຍໄດ້.

jiǎ hǎo de
甲：好的。
ກ: ດີ.

yǐ yī èr sān pāi hǎo le nín kàn yī xià xiào guǒ
乙：一、二、三！（摁快门）拍好了。您看一下效果。
ຂ: ໜຶ່ງ, ສອງ, ສາມ! (ກົດປຸ່ມກົດ) ຖ່າຍແລ້ວໆ. ທ່ານເບິ່ງກ່ອນເປັນແນວໃດ.

jiǎ pāi de zhēn hǎo xiè xie nín
甲：拍得真好！谢谢您！
ກ: ຖ່າຍໄດ້ດີຫຼາຍ! ຂອບໃຈທ່ານ!

yǐ bù kè qi
乙：不客气。
ຂ: ບໍ່ເປັນຫຍັງ.

注释 ໝາຍເຫດ

1. ຄຳວ່າ "刚好 ພໍດີ" ໃນບົດນີ້ໝາຍຄວາມວ່າ "ພໍດີ". ເຊັ່ນ: "我和他刚好在同一个班。ຂ້ອຍກັບລາວພໍດີຢູ່ຫ້ອງດຽວກັນ."

2. ຄຳວ່າ "得 ຕ້ອງ" (ອ່ານເປັນ děi) ສ່ວນຫຼາຍໃຊ້ໃນພາສາເວົ້າ, ໝາຍຄວາມວ່າ "ຕ້ອງການ; ມີຄວາມຈຳເປັນຕ້ອງໃນດ້ານຈິດໃຈຫຼືຄວາມຈິງ". ເຊັ່ນ: "这个项目得三个月才能完工。ໂຄງການນີ້ຕ້ອງໃຊ້ເວລາ 3 ເດືອນຈຶ່ງສຳເລັດໄດ້." "我们得等雨停了才能走。ພວກເຮົາຕ້ອງຖ້າຝົນເຊົາແລ້ວຈຶ່ງໄປໄດ້."

3. ຖ້າຢາກບອກຄົນທີ່ເຂົ້າມາໃນມູມກ້ອງໂດຍບໍ່ຕັ້ງໃຈໃຫ້ຫຼີກອອກໄປ, ຈະສາມາດເວົ້າດ້ວຍຄວາມສຸພາບວ່າ: "对不起，我们正在拍照，请让一下好吗? ຂໍໂທດ, ພວກເຮົາກຳລັງຖ່າຍຮູບຢູ່, ກະລຸນາຫຼີກທາງໃຫ້ໄດ້ບໍ?"

4. ຄຳວ່າ "着急 ຟ້າວ" ໝາຍເຖິງ "ກັງວົນ/ຮ້ອນຮົນ". ເຊັ່ນ: "时间还早，不用着急。ຍັງເວັນຢູ່, ບໍ່ຟ້າວດອກ."

5. ຄຳວ່າ "真……! (ຈັ່ງແມ່ນ) …ແທ້!" ແມ່ນຮູບປະໂຫຍກອຸ

ທານເພື່ອສະແດງຈິດໃຈອາລົມທີ່ຮຸນແຮງ. ເຊັ່ນ: “他跑得真快！ລາວ (ຈັ່ງແມ່ນ) ແລ່ນໄດ້ໄວແທ້!” “这个杯子只要五元钱，真便宜！ຈອກໜ່ວຍນີ້ຂາຍແຕ່ 5 ຢວນ, (ຈັ່ງແມ່ນ) ຖືກແທ້!”

三、单词与短语 ຄຳສັບແລະວະລີ

nǎ lǐ
哪里 ໃສ

lǚ yóu
旅游 ທ່ອງທ່ຽວ

nǎ xiē dì fang
哪些地方 ບ່ອນໃດ

cháng chéng
长城 ກຳແພງເມືອງຈີນ

gù gōng
故宫 ພະລາຊະວັງບູຮານ

yí hé yuán
颐和园 ສວນອຸທິຍານລະດູຮ້ອນອີ່ເຫີຢວນ

hǎo wán
好玩 ມ່ວນ

nà lǐ
那里 ພຸ້ນ; ແຫ່ງນັ້ນ; ທີ່ນັ້ນ

mén piào
门票 ປີ້ເຂົ້າຊົມ

shòu piào chù
售票处 ຫ້ອງຂາຍປີ້

yōu huì piào
优惠票 ປີ້ທີ່ຫຼຸດລາຄາ

bàn piào
半票 ປີ້ເຄິ່ງລາຄາ

jǐng qū
景区 ແຫຼ່ງທ່ອງທ່ຽວ

tōng piào
通票 ປີ້ເຂົ້າຊົມໄດ້ທຸກບ່ອນ

gǎn jué
感觉 ຮູ້ສຶກ

zhèn hàn rén xīn
震撼人心 ປະທັບໃຈຫຼາຍ

hú tòng
胡同 ທາງຖົງ

sì hé yuàn
四合院 ຊື່ເຫີຢວນ

yuán lín
园林 ສວນອຸທິຍານ

bù jú
布局 ຈັດວາງ

jīng qiǎo
精巧 ສວຍງາມປານີດ

shǎng xīn yuè mù
赏心悦目 ອອນຊອນໃຈ; ສະບາຍໃຈ; ມ່ວນໃຈ

shān shuǐ rú huà
山水如画 ພູຜາແມ່ນ້ຳງາມຄືພາບວາດ

zhí dé
值得 ໜ້າ; ກຸ້ມຄ່າ

qù yī tàng
去一趟 ໄປເທື່ອໜຶ່ງ

děng děng
等等 ແລະອື່ນໆ

táo huā
桃花 ດອກຄາຍ

shí jié
时节 ລະດູການ

wàng jì
旺季 ລະດູທ່ອງທ່ຽວຍອດນິຍົມ

bù guò
不过 ແຕ່ວ່າ

dān xīn
担心 ເປັນຫ່ວງ

jǐng diǎn
景点 ສະຖານທີ່ທ່ອງທ່ຽວ

tiào wàng
眺望 ຫຼຽວເບິ່ງ

jìn xìng
尽兴 ເຕັມທີ່

xià shān
下山 ລົງພູ

cuò guò
错过 ພາດໄປ; ບໍ່ທັນ

pāi zhào piàn
拍照片 ຖ່າຍຮູບ

dǎng zhù
挡住 ບັງ

zháo jí
着急 ຟ້າວ; ຮີບຮ້ອນ

xiào guǒ
效果 ປະສິດທິຜົນ

nián dǐ
年底 ທ້າຍປີ

duì le
对了 ແມ່ນແລ້ວ

zhēng qǔ
争取 ພະຍາຍາມ

shèng kāi
盛开 ເບັ່ງບານເຕັມທີ່

duì wǔ
队伍 ຖັນແຖວ; ແຖວ

yóu kè
游客 ນັກທ່ອງທ່ຽວ

bié
别 ຢ່າ

tí qián
提前 ລ່ວງໜ້າ

tǎ dǐng
塔顶 ຈອມພະທາດ

měi bù shèng shōu
美不胜收 ງາມຫຼາຍຈົນເບິ່ງບໍ່ແລ້ວ

guān guāng chē
观光车 ລົດນຳທ່ຽວ

hòu chē diǎn
候车点 ບ່ອນຖ້າລົດ

bù xíng
步行 ຍ່າງ

quán shēn
全身 ໝົດໂຕ

tí xǐng
提醒 ເຕືອນ; ບອກ

kuài mén
快门 ປຸ່ມກົດ

四、课后练习 ເຝິກຫັດນອກໂມງຮຽນ

1. 请回答下列问题。ຕອບຄຳຖາມລຸ່ມນີ້.

（1）你去过哪里旅游？

（2）你以后想去哪里旅游？

（3）你去旅游一般乘坐什么交通工具？

2. 整理句子。ແປງປະໂຫຍກໃຫ້ຖືກ.

（1）有　哪些　地方　北京　值得　玩

（2）很多　老挝　好玩　的　地方

（3）网上　我　提前　在　买了　电子门票

3. 听录音，填空。ຟັງສຽງ, ຕື່ມຄຳສັບໃສ່ບ່ອນວ່າງ.

（1）现在去旅游，可以在售票处购买 ＿＿＿＿＿＿，也可以 ＿＿＿＿＿＿ 预购电子门票。

（2）我想去游 ＿＿＿＿＿＿，听说那里 ＿＿＿＿＿＿。

（3）我 ＿＿＿＿＿＿ 在龙象塔的九层塔顶眺望邕江，真是 ＿＿＿＿＿＿！

（4）今天玩得 ＿＿＿＿＿＿。我们等会儿坐 ＿＿＿＿＿＿下山，好吗？我已经没力气走下山了。

（5）有几个人刚好 ＿＿＿＿＿＿，挡住景了，得让他们走开才好拍。我过去 ＿＿＿＿＿＿ 一下。

第十五课 娱 乐
ບົດທີ 15 ບັນເທີງ

一、重点句式 ໂຄງສ້າງປະໂຫຍກທີ່ສຳຄັນ

nǐ xià bān hòu zhōu mò xǐ huan zuò shén me
1. 你下班后/周末喜欢做什么？
ເຈົ້າເລີກວຽກແລ້ວ/ທ້າຍອາທິດມັກເຮັດຫຍັງ?

wǒ xià bān hòu xǐ huan kàn diàn shì hé tīng yīn yuè
2. 我下班后喜欢看电视和听音乐。
ຂ້ອຍເລີກວຽກແລ້ວມັກເບິ່ງໂທລະພາບແລະຟັງດົນຕີ.

wǒ zhōu mò xǐ huan wán diàn zǐ yóu xì
3. 我周末喜欢玩电子游戏。
ທ້າຍອາທິດຂ້ອຍມັກຫຼິ້ນເກມອີເລັກໂຕຼນິກ.

tā píng shí xǐ huan zuò shén me
4. 他平时喜欢做什么？
ທຳມະດາລາວມັກເຮັດຫຍັງ?

tā xǐ huan diào yú hé xià xiàng qí
5. 他喜欢钓鱼和下象棋。
ລາວມັກຕຶກເບັດແລະຫຼິ້ນໝາກເສິກ.

nǐ xǐ huan dǎ yóu xì dǎ pū kè xià xiàng qí ma
6. 你喜欢打游戏/打扑克/下象棋吗？
ເຈົ້າມັກຫຼິ້ນເກມ/ຫຼິ້ນໄພ້/ຫຼິ້ນໝາກເສິກບໍ?

xǐ huan bù xǐ huan yī bān bān
7. 喜欢/不喜欢/一般般。
ມັກ/ບໍ່ມັກ/ທຳມະດາ.

nǐ xǐ huan kàn shén me lèi xíng de diàn yǐng diàn shì jù
8. 你喜欢看什么类型的电影/电视剧？
ເຈົ້າມັກເບິ່ງຮູບເງົາ/ລະຄອນໂທລະພາບປະເພດໃດ?

wǒ xǐ huan kàn gōng fu piàn gǔ zhuāng jù
9. 我喜欢看功夫片/古装剧。
ຂ້ອຍມັກເບິ່ງຮູບເງົາກັງຟູ/ຮູບເງົາບູຮານ.

míng wǎn yǒu shén me ān pái zhè zhōu mò zěn me ān pái
10. 明晚有什么安排/这周末怎么安排？
ຕອນຄ່ຳມື້ອື່ນ/ທ້າຍອາທິດນີ້ມີແຜນການຫຍັງ?

hái méi xiǎng hǎo hái méi yǒu jì huà
11. 还没想好/还没有计划。
ຍັງບໍ່ທັນຄິດ/ຍັງບໍ່ທັນມີແຜນການ.

wǒ xiǎng qù chàng kǎ lā wǒ dǎ suàn zài jiā kàn xiǎo shuō
12. 我想去唱卡拉OK/我打算在家看小说。
ຂ້ອຍຢາກໄປຮ້ອງຄາລາໂອເກະ/ຂ້ອຍຊິອ່ານນະວະນິຍາຍຢູ່ເຮືອນ.

míng wǎn qù bèng dí xià wǔ qù kàn diàn yǐng zěn me yàng
13. 明晚去蹦迪/下午去看电影怎么样？
ຕອນຄ່ຳມື້ອື່ນໄປເຕັ້ນດິສໂກ້/ຕອນບ່າຍໄປເບິ່ງຮູບເງົາເປັນແນວໃດ?

hǎo ya hěn bào qiàn wǒ yǒu shì qù bù liǎo
14. 好呀。/很抱歉，我有事去不了。
ດີ. /ຂໍໂທດ, ຂ້ອຍຄາວຽກຢູ່ໄປບໍ່ໄດ້.

语言点归纳 ຂໍ້ສະຫຼຸບ

1. ຖາມຄວາມມັກດ້ານການບັນເທີງຂອງຄົນອື່ນ，ສາມາດຖາມແບບນີ້ "……喜欢做什么？…ມັກເຮັດຫຍັງ？" ເຊັ່ນ："放假的时候你喜欢做什么？ໃນວັນພັກເຈົ້າມັກເຮັດຫຍັງ？" ຄຳຕອບແມ່ນ "喜欢+做某事 ມັກ+ເຮັດເລື່ອງໃດໜຶ່ງ" ກໍໄດ້ແລ້ວ. ເຊັ່ນ："放假的时候我喜欢待在家看电视。ໃນວັນພັກຂ້ອຍມັກເບິ່ງໂທລະພາບຢູ່ເຮືອນ."

2. ຖາມຄົນອື່ນມັກກິດຈະກຳການບັນເທີງຫຼືບໍ່，ຖາມແບບນີ້ "你喜欢……吗？ເຈົ້າມັກ…ບໍ？" ເຊັ່ນ："你喜欢打麻将吗？ເຈົ້າມັກຫຼິ້ນໄພ້ນົກກະຈອກບໍ？" ຄຳຕອບແມ່ນ："喜欢。ມັກ." "不喜欢。ບໍ່ມັກ." ຫຼື "一般般。ທຳມະດາ."

3. ຖາມປະເພດຄວາມມັກຂອງຄົນອື່ນ，ຖາມແບບນີ້ "你喜欢什么类型的……？ເຈົ້າມັກປະເພດໃດ？" ເຊັ່ນ："你喜欢玩什么类型的电脑游戏？ເຈົ້າມັກຫຼິ້ນເກມຄອມພິວເຕີປະເພດໃດ？" ຕອບປະເພດລະອຽດກໍໄດ້ແລ້ວ. ເຊັ່ນ："我喜欢玩冒险类的电脑游戏。ຂ້ອຍມັກຫຼິ້ນເກມຄອມພິວເຕີປະເພດທີ່ມີຄວາມຜະຈົນໄພ."

4. ຖາມແຜນການຂອງຄົນອື່ນໃນເວລາຫວ່າງ，ຖາມແບບນີ້ "具体时间+有什么安排？ເວລາທີ່ແນ່ນອນ+ແຜນຫຍັງ？" ຫຼື "具体时间+怎么安排？ເວລາທີ່ແນ່ນອນ+ວາງແຜນແນວໃດ？" ຖ້າວ່າບໍ່ຢາກເຮັດຫຍັງ，ຕອບແບບນີ້："还没想好。ຍັງບໍ່ທັນຄິດເທື່ອ." ຫຼື "还没有计划。ຍັງບໍ່ທັນມີແຜນເທື່ອ." ຖ້າວ່າມີແຜນແລ້ວ，ຕອບແບບ

ນີ້ໄດ້: "我想……ຂ້ອຍຢາກ…" ຫຼື "我打算……ຂ້ອຍມີແຜນຈະ…"

5. ສະເໜີກິດຈະກຳໃດໜຶ່ງ, ແລະຖາມຄວາມຄິດເຫັນຂອງຄົນອື່ນ, ເວົ້າແບບນີ້: "……怎么样? …ເປັນແນວໃດ?" ເຊັ່ນ: "周末去打篮球怎么样? ທ້າຍອາທິດໄປຫຼິ້ນບານບ້ວງເປັນແນວໃດ?" ຖ້າວ່າເຫັນດີ, ຕອບແບບນີ້: "好的。ໄດ້." ຫຼື "好呀。ດີ." ຖ້າຢາກປະຕິເສດ, ຕອບແບບນີ້: "抱歉，我有事去不了。ຂໍໂທດ, ຂ້ອຍຄາວຽກໄປບໍ່ໄດ້." ຫຼື "不好意思，我有其他安排了。ຂໍໂທດ, ຂ້ອຍມີແຜນອື່ນແລ້ວ."

二、会话训练 ເຝິກການສົນທະນາ

情景会话 1 ການສົນທະນາທີ 1

（在KTV）

（ຢູ່ KTV）

jiǎ xià yī shǒu gē shì shuí diǎn de
甲：下一首歌是谁点的？

ກ: ເພງຕໍ່ໄປຂອງໃຜ?

yǐ hái shi xiǎo lǐ diǎn de
乙：还是小李点的。

ຂ: ຂອງສຽວຫຼີ.

jiǎ tā yǐ jīng lián xù chàng le sān shǒu kàn tā píng shí hǎo xiàng mán nèi xiàng de méi xiǎng dào shì gè shēn cáng bù lù de mài bà ne
甲：他已经连续唱了三首！看他平时好像蛮内向的，没想到是个深藏不露的"麦霸"呢。

ກ: ລາວຮ້ອງສາມເພງລຽນຕິດແລ້ວ! ເບິ່ງລາວເປັນຄົນບໍ່ມັກປາກບໍ່ມັກເວົ້າ, ບໍ່ນຶກວ່າລາວຊິຮ້ອງເພງເກັ່ງຄົນໃນຝັກແທ້ນໍ້.

yǐ tā fù mǔ dōu shì yīn yuè lǎo shī tā cóng xiǎo jiù gēn fù mǔ xué xí chàng gē
乙：他父母都是音乐老师，他从小就跟父母学习唱歌。

ຂ: ພໍ່ແມ່ຂອງລາວເປັນອາຈານສອນດົນຕີ, ລາວຮຽນຮ້ອງເພງນຳພໍ່ແມ່ຕັ້ງແຕ່ນ້ອຍ.

jiǎ nán guài tā chàng de zhè me hǎo
甲：难怪他唱得这么好。

ກ: ສົມພໍວ່າລາວຮ້ອງໄດ້ດີ.

yǐ tīng shuō tā yǐ qián cān jiā guo xué xiào de gē yǒng bǐ sài hái huò guo jiǎng ne
乙：听说他以前参加过学校的歌咏比赛，还获过奖呢。

ຂ: ໄດ້ຍິນວ່າລາວເຄີຍເຂົ້າຮ່ວມການແຂ່ງຂັນຮ້ອງເພງຂອງໂຮງຮຽນ, ຍັງໄດ້ຮັບລາງວັນອີກໄດ.

jiǎ zhēn de ma tài lì hai le
甲：真的吗？太厉害了！

ກ: ແທ້ບໍ? ເກັ່ງຫຼາຍ!

情景会话 2 ການສົນທະນາທີ 2

（甲：老挝人；乙：中国人）

（ກ: ຄົນລາວ; ຂ: ຄົນຈີນ）

jiǎ xiàn zài wài miàn tài yáng hǎo dà wǒ pà shài bù gǎn chū qù wán le
甲：现在外面太阳好大。我怕晒，不敢出去玩了。

ກ: ຕອນນີ້ຢູ່ນອກແດດກ້າຫຼາຍ. ຂ້ອຍຢ້ານແດດ, ບໍ່ກ້າອອກໄປຫຼິ້ນຢູ່ນອກ.

yǐ wǒ yě bù xiǎng chū qù wǒ gèng xiǎng dāi zài wū li yī biān chuī kōng tiáo yī biān kàn diàn shì jù
乙：我也不想出去。我更想待在屋里，一边吹空调，一边看电视剧。

ຂ: ຂ້ອຍກໍບໍ່ຢາກອອກໄປຄືກັນ. ຂ້ອຍຢາກພັກຢູ່ໃນເຮືອນ, ທັງໄດ້ຕາກແອເຢັນ, ທັງເບິ່ງລະຄອນໂທລະພາບ.

jiǎ nǐ xǐ huan kàn shén me lèi xíng de diàn shì jù ne
甲：你喜欢看什么类型的电视剧呢？

ກ: ເຈົ້າມັກເບິ່ງລະຄອນໂທລະພາບປະເພດໃດ?

yǐ wǒ zuì xǐ huan kàn zhōng guó gǔ zhuāng jù yǒu shí yě kàn hán jù hé tài jù
乙：我最喜欢看中国古装剧，有时也看韩剧和泰剧。

ຂ: ຂ້ອຍມັກເບິ່ງລະຄອນບູຮານຈີນ, ບາງເທື່ອກໍເບິ່ງລະຄອນ ສ. ເກົາຫຼີແລະລະຄອນໄທ.

jiǎ wǒ yě ài kàn zhōng guó gǔ zhuāng jù lǎo wō guó jiā diàn shì tái bō chū guo sān guó yǎn yì hé láng yá bǎng wǒ jué de tè bié hǎo kàn
甲：我也爱看中国古装剧。老挝国家电视台播出过《三国演义》和《琅琊榜》，我觉得特别好看！

ກ: ຂ້ອຍກໍມັກເບິ່ງລະຄອນບູຮານຈີນ. ໂທລະພາບແຫ່ງຊາດລາວເຄີຍອອກອາກາດ《ເລື່ອງສາມກົກ》ແລະ《ຫຼັງຢາປາງ》, ຂ້ອຍຮູ້ສຶກວ່າມ່ວນຫຼາຍ!

yǐ zhè liǎng bù diàn shì jù dōu pāi de fēi cháng hǎo zài zhōng guó yě hěn
乙：这两部电视剧都拍得非常好，在中国也很
shòu guān zhòng xǐ ài wǒ tīng shuō bǎn hóng lóu mèng diàn shì jù
受观众喜爱。我听说87版《红楼梦》电视剧
yě yào zài lǎo wō yì zhì bō chū le
也要在老挝译制播出了。

ຂ: ລະຄອນໂທລະພາບສອງເລື່ອງນີ້ຖ່າຍໄດ້ດີຫຼາຍ, ຢູ່ຈີນກໍໄດ້ຮັບຄວາມນິຍົມຈາກຜູ້ຊົມ. ຂ້ອຍໄດ້ຍິນວ່າລະຄອນໂທລະພາບ《ຄວາມຝັນໃນຫໍແດງ》ສະບັບປີ 1987 ກໍເຮັດເປັນຮູບເງົາສາຍຢູ່ລາວແລ້ວ.

jiǎ zhēn de ma tài lìng rén qī dài le
甲：真的吗？太令人期待了！
ກ: ແທ້ບໍ? ເປັນໜ້າຄອງຄອຍແທ້ລະ!

注释 ໝາຍເຫດ

1. ຄຳວ່າ "一边……一边…… ທັງ…ທັງ…" ໝາຍເຖິງການເຄື່ອນໄຫວທັງສອງດຳເນີນພ້ອມກັນ. ເຊັ່ນ: "请不要一边走路，一边玩手机。ຢ່າທັງຍ່າງ, ທັງຫຼິ້ນມືຖື." "我们一边读，一边写。ພວກເຮົາທັງອ່ານທັງຂຽນ."

2.《ເລື່ອງສາມກົກ》《ຄວາມຝັນໃນຫໍແດງ》《ໄຊອິວ》《ສຸຍຫູ》ແມ່ນນະວະນິຍາຍເລື່ອງຍາວບູຮານສີ່ເລື່ອງທີ່ມີຊື່ສຽງຂອງຈີນ, ໄດ້ສົມຍານາມວ່າ "ນະວະນິຍາຍສີ່ເລື່ອງທີ່ມີຊື່ສຽງ". ຜ່ານຈາກການດັດແປງແລະຮຽບຮຽງຈາກນະວະນິຍາຍ 4 ເລື່ອງນີ້ໄດ້ສ້າງໃຫ້ມີຜົນງານລະຄອນໂທລະພາບແລະຮູບເງົາຈຳນວນຫລາຍເລື່ອງ.

情景会话 3 ການສົນທະນາທີ 3

（甲：中国某大学的男学生；乙：来自老挝的女留学生）

（ກ: ນັກສຶກສາຊາຍຈາກມະຫາວິທະຍາໄລຈີນແຫ່ງໜຶ່ງ; ຂ: ນັກສຶກສາຕ່າງປະເທດຈາກລາວ）

jiǎ fù jìn xīn kāi le yī gè dà xíng yóu lè yuán nǐ qù guo le ma

甲：附近新开了一个大型游乐园，你去过了吗？

ກ: ແຖວໃກ້ໆນີ້ເປີດສວນສະໜຸກຂະໜາດໃຫຍ່ແຫ່ງໜຶ່ງ, ເຈົ້າເຄີຍໄປບໍ?

yǐ hái méi yǒu lǐ miàn yǒu shén me hǎo wán de xiàng mù

乙：还没有。里面有什么好玩的项目？

ຂ: ຍັງເທື່ອ. ຢູ່ໃນມີລາຍການຫຍັງແດ່ທີ່ມ່ວນໆ?

jiǎ yǒu mó tiān lún guò shān chē hàn bīng chǎng hái yǒu shuǐ shàng shì jiè kǒng bù chéng děng děng

甲：有摩天轮、过山车、旱冰场，还有水上世界、恐怖城等等。

ກ: ມີຊິງຊ້າສະຫວັນ, ລົດໄຟເຫາະ, ລານສະເກັດ, ສວນນ້ຳ, ເຮືອນຜີສິງ ແລະອື່ນໆ.

yǐ nǐ jué de nǎ ge xiàng mù zuì hǎo wán

乙：你觉得哪个项目最好玩？

ຂ: ເຈົ້າຮູ້ສຶກວ່າລາຍການໃດມ່ວນທີ່ສຸດ?

jiǎ wǒ jué de guò shān chē zuì hǎo wán zhè ge zhōu mò wǒ men yī qǐ qù wán ba

甲：我觉得过山车最好玩！这个周末我们一起去玩吧？

ກ: ຂ້ອຍຮູ້ສຶກວ່າລົດໄຟເຫາະມ່ວນທີ່ສຸດ! ທ້າຍອາທິດນີ້ພວກເຮົາ

ໄປຫຼິ້ນນຳກັນເນາະ?

yǐ ǎ bù yào wǒ kǒng gāo
乙：啊，不要！我 恐 高！
ຂ: ໂອ້, ຢ່າແລະ! ຂ້ອຍຢ້ານຄວາມສູງ!

jiǎ méi nà me kě pà la cháng shì yī xià ma
甲：没那么可怕啦， 尝 试 一下 嘛。
ກ: ບໍ່ເປັນຕາຢ້ານປານໃດດອກ, ລອງເບິ່ງກ່ອນແມ້.

yǐ bù bù bù wǒ nìng kě qù cān guān kǒng bù chéng yě bù gǎn zuò guò shān chē
乙：不不不，我 宁 可 去 参 观 恐 怖 城 ，也 不 敢 坐 过 山 车。

ຂ: ບໍ່ໆ, ຂ້ອຍຂໍໄປທ່ຽວຊົມເຮືອນຜີສິງ, ດີກວ່າໄປຂີ່ລົດໄຟເຫາະ.

jiǎ hǎo ba nà jiù bù miǎn qiǎng nǐ le
甲：好吧，那就不 勉 强 你 了。
ກ: ໄດ້, ຊັ້ນກໍບໍ່ບັງຄັບເຈົ້າແລ້ວ.

注释 ໝາຍເຫດ

1. ຄຳອຸທານ "啊 ໂອ້" ໃຊ້ທາງໜ້າປະໂຫຍກ, ສະແດງເຖິງຍ້ອງຍໍຫຼືຕົກໃຈ. ເຊັ່ນ: "啊，伟大的祖国！ໂອ້, ປະເທດທີ່ຍິ່ງໃຫຍ່!" "啊，你吓到我了！ໂອ້, ເຈົ້າເຮັດໃຫ້ຂ້ອຍຕົກໃຈ!"

2. ຄຳວ່າ "宁可……也不…… ແໝງວ່າ..., ດີກວ່າ..." ໝາຍເຖິງພາຍຫຼັງປຽບທຽບສອງດ້ານ, ແລ້ວເລືອກເອົາດ້ານໜຶ່ງ, ຕາມທຳມະດາແລ້ວມີການປຽບທຽບຜົນຮ້າຍທັງສອງແລ້ວເລືອກເອົາດ້ານທີ່ດີກວ່າ. ເຊັ່ນ: "他宁可把卖不出去的水果扔掉，也不愿意降价出

售。ລາວ ຍອມຖິ້ມໝາກໄມ້ທີ່ຂາຍບໍ່ອອກ, ດີກວ່າຍອມຂາຍຫຼຸດລາຄາ." "母亲宁可自己劳累，也不让孩子们受苦。ແມ່ຍອມເມື່ອຍ, ດີກວ່າໃຫ້ລູກລຳບາກ."

3. ຄຳວ່າ "勉强 ບັງຄັບ" ໃນເວລາເປັນຄຳກິລິຍາໝາຍເຖິງເຮັດໃຫ້ຄົນເຮັດເລື່ອງທີ່ບໍ່ຢາກເຮັດ. ເຊັ່ນ: "他不想吃就算了，不要勉强他。ລາວບໍ່ຢາກກິນກໍຊ່າງເທາະ, ບໍ່ຕ້ອງບັງຄັບລາວ."

情景会话 4 ການສົນທະນາທີ 4

（甲：妹妹；乙：哥哥）
（ກ: ນ້ອງສາວ; ຂ: ອ້າຍ）

jiǎ gē nǐ zài gàn shén me
甲：哥，你在干什么？
ກ: ອ້າຍ, ເຈົ້າກຳລັງເຮັດຫຍັງຢູ່?

yǐ wán diàn zǐ yóu xì
乙：玩电子游戏。
ຂ: ຫຼິ້ນເກມອີເລັກໂຕຼນິກ.

jiǎ yòu wán diàn zǐ yóu xì nǐ míng tiān bù shì yào kǎo shì ma
甲：又玩电子游戏！你明天不是要考试吗？
ກ: ຫຼິ້ນເກມອີເລັກໂຕຼນິກອີກລະ! ມື້ອື່ນເຈົ້າບໍ່ແມ່ນຕ້ອງສອບເສັງຫວາ?

yǐ méi shì wǒ yǐ jīng fù xí hǎo le wǒ yòu yíng le nǐ yào bù yào yě lái yī jú
乙：没事，我已经复习好了。我又赢了！你要不要也来一局？

ຂ: ບໍ່ເປັນຫຍັງ, ຂ້ອຍທວນຄືນບົດຮຽນແລ້ວ. ຂ້ອຍຊະນະອີກແລ້ວ!

ເຈົ້າຊິຫຼິ້ນບໍ?

jiǎ suàn le wǒ xiàn zài bù xiǎng wán zhè ge mā qù nǎr le
甲：算了，我现在不想玩这个。妈去哪儿了？
ກ: ໄດ້ແລ້ວ, ດຽວນີ້ຂ້ອຍບໍ່ຢາກຫຼິ້ນເກມນີ້. ແມ່ໄປໃສແລ້ວ?

yǐ tā kě néng qù tiào guǎng chǎng wǔ le
乙：她可能去跳广场舞了。
ຂ: ລາວອາດຈະໄປເຕັ້ນລຳຢູ່ສະໜາມຫຼວງແລ້ວ.

jiǎ bà ne
甲：爸呢？
ກ: ພໍ່ເດ?

yǐ tā yuē le wáng shū shu qù jiāng biān diào yú
乙：他约了王叔叔去江边钓鱼。
ຂ: ລາວນັດອາວຫວາງໄປຕຶກເບັດຢູ່ແຄມແມ່ນ້ຳ.

jiǎ zhè yàng a nà wǒ hái shi qù kàn zōng yì jié mù ba
甲：这样啊。那我还是去看综艺节目吧。
ກ: ໂອ້ຫວາ. ຄັນຊັ້ນຂ້ອຍໄປເບິ່ງລາຍການບັນເທິງດີກວ່າ.

注释 ໝາຍເຫດ

1. ຮູບປະໂຫຍກທີ່ຖາມຄືນ "不是……吗? ບໍ່ແມ່ນ...ບໍ?" ໃຊ້ເຕືອນອີກຝ່າຍໃນເລື່ອງໃດໜຶ່ງ, ບາງເທື່ອມີນ້ຳສຽງແບບແປກໃຈຫຼືບໍ່ພໍໃຈ. ເຊັ່ນ: "你不是看过这部电影了吗? ເຈົ້າບໍ່ແມ່ນເຄີຍເບິ່ງຮູບເງົາເລື່ອງນີ້ແລ້ວບໍ?" "你不是说要陪我去逛街吗? ເຈົ້າບໍ່ແມ່ນເວົ້າວ່າໄປເລາະຫຼິ້ນນຳຂ້ອຍບໍ?"

2. ຄຳວ່າ "局 ຮອບ" ແມ່ນຄຳລັກສະນະນາມ, ຫຼິ້ນໝາກຮຸກຫຼືການ

ແຂ່ງອື່ນໆແຂ່ງຂັນເທື່ອໜຶ່ງເອີ້ນວ່າຮອບໜຶ່ງຫຼືຕາໜຶ່ງ. ເຊັ່ນ: "他们下了两局棋。ເຂົາເຈົ້າຫຼິ້ນໝາກຣຸກສອງຮອບ." "他赢了一局比赛。ລາວຊະນະເທື່ອໜຶ່ງ."

3. ຄຳວ່າ "还是 ດີກວ່າ" ໃນບົດທີ່ກ່າວມານັ້ນໝາຍເຖິງການເລືອກທີ່ມີລັກສະນະທ່າອຽງ, ມີຄວາມໝາຍ "ເຮັດແນວນີ້ດີກວ່າ". ເຊັ່ນ: "下雨了，我们还是打车回去吧。ຝົນຕົກແລ້ວ, ພວກເຮົາຂີ່ລົດກັບໄປດີກວ່າ." "这东西难消化，你还是少吃点儿吧。ອາຫານນີ້ລະລາຍຍາກ, ເຈົ້າກິນໜ້ອຍຊິດີກວ່າ."

三、单词与短语 ຄຳສັບແລະວະລີ

kàn diàn shì
看 电 视 ເບິ່ງໂທລະພາບ

tīng yīn yuè
听 音 乐 ຟັງດົນຕີ

diàn zǐ yóu xì
电 子 游 戏 ເກມອີເລັກໂຕຼນິກ

píng shí
平 时 ຕາມທຳມະດາ

diào yú
钓 鱼 ຕຶກເບັດ

xià xiàng qí
下 象 棋 ຫຼິ້ນໝາກເສິກ

dǎ yóu xì
打 游 戏 ຫຼິ້ນເກມ

dǎ pū kè
打 扑 克 ຫຼິ້ນໄພ້

lèi xíng
类 型 ປະເພດ

diàn yǐng
电 影 ຮູບເງົາ

diàn shì jù
电 视 剧 ລະຄອນໂທລະພາບ

gōng fu piàn
功 夫 片 ຮູບເງົາກັງຝູ

gǔ zhuāng jù
古 装 剧 ຮູບເງົາບູຮານ

ān pái
安 排 ຈັດວາງ

jì huà
计 划 ແຜນການ

kǎ lā
卡 拉 OK ຄາລາໂອເກະ

kàn xiǎo shuō
看 小 说 ອ່ານນະວະນິຍາຍ

bèng dí
蹦 迪 ເຕັ້ນດິສໂກ້

nèi xiàng
内向 ຄົນບໍ່ມັກປາກບໍ່ມັກເວົ້າ (ບິດໄສ)

shēn cáng bù lù
深藏不露 ຄົມໃນຝັກ

nán guài
难怪 ສົມພໍວ່າ

lì hai
厉害 ເກັ່ງກ້າ

bù gǎn
不敢 ບໍ່ກ້າ

chuī kōng tiáo
吹空调 ຕາກແອເຢັນ

xǐ ài
喜爱 ມັກ

fù jìn
附近 ໃກ້ຄຽງ; ແຖວໃກ້ໆ

yóu lè yuán
游乐园 ສວນສະໜຸກ

guò shān chē
过山车 ລົດໄຟເຫາະ

shuǐ shang shì jiè
水上世界 ສວນນ້ຳ

kǒng gāo
恐高 ຢ້ານຄວາມສູງ

cháng shì
尝试 ທົດລອງ; ລອງ

fù xí
复习 ທວນຄືນ

guǎng chǎng wǔ
广场舞 ເຕັ້ນລຳຢູ່ສະໜາມຫຼວງ

zōng yì jié mù
综艺节目 ລາຍການບັນເທີງ

mài bà
麦霸 ຜູ້ຮ້ອງເພງເກັ່ງ

gē yǒng bǐ sài
歌咏比赛 ການແຂ່ງຂັນຮ້ອງເພງ

pà shài
怕晒 ຢ້ານແດດ

dāi zài wū li
待在屋里 ພັກຢູ່ໃນເຮືອນ

bō chū
播出 ອອກອາກາດ

qī dài
期待 ຄອງຄອຍ

dà xíng
大型 ຂະໜາດໃຫຍ່

mó tiān lún
摩天轮 ຊິງຊ້າສະຫວັນ

hàn bīng chǎng
旱冰场 ລານສະເກັດ

kǒng bù chéng
恐怖城 ເຮືອນຜີສິງ

kě pà
可怕 ຢ້ານກົວ

miǎn qiǎng
勉强 ບັງຄັບ

lái yī jú
来一局 ຫຼິ້ນຮອບໜຶ່ງ; ຫຼິ້ນຕາໜຶ່ງ

四、课后练习 ເຝິກຫັດນອກໂມງຮຽນ

1. 分组自由交流。ແບ່ງຈຸແລກປ່ຽນກັນ.

（1）说说你周末或假期喜欢做的事。

（2）谈一下你最近看过的一本书、一部电视剧或者一部电影，大概说一下它的主要内容。

2. 用所给的词语造句。ໃຊ້ຄຳສັບແຕ່ງໃຫ້ເປັນປະໂຫຍກ.

（1）一边……一边……

（2）宁可……也不……

（3）勉强

3. 听录音，选择意思相同或相近的答案。ຟັງສຽງ，ເລືອກເອົາຄຳຕອບທີ່ຄືກັນຫຼືໃກ້ຄຽງກັນ.

（1）A. 这周末你想看电影吗？
B. 这周末你有什么计划？
C. 这周末你去爬山吗？

（2）A. 对不起，我有事去不了。
B. 很抱歉，我很想去但去不了。
C. 好的，我会去。

（3）A. 他看起来很热情。
B. 他看起来是个很喜欢说话的人。
C. 他看起来好像不喜欢跟人交流。

（4）A. 你觉得哪个项目最有意思？
B. 你觉得哪个项目最安全？
C. 你觉得玩哪个项目最划算？

（5）A. 既然你不想玩，那我就自己玩吧。
B. 我们还是一起玩吧。
C. 既然你不想玩，那我就不强求你了。

第十六课　看医生

ບົດທີ 16　ໄປຫາທ່ານໝໍ

一、重点句式 ໂຄງສ້າງປະໂຫຍກທີ່ສຳຄັນ

nǐ nǎ lǐ bù shū fu
1. 你哪里不舒服？
ເຈົ້າບໍ່ສະບາຍຢູ່ບ່ອນໃດ?

wǒ tóu téng　yá téng　pí fū fā yǎng
2. 我头疼/牙疼/皮肤发痒。
ຂ້ອຍເຈັບຫົວ/ເຈັບແຂ້ວ/ຄັນຕາມຜິວໜັງ.

wǒ xū yào zuò shén me　nǎ xiē jiǎn chá
3. 我需要做什么/哪些检查？
ຂ້ອຍຕ້ອງເຮັດຫຍັງ/ກວດຫຍັງ?

nǐ xū yào liáng yī xià tǐ wēn　cè yī xià xuè yā　yàn yī xià xiě　zuò yī xià B chāo
4. 你需要量一下体温/测一下血压/验一下血/做一下B超。
ເຈົ້າຕ້ອງວັດແທກອຸນຫະພູມ/ວັດແທກຄວາມດັນເລືອດ/ກວດເລືອດ/ເອໂກ້ (ອຸນຕຣ້າຊາວ).

zhěn duàn jié guǒ zěn yàng
5. 诊断结果怎样？
ຜົນການບົ່ງມະຕິເປັນແນວໃດ?

nǐ zhǐ shì yǒu diǎn gǎn mào
6. 你只是有点感冒。
ເຈົ້າພຽງແຕ່ເປັນຫວັດໜ້ອຍໜຶ່ງ.

yīng gāi shì guò mǐn
7. 应该是过敏。
ອາດຈະແມ່ນອາການແພ້.

xiàn zài hái bù néng què dìng hái xū yào zuò xiē jiǎn chá
8. 现在还不能确定，还需要做些检查。
ຕອນນີ້ຍັງບໍ່ແນ່ນອນເທື່ອ, ຍັງຕ້ອງກວດຕື່ມອີກ.

wǒ yào zhù yì xiē shén me
9. 我要注意些什么？
ຂ້ອຍຕ້ອງລະວັງຫຍັງແດ່?

yào zhù yì bǎo zhèng shuì mián yǐn shí qīng dàn
10. 要注意保证睡眠，饮食清淡。
ຕ້ອງຮັບປະກັນການນອນ, ການກິນອາຫານທີ່ຈືດ.

zhè zhǒng yào zěn me yòng
11. 这种药怎么用？
ຢາຊະນິດນີ້ກິນແນວໃດ?

fàn qián fàn hòu fú yòng měi cì yī lì měi tiān liǎng cì
12. 饭前/饭后服用，每次一粒，每天两次。
ກິນກ່ອນ/ຫຼັງອາຫານ, ເທື່ອລະເມັດ, ມື້ລະສອງເທື່ອ.

měi wǎn shuì jiào qián zài huàn chù tú mǒ shì liàng
13. 每晚睡觉前在患处涂抹适量。
ຕອນແລງກ່ອນເຂົ້ານອນທາຢາໃສ່ບ່ອນເຈັບ.

语言点归纳 ຂໍ້ສະຫຼຸບ

1. ທ່ານໝໍຖາມອາການຄົນເຈັບມັກຖາມວ່າ: "你哪里不舒服? ເຈົ້າບໍ່ສະບາຍຢູ່ບ່ອນໃດ?" ຄຳຕອບແມ່ນອະທິບາຍອາການຂອງຕົນ. ເຊັ່ນ: "我肚子疼。ຂ້ອຍເຈັບທ້ອງ." "我头晕。ຂ້ອຍວິນຫົວ." ແລະອື່ນໆ.

2. ຖາມລາຍການກວດກາ, ຖາມແບບນີ້: "我需要做什么检查? ຂ້ອຍຕ້ອງກວດຫຍັງແດ່? " ຫຼື "我需要做哪些检查? ຂ້ອຍຕ້ອງກວດໃນລາຍການໃດ?" ຄຳຕອບແມ່ນ: "你需要+检查的项目ເຈົ້າຕ້ອງ+ລາຍການທີ່ຕ້ອງກວດ" .

3. ຖາມຜົນການບົ່ງມະຕິ, ຖາມແບບນີ້: "诊断结果怎样? ຜົນການບົ່ງມະຕິເປັນແນວໃດ?" ຄຳຕອບຄວນອີງຕາມສະພາບຕົວຈິງ.

4. ຖາມເລື່ອງທີ່ຕ້ອງລະວັງເວົ້າແບບນີ້ "我要注意些什么? ຂ້ອຍຕ້ອງລະວັງຫຍັງແດ່?" ຄຳຕອບແມ່ນ: "要注意……ຕ້ອງລະວັງ..."

5. ຖາມວິທີການກິນຢາເວົ້າແບບນີ້: "这种药怎么吃/用? ຢານີ້ກິນ/ໃຊ້ແນວໃດ?" ຄຳຕອບແມ່ນເວລາ, ປະລິມານແລະຕໍ່ເທື່ອທີ່ລະອຽດແລະອື່ນໆ. ເຊັ່ນ: "一天服3次，一次2片。ມື້ລະສາມເທື່ອ, ເທື່ອລະສອງເມັດ."

二、会话训练 ເຝິກການສົນທະນາ

情景会话 1 ການສົນທະນາທີ 1

（在挂号处。甲：病人；乙：挂号处工作人员）

（ຢູ່ບ່ອນລົງທະບຽນ. ກ: ຄົນເຈັບ; ຂ: ພະນັກງານຢູ່ບ່ອນລົງທະບຽນ）

jiǎ nǐ hǎo wǒ xiǎng guà yī xià hào
甲：你好，我想挂一下号。

ກ: ສະບາຍດີ, ຂ້ອຍຢາກລົງທະບຽນ.

yǐ qǐng wèn nín yào kàn nǎ ge kē
乙：请问您要看哪个科？

ຂ: ຂໍຖາມແດ່ທ່ານຢາກກວດພະຍາດຢູ່ພະແນກໃດ?

jiǎ wǒ yào kàn ěr bí hóu kē
甲：我要看耳鼻喉科。

ກ: ຂ້ອຍຢາກກວດພະຍາດຢູ່ພະແນກຫູຕາດັງຄໍ.

yǐ jīn tiān ěr bí hóu kē gòng yǒu sān wèi yī shēng chū zhěn nín xiǎng guà nǎ wèi yī shēng de hào
乙：今天耳鼻喉科共有三位医生出诊。您想挂哪位医生的号？

ຂ: ມື້ນີ້ພະແນກຫູຕາດັງຄໍມີທ່ານໝໍສາມຄົນ. ທ່ານຢາກລົງທະບຽນກັບທ່ານໝໍຄົນໃດ?

jiǎ wǒ xiǎng guà zhāng zhǔ rèn de hào kě yǐ ma
甲：我想挂张主任的号，可以吗？

ກ: ຂ້ອຍຢາກລົງທະບຽນກັບຫົວໜ້າຈ່າງ, ໄດ້ບໍ?

yǐ kě yǐ de guà hào fèi yuán
乙：可以的。挂号费30元。

ຂ: ໄດ້. ຄ່າລົງທະບຽນ 30 ຢວນ.

jiǎ　hǎo de　gěi
甲：好的。给。

ກ: ໄດ້. ນີ້ເດີ້ເອີນ.

yǐ　hǎo le　zhè shì nín de guà hào dān　hòu zhěn qū zài　lóu　qǐng liú yì
乙：好了，这是您的挂号单。候诊区在2楼，请留意
jiào hào　yǐ miǎn guò hào
叫号，以免过号。

ຂ: ໄດ້ແລ້ວ, ນີ້ແມ່ນໃບລົງທະບຽນຂອງທ່ານ. ບ່ອນລໍຖ້າກວດພະຍາດຢູ່ຊັ້ນສອງ, ກະລຸນາຕິດຕາມບັດຄິວ, ເພື່ອບໍ່ໃຫ້ກາຍຄິວ.

注释 ໝາຍເຫດ

1. ຄຳວ່າ "看……科 ກວດພະຍາດຢູ່ພະແນກ..." ແມ່ນຄຳທີ່ໃຊ້ເປັນປະຈຳໃນເວລາໄປໂຮງໝໍ. ເຊັ່ນ: "我打算下午去看皮肤科。ຕອນບ່າຍຂ້ອຍຊິໄປກວດພະຍາດຢູ່ພະແນກຜິວໜັງ." "她应该去看产科而不是妇科。ລາວຄວນໄປກວດພະຍາດຢູ່ພະແນກຜະດຸງຄັນແຕ່ບໍ່ແມ່ນພະແນກພະຍາດຍິງ."

2. ຄຳວ່າ "以免 ຫຼີກລ່ຽງ" ໝາຍເຖິງຫຼີກເວັ້ນ, ມັກໃຊ້ຢູ່ທາງໜ້າຂອງປະໂຫຍກທີ່ຢູ່ທາງຫຼັງ. ເຊັ່ນ: "我们要早点儿出发，以免迟到。ພວກເຮົາຕ້ອງອອກເດີນທາງໄວແດ່, ເພື່ອຫຼີກລ່ຽງໄປຊ້າ." "看电影时请不要大声说笑，以免影响他人。ໃນເວລາເບິ່ງຮູບເງົາກະລຸນາຢ່າເວົ້າດັງຫົວແຮງເພື່ອຫຼີກລ່ຽງລົບກວນຜູ້ອື່ນ."

情景会话 2 ການສົນທະນາທີ 2

（在门诊。甲：医生；乙：病人）
（ຢູ່ຫ້ອງກວດພະຍາດປະຈຳວັນ. ກ: ທ່ານໝໍ; ຂ: ຄົນເຈັບ）

jiǎ nǐ nǎ lǐ bù shū fu
甲：你哪里不舒服？
ກ: ເຈົ້າບໍ່ສະບາຍຢູ່ບ່ອນໃດ?

yǐ wǒ hóu lóng tòng ké sou
乙：我喉咙痛、咳嗽。
ຂ: ຂ້ອຍເຈັບຄໍ, ໄອ.

jiǎ cè guo tǐ wēn le ma
甲：测过体温了吗？
ກ: ວັດແທກອຸນຫະພູມແລ້ວບໍ?

yǐ gāng cái cè guo le méi yǒu fā shāo
乙：刚才测过了，没有发烧。
ຂ: ຫວ່າງກີ້ວັດແທກແລ້ວ, ບໍ່ເປັນໄຂ້.

jiǎ wǒ gěi nǐ jiǎn chá yī xià ba zhāng kāi zuǐ ba ā biǎn táo tǐ fā yán le hóu lóng tòng le duō jiǔ chī guo shén me yào le ma
甲：我给你检查一下吧，张开嘴巴，啊……扁桃体发炎了。喉咙痛了多久？吃过什么药了吗？
ກ: ຂ້ອຍຊິກວດໃຫ້ເຈົ້າ, ອ້າປາກ, ອາ...ອາມິດານອັກເສບແລ້ວ. ເຈັບຄໍດົນປານໃດແລ້ວ? ກິນຢາຫຍັງແລ້ວບໍ?

yǐ liǎng tiān le méi chī guo yào
乙：两天了。没吃过药。
ຂ: ສອງມື້ແລ້ວ, ບໍ່ໄດ້ກິນຢາ.

jiǎ zhī qián duì shén me yào guò mǐn ma
甲：之前对什么药过敏吗？
ກ: ແຕ່ກ່ອນເຄີຍແພ້ຢາຫຍັງບໍ?

yǐ wǒ duì qīng méi sù guò mǐn
乙：我对青霉素过敏。
ຂ: ຂ້ອຍແພ້ຢາເປນີຊີລິນ.

jiǎ nà nǐ bù néng suí biàn yòng kàng shēng sù wǒ gěi nǐ kāi diǎn zhōng yào ba
甲：那你不能随便用抗生素，我给你开点中药吧。
ກ: ຊັ້ນເຈົ້າກິນຢາຕ້ານເຊື້ອບໍ່ໄດ້, ຂ້ອຍສັ່ງຢາພື້ນເມືອງຈີນໃຫ້ເຈົ້າເດີ້.

yǐ hǎo de xū yào jì kǒu ma
乙：好的。需要忌口吗？
ຂ: ເຈົ້າ. ຕ້ອງຄະລຳຂອງກິນບໍ?

jiǎ zuì hǎo bù chī xīn là jiān zhá huò shāo kǎo de shí wù
甲：最好不吃辛辣、煎炸或烧烤的食物。
ກ: ດີທີ່ສຸດບໍ່ກິນອາຫານເຜັດ, ຈືນຫຼືປີ້ງ.

yǐ míng bai le xiè xie
乙：明白了。谢谢！
ຂ: ເຂົ້າໃຈແລ້ວ. ຂອບໃຈ!

注释 ໝາຍເຫດ

1. ຄຳວ່າ "多久 ດົນປານໃດ" "多大 ໃຫຍ່ປານໃດ" "多远 ໄກປານໃດ" ແລະອື່ນໆແມ່ນປະໂຫຍກຄຳຖາມ, ໃຊ້ຖາມເວລາ, ອາຍຸ, ໄລຍະຫ່າງແລະອື່ນໆ. ເຊັ່ນ: "他昏迷多久了？ລາວສະຫຼົບມາ

ຄົນປານໃດແລ້ວ? ” “你女儿多大了? ລູກສາວທ່ານອາຍຸຈັກປີແລ້ວ? ” “从南宁到万象有多远? ແຕ່ໜານໜິງຫາວຽງຈັນໄກປານໃດ? ”

2. ຄຳວ່າ “忌口 ຄະລຳຂອງກິນ” ໝາຍເຖິງຍ້ອນເຈັບເປັນຫຼືສາເຫດອື່ນຈຶ່ງບໍ່ກິນອາຫານທີ່ບໍ່ເໝາະສົມ.

3. ຄຳວ່າ “最好 ດີທີ່ສຸດ” ໃນບົດນີ້ໝາຍເຖິງ “ເໝາະສົມທີ່ສຸດ”, ມັກໃຊ້ເພື່ອເຕືອນຄົນອື່ນຫຼືໃຫ້ຄຳແນະນຳ. ເຊັ່ນ: “你最好别去那里。ດີທີ່ສຸດເຈົ້າຢ່າໄປພຸ້ນ.” “我们最好早点儿回家。ດີທີ່ສຸດພວກເຮົາກັບເຮືອນໄວແດ່.”

情景会话 3 ການສົນທະນາທີ 3

（看牙医。甲：病人；乙：医生）
（ຫາໝໍປົວແຂ້ວ. ກ: ຄົນເຈັບ; ຂ: ໝໍ）

jiǎ yī shēng wǒ zuì lǐ bian de yī kē yá téng de lì hai
甲：医 生 ，我 最 里 边 的 一 颗 牙 疼 得 厉 害 。
ກ: ທ່ານໝໍ, ແຂ້ວກົກຂອງຂ້ອຍເຈັບຫລາຍ.

yǐ wǒ kàn kan yo fā yán zhǒng qǐ lái le xiān qù pāi gè guāng
乙：我 看 看 ……哟，发 炎 肿 起 来 了。先 去 拍 个 X 光
piàn kàn kan yá gēn wèn tí ba
片 看 看 牙 根 问 题 吧 。

ຂ: ມາໃຫ້ຂ້ອຍເບິ່ງດູ... ອ້າວ, ອັກເສບແລະໃຄ່ບວມແລ້ວ. ໄປຖ່າຍເອັກສະເລເບິ່ງບັນຫາຂອງຮາກແຂ້ວກ່ອນສາ.

jiǎ hǎo de
甲：好 的。
ກ: ເຈົ້າ.

yǐ zhè lǐ yǒu yī kē zhǎng wāi le de zhì chǐ yá chǐ méi fǎ
乙：（看片）这 里 有 一 颗 长 歪 了 的 智 齿，牙 齿 没 法
zhǎng chū yá gēn chù fā yán le
长 出，牙 根 处 发 炎 了。

ຂ: (ເບິ່ງແຜ່ນເອັກສະເລ) ຢູ່ນີ້ມີແຂ້ວຊາວງ່ຽງ, ແຂ້ວປົ່ງອອກມາບໍ່ໄດ້, ຮາກແຂ້ວອັກເສບແລ້ວ.

jiǎ nà yīng gāi zěn me bàn chī xiāo yán yào néng hǎo ma
甲：那 应 该 怎 么 办？吃 消 炎 药 能 好 吗？
ກ: ຊັ້ນຄວນເຮັດແນວໃດ? ກິນຢາແກ້ອັກເສບຊິດີຂຶ້ນບໍ?

yǐ chī xiāo yán yào zhǐ shì zhì biāo bù zhì běn kuàng qiě zhè kē yá zuò yòng
乙：吃 消 炎 药 只 是 治 标 不 治 本，况 且 这 颗 牙 作 用
bù dà yǔ qí liú zhe tā bù rú bǎ tā bá diào nǐ yuàn yì bǎ tā bá
不 大，与 其 留 着 它，不 如 把 它 拔 掉。你 愿 意 把 它 拔
diào ma
掉 吗？

ຂ: ກິນຢາແກ້ອັກເສບແກ້ໄດ້ແຕ່ປາຍເຫດບໍ່ສາມາດແກ້ຕົ້ນເຫດໄດ້, ແຂ້ວເຫຼັ້ມນີ້ບໍ່ສຳຄັນຫຍັງອີກ, ຮັກສາມັນໄວ້ບໍ່ທໍ່ຖອນມັນອອກດີກວ່າ. ເຈົ້າຢາກຖອນມັນອອກບໍ?

jiǎ bá zhì chǐ huì hěn téng ma
甲：拔 智 齿 会 很 疼 吗？
ກ: ຖອນແຂ້ວຊາວເຈັບບໍ?

yǐ fàng xīn bá zhī qián yào dǎ diǎn má yào bá de shí hou bù huì hěn téng
乙：放 心。拔 之 前 要 打 点 麻 药，拔 的 时 候 不 会 很 疼。
ຂ: ບໍ່ຕ້ອງເປັນຫ່ວງ, ກ່ອນຖອນແຂ້ວຕ້ອງສັກຢາມຶນ, ໃນເວລາຖອນ

ຈະບໍ່ຮູ້ສຶກເຈັບປານໃດ.

jiǎ hǎo de nà jiù bǎ tā bá le ba
甲：好的，那就把它拔了吧。

ກ: ເຈົ້າ, ຊັ້ນກໍຖອນມັນອອກສາ.

yǐ hǎo le zhè kē zhì chǐ chǔ lǐ diào le qǐng yǎo
乙：（大约30分钟后）好了，这颗智齿处理掉了。请咬
zhù mián qiú yuē bàn xiǎo shí lái zhǐ xiě liǎng gè xiǎo shí nèi bù yào chī
住棉球约半小时来止血，两个小时内不要吃
dōng xi
东西。

ຂ: (ອີກປະມານ 30 ນາທີ) ຮຽບຮ້ອຍແລ້ວ, ແຂ້ວເຫຼັ້ມນີ້ຖອນອອກແລ້ວ. ກະລຸນາກັດສໍາລີນີ້ໄວ້ປະມານເຄິ່ງຊົ່ວໂມງເພື່ອຫ້າມເລືອດ, ພາຍໃນສອງຊົ່ວໂມງຫ້າມກິນອາຫານ.

jiǎ wǒ xū yào zhù yì xiē shén me ne
甲：我需要注意些什么呢？

ກ: ຂ້ອຍຕ້ອງລະວັງຫຍັງແດ່?

yǐ shǎo chī tián shí qín shuā yá
乙：少吃甜食，勤刷牙。

ຂ: ກິນຂອງຫວານໃຫ້ໜ້ອຍ, ໝັ່ນສີແຂ້ວ.

jiǎ hǎo de xiè xie yī shēng
甲：好的，谢谢医生！

ກ: ເຈົ້າ, ຂອບໃຈທ່ານໝໍ!

注释 ໝາຍເຫດ

1. ຄໍາວ່າ "治标不治本 ແກ້ໄຂບັນຫາປາຍເຫດ, ແຕ່ບໍ່ແກ້ໄຂຕົ້ນເຫດ" ມັກໃຊ້ບັນຍາຍໃນການແກ້ໄຂບັນຫາບໍ່ສຸດກົກສຸດປາຍ.

2. ຄຳວ່າ "况且 ອີກ" ສະແດງເຖິງລະດັບຍິ່ງໄກ້ຂຶ້ນອີກຂັ້ນໜຶ່ງ, ມັກໃຊ້ເພື່ອອະທິບາຍເຫດຜົນເພີ່ມຕື່ມ. ເຊັ່ນ: "这衣服质量一般，况且价格也不便宜，所以我不打算买。ເສື້ອຜືນນີ້ຄຸນນະພາບທຳມະດາ, ລາຄາກໍບໍ່ຖືກອີກ, ສະນັ້ນຂ້ອຍບໍ່ຢາກຊື້." "北京这么大，况且你又是初次来这里，怎么这么快就找到他了？ປັກກິ່ງໃຫຍ່ຂະໜາດນີ້, ເຈົ້າມາທີ່ນີ້ເປັນເທື່ອທຳອິດອີກ, ເປັນຫຍັງເຈົ້າເຫັນລາວໄວຂະໜາດນີ້?"

3. ຄຳວ່າ "与其……不如…… …ດີກວ່າ…" ນຳໃຊ້ໃນການເລືອກ. ເຊັ່ນ: "与其在考试前熬夜看书，不如平时好好用功。ກ່ອນສອບເສັງອົດຫຼັບອົດນອນເບິ່ງບົດຮຽນ, ບໍ່ທໍ່ດຸໝັ່ນຮ່ຳຮຽນເປັນປົກກະຕິດີກວ່າ." "与其在这里等他，不如直接去找他。ໄປຫາລາວໂລດດີກວ່າຖ້າຢູ່ນີ້."

情景会话 4 ການສົນທະນາທີ 4

（在药店。甲：买药人；乙：药店店员）
（ຢູ່ຮ້ານຂາຍຢາ. ກ: ຜູ້ຊື້ຢາ; ຂ: ຜູ້ຂາຍ）

jiǎ　nǐ hǎo　wǒ xiǎng mǎi yào
甲：你好，我想买药。
ກ: ສະບາຍດີ, ຂ້ອຍຢາກຊື້ຢາ.

yǐ　nín hǎo　qǐng wèn nín xū yào mǎi shén me yào
乙：您好！请问您需要买什么药？
ຂ: ສະບາຍດີ! ທ່ານຢາກຊື້ຢາຫຍັງ?

jiǎ wǒ xiǎng mǎi yī hé ā mò xī lín piàn
甲：我想买一盒阿莫西林片。
ກ: ຂ້ອຍຢາກຊື້ຢາອາມົກຊີລິນກັບໜຶ່ງ.

yǐ qǐng chū shì nín de chǔ fāng
乙：请出示您的处方。
ຂ: ຂໍເບິ່ງໃບສັ່ງຢາຂອງທ່ານແດ່.

jiǎ chǔ fāng
甲：处方？
ກ: ໃບສັ່ງຢາ?

yǐ shì de yīn wèi ā mò xī lín shì chǔ fāng yào suǒ yǐ bì xū yǒu yī shēng de chǔ fāng cái néng gòu mǎi
乙：是的。因为阿莫西林是处方药，所以必须有医生的处方才能购买。
ຂ: ແມ່ນແລ້ວ. ເພາະວ່າຢາອາມົກຊີລິນແມ່ນຢາຕາມໃບສັ່ງຢາ, ສະນັ້ນຕ້ອງການໃບສັ່ງຢາຂອງທ່ານໝໍຈຶ່ງຊື້ໄດ້.

jiǎ yuán lái rú cǐ nà ā sī pǐ lín piàn néng zhí jiē mǎi ma
甲：原来如此。那阿司匹林片能直接买吗？
ກ: ເປັນແບບນີ້ເອງ. ຄັນຊັ້ນຢາແອັສປີລິນຊື້ໂລດໄດ້ບໍ?

yǐ ā sī pǐ lín piàn shì fēi chǔ fāng yào kě yǐ mǎi
乙：阿司匹林片是非处方药，可以买。
ຂ: ຢາແອັສປີລິນບໍ່ແມ່ນຢາຕາມໃບສັ່ງຢາ, ຊື້ໄດ້.

jiǎ wǒ yào yī hé qǐng wèn hái yǒu qí tā kě yǐ jiě rè zhèn tòng de fēi chǔ fāng yào ma
甲：我要一盒。请问还有其他可以解热镇痛的非处方药吗？
ກ: ຂ້ອຍເອົາກັບໜຶ່ງ. ຂໍຖາມແດ່ຍັງມີຢາແກ້ຄວາມຮ້ອນແກ້ປວດທີ່ບໍ່ແມ່ນຢາໃນໃບສັ່ງຢາບໍ?

yǐ　kě yǐ shì shi zhè ge bǎn lán gēn chōng jì
乙：可以试试这个板蓝根冲剂。
ຂ: ລອງກິນຢາປານຫຼານເກິ່ນເບິ່ງແມ້.

jiǎ　zhè ge chōng jì zěn me yòng
甲：这个冲剂怎么用？
ກ: ຢານີ້ກິນແນວໃດ?

yǐ　kāi shuǐ chōng fú　yī cì yī xiǎo dài　yī rì sān zhì sì cì
乙：开水冲服。一次一小袋，一日三至四次。
ຂ: ຕີໃສ່ນ້ຳຮ້ອນແລ້ວຈຶ່ງກິນ. ເທື່ອລະຖົງ, ມື້ລະສາມເຖິງສີ່ເທື່ອ.

jiǎ　hǎo de　wǒ mǎi yī hé　qǐng wèn kě yǐ shuā yī bǎo kǎ ma
甲：好的，我买一盒。请问可以刷医保卡吗？
ກ: ເຈົ້າ, ຂ້ອຍຊື້ກັບໜຶ່ງ. ຂໍຖາມແດ່ຈ່າຍດ້ວຍບັດປະກັນສຸຂະພາບໄດ້ບໍ?

yǐ　shěng　qū　shì yī bǎo jūn kě yòng
乙：省（区）、市医保均可用。
ຂ: ບັດປະກັນສຸຂະພາບຂອງແຂວງ (ເຂດ), ນະຄອນໃຊ້ໄດ້ໝົດ.

注释 ໝາຍເຫດ

1. ຄຳວ່າ "因为……所以…… ຍ້ອນວ່າ...ສະນັ້ນ..." ໃຊ້ສະແດງເຖິງການພົວພັນທີ່ກ່ຽວຂ້ອງກັນ. ເຊັ່ນ: "他因为生病，所以请假。ຍ້ອນວ່າລາວບໍ່ສະບາຍ, ສະນັ້ນລາວຈຶ່ງຂໍລາພັກ." "因为下雨，所以我们没去踢球。ຍ້ອນວ່າຝົນຕົກ, ສະນັ້ນພວກເຮົາຈຶ່ງບໍ່ໄປເຕະບານ."

2. ຄຳວ່າ "原来如此 ເປັນແບບນີ້ເອງ" ມີຄວາມໝາຍວ່າ "ແມ່ນແນວນີ້ເອງ", ສະແດງວ່າໄດ້ຮູ້ເຖິງສະພາບການທີ່ແທ້

ຈິງ. ເຊັ່ນ: “原来如此，害我虚惊一场。ເປັນແບບນີ້ເອງ, ເຮັດໃຫ້ຂ້ອຍຕົກໃຈລ້າໆ.”

3. ຄໍາວ່າ “解热 ແກ້ຄວາມຮ້ອນ” “镇痛 ແກ້ປວດ” “抗炎 ຕ້ານອັກເສບ” “止咳 ແກ້ໄອ” “消肿 ແກ້ໃຄ່ບວມ” ລ້ວນແຕ່ເປັນຄໍາສັບທາງການແພດທີ່ໃຊ້ເປັນປະຈໍາ.

三、单词与短语 ຄໍາສັບແລະວະລີ

bù shū fu
不舒服 ບໍ່ສະບາຍ

téng
疼 ເຈັບ

yǎng
痒 ຄັນ

jiǎn chá
检查 ກວດກາ; ກວດ

liáng tǐ wēn
量体温 ວັດແທກອຸນຫະພູມ

cè xuè yā
测血压 ວັດແທກຄວາມດັນເລືອດ

yàn xiě
验血 ກວດເລືອດ

zuò chāo
做B超 ເອໂກ້; ອຸນຕຣາຊາວ

zhěn duàn jié guǒ
诊断结果 ຜົນການບົ່ງມະຕິ

gǎn mào
感冒 ເປັນຫວັດ

guò mǐn
过敏 ອາການແພ້

bǎo zhèng shuì mián
保证睡眠 ຮັບປະກັນການນອນ; ນອນໃຫ້ພຽງພໍ

yǐn shí qīng dàn
饮食清淡 ກິນອາຫານຈືດ

fú yòng
服用 ກິນ

huàn chù
患处 ບ່ອນເຈັບ

tú mǒ
涂抹 ທາ

shì liàng
适量 ປະລິມານທີ່ເໝາະສົມ

guà hào
挂号 ລົງທະບຽນ

ěr bí hóu kē
耳鼻喉科 ພະແນກຫູຕາດັງຄໍ

chū zhěn
出诊 ກວດພະຍາດ

hòu zhěn qū
候诊区 ບ່ອນລໍຖ້າກວດພະຍາດ

liú yì
留意 ເອົາໃຈໃສ່; ຕິດຕາມ

jiào hào
叫号 ເອີ້ນບັດຄິວ

guò hào
过号 ກາຍຄິວ

ké sou
咳嗽 ໄອ

biǎn táo tǐ
扁桃体 ຕ່ອມອາມິດານ

qīng méi sù
青霉素 ຢາເປນີຊີລິນ

zhōng yào
中药 ຢາພື້ນເມືອງຈີນ

xīn là
辛辣 ເຜັດ

shāo kǎo
烧烤 ປີ້ງ

guāng piàn
X光片 ແຜ່ນເອັກສະເລ

zhì chǐ
智齿 ແຂ້ວຊາວ

kuàng qiě
况且 ອີກ

má yào
麻药 ຢາມືນ

zhǐ xiě
止血 ຫ້າມເລືອດ

ā mò xī lín
阿莫西林 ຢາອາມົກຊີລິນ

chǔ fāng yào
处方药 ຢາຕາມໃບສັ່ງຢາ

fēi chǔ fāng yào
非处方药 ຢາທີ່ບໍ່ຢູ່ໃນໃບສັ່ງຢາ; ຢາທີ່ສາມາດຊື້ກິນເອງ

qí tā
其他 ອື່ນໆ

zhèn tòng
镇痛 ແກ້ປວດ

yǐ miǎn
以免 ຫຼີກລ່ຽງ

hóu lóng
喉咙 ຮູຄໍ

fā shāo
发烧 ເປັນໄຂ້

fā yán
发炎 ອັກເສບ

kàng shēng sù
抗生素 ຢາຕ້ານເຊື້ອ

jì kǒu
忌口 ຄະລຳ

jiān zhá
煎炸 ຈືນ

zhǒng
肿 ໃຄ່; ບວມ

yá gēn
牙根 ຮາກແຂ້ວ

xiāo yán yào
消炎药 ຢາແກ້ອັກເສບ

bá diào
拔掉 ຖອນອອກ

mián qiú
棉球 ສຳລີ

shuā yá
刷牙 ສີແຂ້ວ

chǔ fāng
处方 ໃບສັ່ງຢາ

ā sī pǐ lín
阿司匹林 ຢາແອັສປີລິນ

jiě rè
解热 ແກ້ຄວາມຮ້ອນ

bǎn lán gēn
板蓝根 ຢາປານຫຼານເກິ່ນ

chōng jì
冲 剂 ຢາຝຸ່ນ

kāi shuǐ
开 水 ນ້ຳຮ້ອນ

yī bǎo kǎ
医 保 卡 ບັດປະກັນສຸຂະພາບ

四、课后练习 ເຝິກຫັດນອກໂມງຮຽນ

1. 模拟下列情景进行对话。 ຈຳລອງສະພາບການລຸ່ມນີ້ແລ້ວດຳເນີນການສົນທະນາ.

（1）你去医院体检，向导医询问体检处在哪里。

（2）你是药店店员，向顾客介绍一种药的用途和使用方法。

2. 整理句子。 ແປງປະໂຫຍກໃຫ້ຖືກ.

（1）什么　我　需要　做　检查

（2）保证　要　注意　睡眠

（3）挂　我　想　张主任　的　号

（4）最好　食物　不吃　辛辣　煎炸　或　烧烤　的

（5）解热　镇痛　请　问　还有　其他　可以　的　非处方药　吗

3. 听录音，判断正误（正确的写T，错误的写F）。 ຟັງສຽງ, ພິຈາລະນາຖືກຜິດ (ຖືກໃຫ້ຂຽນ T, ຜິດໃຫ້ຂຽນ F).

（1）今天耳鼻喉科共有两位医生出诊。

（2）小王对青霉素过敏，所以不能随意使用抗生素。

（3）医生叫他少吃甜食，勤刷牙。

（4）非处方药必须有医生的处方才能购买。

（5）这种冲剂每次服一小袋，每天服用三至四次。

第十七课　找工作

ບົດທີ 17　ຫາວຽກ

一、重点句式 ໂຄງສ້າງປະໂຫຍກທີ່ສຳຄັນ

nǐ xiǎng zhǎo shén me yàng de gōng zuò
1. 你想找什么样的工作？
ເຈົ້າຢາກຊອກວຽກແບບໃດ?

tā xiǎng zhǎo yī fèn dài yù hǎo fān yì de gōng zuò jiān zhí
2. 他想找一份待遇好/翻译的工作/兼职。
ລາວຢາກຊອກວຽກທີ່ເງິນເດືອນແລະສະຫວັດດີການດີ/ແປພາສາ/ວຽກເສີມ.

gōng zuò shí jiān gù dìng ma
3. 工作时间固定吗？
ເວລາເຮັດວຽກເຕັມເວລາບໍ?

zhāo jiǔ wǎn wǔ zhōu mò shuāng xiū
4. 朝九晚五，周末双休。
ເຊົ້າການ 9 ໂມງເຊົ້າ ຮອດຕອນແລງ 5 ໂມງ, ທ້າຍອາທິດພັກ 2 ມື້.

zhǎo gōng zuò kě yǐ cān jiā chūn jì zhāo pìn huì qiū jì zhāo pìn huì rén cái jiāo liú huì yě kě yǐ zài xiāng guān wǎng zhàn bào míng bìng tí jiāo jiǎn lì
5. 找工作可以参加春季招聘会/秋季招聘会/人才交流会，也可以在相关网站报名并提交简历。

ຊອກຫາວຽກເຮັດງານທຳສາມາດເຂົ້າຮ່ວມງານນັດພົບແຮງ

ງານໃນລະດູໃບໄມ້ປົ່ງ/ງານນັດພົບແຮງງານໃນລະດູໃບໄມ້ຫຼົ່ນ/ງານແລກປ່ຽນແຮງງານ, ກໍສາມາດລົງທະບຽນແລະສົ່ງຊີວະປະຫວັດຫຍໍ້ໃຫ້ເວັບໄຊທີ່ກ່ຽວຂ້ອງ.

miàn shì shí xū yào dài shén me cái liào
6. 面试时需要带什么材料？
ຂ້ອຍຕ້ອງເອົາເອກະສານຫຍັງໄປນຳແດ່ໃນເວລາ ສຳ ພາດ?

wǒ lái dì jiāo qiú zhí cái liào
7. 我来递交求职材料。
ຂ້ອຍມາຍື່ນເອກະສານສະໝັກວຽກ.

qǐng dài shàng nín de shēn fèn zhèng bì yè zhèng xué wèi zhèng yuán jiàn hé fù yìn jiàn lái wǒ men gōng sī miàn shì
8. 请带上您的身份证、毕业证、学位证原件和复印件来我们公司面试。

ກະລຸນາຖືບັດປະຈຳຕົວ, ໃບປະກາດສະນີຍະບັດ, ໃບປະລິນຍາຕົ້ນສະບັບແລະສະບັບກັອບປີ້ຂອງທ່ານມາບໍລິສັດຂອງພວກເຮົາເພື່ອສຳພາດ.

tā shàng gè yuè gāng rù zhí cí zhí le lí zhí le
9. 他上个月刚入职/辞职了/离职了。
ລາວຫາກໍເຂົ້າເຮັດວຽກ/ລາອອກຈາກຕຳແໜ່ງ/ອອກຈາກຕຳແໜ່ງໃນເດືອນແລ້ວນີ້.

tā duì zhè ge gǎng wèi hěn gǎn xìng qù
10. 她对这个岗位很感兴趣。
ລາວສົນໃຈຕຳແໜ່ງງານນີ້ຫຼາຍ.

zhè ge gǎng wèi yǒu shén me yāo qiú
11. 这个岗位有什么要求？
ຕຳແໜ່ງງານຕ້ອງມີເງື່ອນໄຂຫຍັງ?

wǒ men xiǎng zhāo pìn yī gè zhōng wén lǎo wō yǔ zhuān yè de shuò shì yán jiū shēng yǒu gōng zuò jīng yàn zhě yōu xiān
12. 我们想招聘一个中文/老挝语专业的硕士研究生，有工作经验者优先。
ພວກເຮົາຢາກຮັບສະໝັກເອົານັກສຶກສາລະດັບປະລິນຍາໂທວິຊາພາສາຈີນ/ພາສາລາວ, ມີປະສົບການໃນການເຮັດວຽກມາກ່ອນຈະຮັບພິຈາລະນາກ່ອນ.

zhè ge gōng zuò dài yù zěn me yàng
13. 这个工作待遇怎么样？
ວຽກນີ້ເງິນເດືອນເປັນແນວໃດ?

dài yù wéi měi yuè gōng zī yuán yǒu wǔ xiǎn yī jīn
14. 待遇为每月工资5000元，有“五险一金”。
ເງິນເດືອນແມ່ນ 5000 ຢວນ, ມີ “ຄ່າປະກັນໄພ 5 ປະເພດແລະເງິນຊື້ເຮືອນ 1 ປະເພດ”.

dài yù yōu hòu dài yù miàn tán
15. 待遇优厚/待遇面谈。
ເງິນເດືອນແລະສະຫວັດດີການດີ/ເງິນເດືອນແລະສະຫວັດດີການລົມກັນເຊິ່ງໜ້າໄດ້.

tā hěn shì hé zuò zhè ge gōng zuò
16. 她很适合做这个工作。
ລາວເໝາະສົມກັບວຽກນີ້ຫຼາຍ.

wǒ xià zhōu yào qù miàn shì
17. 我下周要去面试。
ຂ້ອຍຈະໄປສຳພາດໃນອາທິດໜ້າ.

qǐng jiè shào yī xià nǐ zì jǐ
18. 请介绍一下你自己。
ກະລຸນາແນະນຳຕົວເອງ.

注释 ໝາຍເຫດ

1. ຄຳວ່າ "你想找什么样的工作? ເຈົ້າຢາກຊອກຫາວຽກແບບໃດ?" ໝາຍເຖິງພິຈາລະນາເງິນເດືອນ, ປະເພດວຽກງານ, ຄວາມຍາກຂອງວຽກ, ການໄປວຽກ ແລະອື່ນໆ. ເຊັ່ນ: "我想找一份专业对口的工作。ຂ້ອຍຢາກຊອກວຽກທີ່ຖືກກັບວິຊາສະເພາະຂອງຂ້ອຍ."

2. ຄຳວ່າ "朝九晚五 ຕອນເຊົ້າ 9 ໂມງຮອດຕອນບ່າຍ 5 ໂມງ" ໝາຍເຖິງໄປເຮັດວຽກໃນຕອນເຊົ້າເວລາ 9 ໂມງ, ເລີກວຽກໃນຕອນແລງ 5 ໂມງ (17:00ໂມງ), ມາດຕະຖານຂອງເວລາເຮັດວຽກແມ່ນ 8 ຊົ່ວໂມງ. "双休 ພັກຜ່ອນສອງມື້" ໝາຍຄວາມວ່າສາມາດພັກຜ່ອນໃນວັນເສົາແລະວັນອາທິດ.

3. ຄຳສັບທີ່ມັກໃຊ້ທົ່ວໄປໃນການຊອກຫາວຽກເຮັດງານທຳມີ "入职 ເຂົ້າເຮັດວຽກ/ເລີ່ມເຮັດວຽກ" "辞职 ລາອອກຈາກຕຳແໜ່ງ" "离职 ອອກຈາກຕຳແໜ່ງ" "试用期 ໄລຍະເວລາການຝຶກງານ" "转正 ເປັນພະນັກງານສົມບູນ" "就业 ປະກອບອາຊີບ" "失业

ຫວ່າງງານ" "再就业 ປະກອບອາຊີບອີກຄັ້ງໜຶ່ງ" ແລະອື່ນໆ.

4. ຄຳວ່າ "这个岗位有什么要求? ຕຳແໜ່ງງານນີ້ຕ້ອງມີເງື່ອນໄຂຫຍັງ?" ໝາຍເຖິງເງື່ອນໄຂລະດັບການສຶກສາ, ວິຊາສະເພາະ, ອາຍຸແລະປະສົບການໃນການເຮັດວຽກ. ເຊັ່ນ: "要求大专及以上学历，40岁以下，会说汉语和老挝语，有驾照者优先。ລະດັບການສຶກສາວິທະຍາໄລຂຶ້ນໄປ, ມີອາຍຸຕ່ຳກວ່າ 40 ປີ, ສາມາດເວົ້າພາສາຈີນແລະພາສາລາວ, ຜູ້ທີ່ມີໃບຂັບຂີ່ຈະພິຈາລະນາກ່ອນ."

5. ຄຳວ່າ "这个工作待遇怎么样? ວຽກນີ້ເງິນເດືອນແລະສະຫວັດດີການເປັນແນວໃດ?" ເງິນເດືອນໝາຍເຖິງເງິນເດືອນຂັ້ນພື້ນຖານ, ເງິນລາງວັນ, ສະຫວັດດີການແລະອື່ນໆ. ເຊັ່ນ: "每月基本工资3000元，有销售提成和年终奖。ເງິນເດືອນຂັ້ນພື້ນຖານແມ່ນ 3000 ຢວນ, ມີເງິນເປີເຊັນໃນການຂາຍແລະເງິນລາງວັນທ້າຍປີ/ເງິນໂບນັດ."

6. ຄຳວ່າ "五险一金 ຄ່າປະກັນໄພ 5 ປະເພດແລະເງິນຊື້ເຮືອນ 1 ປະເພດ" ໝາຍເຖິງການປະກັນໄພລ້ຽງຊີບໄວຊະລາຂັ້ນພື້ນຖານຂອງພະນັກງານ, ປະກັນໄພປິ່ນປົວຂັ້ນພື້ນຖານຂອງພະນັກງານ, ປະກັນໄພບາດເຈັບໃນເວລາເຮັດວຽກ, ປະກັນໄພຫວ່າງງານແລະປະກັນໄພເກີດລູກແລະເງິນຊື້ເຮືອນ.

二、会话训练 ເຝິກການສົນທະນາ

情景会话 1 ການສົນທະນາທີ 1

（甲：乙的朋友；乙：准备毕业的大学生）
（ກ: ໝູ່ເພື່ອນຂອງ ຂ; ຂ: ນັກສຶກສາມະຫາວິທະຍາໄລທີ່ກຽມຈະຮຽນຈົບ）

jiǎ hēi zuì jìn zài máng shén me ne
甲：嗨，最近在忙什么呢？
ກ: ສະບາຍດີ, ໄລຍະນີ້ຫຍຸ້ງຫຍັງຢູ່?

yǐ wǒ zhǔn bèi bì yè le zhèng máng zhe zhǎo gōng zuò ne
乙：我准备毕业了，正忙着找工作呢。
ຂ: ຂ້ອຍກຽມຈະຮຽນຈົບແລ້ວ, ກຳລັງຫຍຸ້ງກັບການຊອກວຽກຢູ່.

jiǎ nǐ xiǎng zhǎo shén me yàng de gōng zuò ne
甲：你想找什么样的工作呢？
ກ: ເຈົ້າຢາກຊອກວຽກແບບໃດ?

yǐ wǒ shì xué yīng yǔ de xiǎng zhǎo fān yì huò wài mào fāng miàn de gōng zuò
乙：我是学英语的，想找翻译或外贸方面的工作。
ຂ: ຂ້ອຍຮຽນພາສາອັງກິດ, ຢາກຊອກວຽກແປພາສາຫລືການຄ້າຕ່າງປະເທດ.

jiǎ nǐ xī wàng gōng zuò shí jiān xiāng duì gù dìng ma
甲：你希望工作时间相对固定吗？
ກ: ເຈົ້າຢາກເຮັດວຽກເຕັມເວລາບໍ?

yǐ shì de wǒ xǐ huan zhèng cháng de zuò xī shí jiān zhōu mò kě yǐ xiū xi
乙：是的。我喜欢正常的作息时间，周末可以休息。

ຂ: ແມ່ນແລ້ວ. ຂ້ອຍມັກວຽກທີ່ມີເວລາພັກຜ່ອນເປັນປົກກະຕິ, ທ້າຍອາທິດໄດ້ພັກຜ່ອນ.

jiǎ nǐ kě yǐ zài wǎng shàng tóu jiǎn lì shì yī xià
甲：你可以在网上投简历试一下。

ກ: ເຈົ້າລອງສົ່ງຊີວະປະຫວັດຫຍໍ້ຂອງເຈົ້າຜ່ານທາງອິນເຕີເນັດໄດ້.

yǐ ǹg wǒ yǐ jīng zài zhì lián zhāo pìn shang gěi hǎo jǐ jiā gōng sī tóu le jiǎn lì zhèng zài děng xiāo xi
乙：嗯，我已经在“智联招聘”上给好几家公司投了简历，正在等消息。

ຂ: ເຈົ້າ, ຂ້ອຍໄດ້ສົ່ງຊີວະປະຫວັດຫຍໍ້ໃຫ້ຫຼາຍບໍລິສັດຜ່ານ “ເວັບໄຊຮັບສະໝັກງານແບບສະມາດ” (ຊື່ຂອງບໍລິສັດແຫ່ງໜຶ່ງ, ຊື່ວ່າ-ຈື້ຫຼຽນເຈົ່າພິ້ນ) ແລ້ວ, ຂ້ອຍກຳລັງຖ້າຟັງຂ່າວຢູ່.

jiǎ duì le hòu tiān yǒu yī chǎng dà xíng rén cái zhāo pìn huì nǐ bù fáng qù kàn kan
甲：对了，后天有一场大型人才招聘会，你不妨去看看。

ກ: ແມ່ນແລ້ວ, ມື້ຮືຈະມີງານນັດພົບແຮງງານຂະໜາດໃຫຍ່, ເຈົ້າລອງໄປເບິ່ງກະໄດ້.

yǐ qǐng wèn shì zài nǎ lǐ jǔ bàn ne
乙：请问是在哪里举办呢？

ຂ: ຂໍຖາມແດ່ຈັດຂຶ້ນຢູ່ໃສ?

jiǎ zài shì rén cái shì chǎng
甲：在市人才市场。

ກ: ຢູ່ຕະຫລາດແຮງງານເມືອງ.

yǐ nǐ zhī dào yào dài xiē shén me cái liào ma
乙：你知道要带些什么材料吗？
ຂ: ເຈົ້າຮູ້ບໍ່ວ່າຈະຕ້ອງເອົາເອກະສານຫຍັງໄປນຳແດ່?

jiǎ jiǎn lì shēn fèn zhèng bì yè zhèng xué wèi zhèng jí gè zhǒng zī gé zhèng shū děng qiú zhí cái liào
甲：简历、身份证、毕业证、学位证及各种资格证书等求职材料。

ກ: ເອກະສານຕ່າງໆເຊັ່ນ: ຊີວະປະຫວັດຫຍໍ້, ບັດປະຈຳຕົວ, ໃບປະກາດສະນີຍະບັດ, ໃບປະລິນຍາແລະໃບຢັ້ງຢືນຄຸນວຸດທິປະເພດຕ່າງໆແລະອື່ນໆ.

yǐ hǎo de xiè xie nǐ
乙：好的。谢谢你！
ຂ: ເຈົ້າ. ຂອບໃຈ!

jiǎ bù kè qi zhù nǐ hǎo yùn
甲：不客气。祝你好运！
ກ: ບໍ່ເປັນຫຍັງ. ໂຊກດີເດີ!

注释 ໝາຍເຫດ

1. ຄຳວ່າ "准备 ກະກຽມ/ກຽມ", ເຊັ່ນ: "准备高考 ກະກຽມສອບເສັງເຂົ້າມະຫາວິທະຍາໄລ" "我随时准备应战。ຂ້ອຍກຽມຮັບມືໃນທຸກເວລາ."

2. ການຮັບສະໝັກງານທາງອອນໄລແລະຊອກຫາວຽກເຮັດງານທຳໃນປະເທດຈີນພັດທະນາຫຼາຍ. ເວັບໄຊຮັບສະໝັກງານທາງອອນໄລ

ທີ່ມີຊື່ສຽງຂອງຈີນມີ "ຈື້ຫຼຽນເຈົ່າພິ້ນ" "58 ຖົງເຈິງ" ແລະອື່ນໆ. ໜ່ວຍງານຮັບສະໝັກງານສາມາດປະກາດຂໍ້ມູນຮັບສະໝັກງານໃນເວັບໄຊ, ກວດເບິ່ງປະຫວັດຫຍໍ້ຂອງຜູ້ສະໝັກງານແລະອື່ນໆ. ຜູ້ສະໝັກງານສາມາດຂຽນຂໍ້ມູນແລະສົ່ງຊີວະປະຫວັດຫຍໍ້ໃຫ້ໜ່ວຍງານໃນເວັບໄຊດັ່ງກ່າວ.

3. ຄຳວ່າ "不妨 ລອງເບິ່ງ" ສະແດງວ່າສາມາດເຮັດແບບນີ້ໄດ້. ຕົວຢ່າງ: "我们不妨听听父母的意见。ພວກເຮົາລອງຟັງຄວາມຄິດເຫັນຂອງພໍ່ແມ່ເບິ່ງດູ." "你有什么不满意的，不妨当面提出来。ເຈົ້າມີຫຍັງບໍ່ພໍໃຈ, ລອງສະເໜີຕໍ່ໜ້າເບິ່ງ."

4. ຄຳວ່າ "在……举办 ຈັດຂຶ້ນຢູ່…", ເຊັ່ນ: "在北京举办春节联欢晚会。ງານລາຕີບຸນກຸດຈີນຈັດຂຶ້ນຢູ່ປັກກິ່ງ."

情景会话 2 ການສົນທະນາທີ 2

（甲：乙的朋友；乙：失业的人）
（ກ: ໝູ່ເພື່ອນຂອງ ຂ; ຂ: ຜູ້ຫວ່າງງານ）

jiǎ nǐ kàn qǐ lái chóu méi kǔ liǎn de fā shēng le shén me shì ma
甲：你看起来愁眉苦脸的，发生了什么事吗？
ກ: ເຈົ້າຄືໜ້າເສົ້າ, ເກີດຫຍັງຂຶ້ນບໍ?

yǐ wǒ qián liǎng tiān bèi chǎo yóu yú jiě gù le
乙：我前两天被炒鱿鱼（解雇）了。
ຂ: ຂ້ອຍຖືກໄລ່ອອກ (ເຊົາຈ້າງ) ໃນສອງມື້ກ່ອນນີ້.

jiǎ ǎ wèi shén me ya
甲：啊？为什么呀？

ກ: ອ້າວ? ຍ້ອນຫຍັງ?

yǐ xiàn zài jīng jì bù jǐng qì hěn duō qǐ yè dōu zài cái yuán wǒ zhī qián
乙：现在经济不景气，很多企业都在裁员。我之前
de lǎo bǎn shuō bù zài xū yào zhuān zhí de sī jī le
的老板说不再需要专职的司机了。

ຂ: ເສດຖະກິດບໍ່ດີໃນປະຈຸບັນ, ມີຫຼາຍວິສາຫະກິດກຳລັງຄັດພະນັກງານອອກ. ນາຍຈ້າງຄົນເກົ່າຂອງຂ້ອຍເວົ້າວ່າບໍ່ຕ້ອງການຄົນຂັບລົດແລ້ວ.

jiǎ hěn yí hàn tīng dào zhè ge xiāo xi nà nǐ yǒu shén me dǎ suàn
甲：很遗憾听到这个消息。那你有什么打算？
ກ: ເສຍໃຈທີ່ໄດ້ຍິນຂ່າວນີ້. ຊັ້ນເຈົ້າມີແຜນການຫຍັງ?

yǐ wǒ dǎ suàn chóng xīn zhǎo gōng zuò kě wǒ xué lì bù gāo suí zhe nián
乙：我打算重新找工作。可我学历不高，随着年
líng de zēng zhǎng yào zhǎo dào yī fèn wěn dìng de gōng zuò sì hū yuè
龄的增长，要找到一份稳定的工作似乎越
lái yuè nán le
来越难了。

ຂ: ຂ້ອຍມີແຜນທີ່ຈະຊອກຫາວຽກໃໝ່. ແຕ່ວ່າວຸດທິການສຶກສາຂອງຂ້ອຍບໍ່ສູງ, ເມື່ອອາຍຸສູງຂຶ້ນ, ຊອກຫາວຽກງານທີ່ໝັ້ນຄົງນັບມື້ນັບຍາກຂຶ້ນ.

jiǎ fàng xīn tiān wú jué rén zhī lù duì le nǐ de jià shǐ jīng yàn hěn fēng
甲：放心，天无绝人之路。对了，你的驾驶经验很丰
fù bù shì ma wǒ biǎo gē de bān jiā gōng sī zhèng zài zhāo pìn zhuān
富，不是吗？我表哥的搬家公司正在招聘专
zhí huò chē sī jī nǐ gǎn xìng qù ma
职货车司机，你感兴趣吗？

ກ: ໃຈເຢັນໆ, ທຸກບັນຫາມີທາງອອກ, ແມ່ນແລ້ວ, ເຈົ້າມີປະສົບການ

ໃນການຂັບຂີ່ຫຼາຍ, ບໍ່ແມ່ນບໍ? ບໍລິສັດຍ້າຍເຮືອນຂອງອ້າຍຂ້ອຍກຳລັງຮັບສະໝັກຄົນຂັບລົດຂົນສົ່ງສິນຄ້າ. ເຈົ້າສົນໃຈບໍ?

yǐ zhè ge gǎng wèi yǒu shén me yāo qiú ne
乙：这个岗位有什么要求呢？
ຂ: ຕຳແໜ່ງງານນີ້ຕ້ອງມີເງື່ອນໄຂຫຍັງແດ່?

jiǎ yāo qiú yǒu sān nián yǐ shàng jià shǐ jīng yàn
甲：要求有三年以上驾驶经验。
ກ: ຕ້ອງມີປະສົບການຂັບຂີ່ສາມປີຂຶ້ນໄປ.

yǐ nǐ zhī dào dài yù zěn me yàng ma
乙：你知道待遇怎么样吗？
ຂ: ເຈົ້າຮູ້ເງິນເດືອນແລະສະຫວັດດີການເປັນແນວໃດບໍ?

jiǎ měi yuè gōng zī yuán yǒu wǔ xiǎn yī jīn hé nián zhōng jiǎng
甲：每月工资4000~5000元，有“五险一金”和年终奖。
ກ: ເງິນເດືອນແມ່ນ 4000~5000 ຢວນ, ໂດຍມີ “ຄ່າປະກັນໄພ 5 ປະເພດແລະເງິນຊື້ເຮືອນ 1 ປະເພດ” ແລະເງິນລາງວັນທ້າຍປີ/ເງິນໂບນັດ.

yǐ tīng qǐ lái hěn shì hé wǒ wǒ tǐng gǎn xìng qù de qǐng wèn yào zěn me bào míng yìng pìn ne
乙：听起来很适合我。我挺感兴趣的。请问要怎么报名应聘呢？
ຂ: ຟັງແລ້ວເໝາະສົມກັບຂ້ອຍໄດ. ຂ້ອຍສົນໃຈຫຼາຍ. ຂໍຖາມແດ່ຈະສະໝັກງານແນວໃດ?

jiǎ zhè shì nà ge bān jiā gōng sī de lián xì fāng shì nǐ kě yǐ zhí jiē dǎ
甲：这是那个搬家公司的联系方式，你可以直接打

diàn huà zī xún yī xià
电话咨询一下。

ກ: ນີ້ແມ່ນວິທີຕິດຕໍ່ຂອງບໍລິສັດຍ້າຍ (ເຄື່ອງໃຊ້ໃນ) ເຮືອນແຫ່ງນັ້ນ, ເຈົ້າສາມາດໂທສອບຖາມໄດ້ໂດຍກົງ.

yǐ hǎo de tài gǎn xiè nǐ la
乙：好的，太感谢你啦！

ຂ: ເຈົ້າ, ຂອບໃຈຫຼາຍໆ!

jiǎ bù kè qi
甲：不客气。

ກ: ບໍ່ເປັນຫຍັງ.

注释 ໝາຍເຫດ

1. ຄຳວ່າ "炒鱿鱼 ໄລ່ອອກ" ແມ່ນພາສາເວົ້າ "ໝາຍເຖິງເຊົາຈ້າງ".

2. ຄຳວ່າ "很遗憾 ເສຍດາຍທີ່", ເຊັ່ນ: "很遗憾没能参加你的婚礼。ຂ້ອຍເສຍດາຍທີ່ບໍ່ໄດ້ໄປຮ່ວມງານແຕ່ງດອງຂອງເຈົ້າ."

3. ຄຳວ່າ "随着…… ຕາມ...", ເຊັ່ນ: "她随着音乐节奏跳起舞来了。ນາງເຕັ້ນຕາມຈັງຫວະຂອງດົນຕີ."

4. ຄຳວ່າ "越来越 ນັບມື້ນັບ" ສະແດງເຖິງລະດັບເລີກເຊິ່ງຂຶ້ນໄປຕາມເວລາ. ຕົວຢ່າງ: "天气越来越热了。ອາກາດນັບມື້ນັບຮ້ອນຂຶ້ນ." "现在的人越来越喜欢在网上购物。ປະຈຸບັນປະຊາຊົນມັກຊື້ເຄື່ອງຜ່ານທາງອອນໄລນັບມື້ນັບຫຼາຍຂຶ້ນ."

5. ຄຳວ່າ "天无绝人之路 ທຸກບັນຫາມີທາງອອກ" ປຽບທຽບເຖິງແມ່ນວ່າຄົນກຳລັງຕົກຢູ່ໃນສະພາບທີ່ໝົດຫວັງ, ແຕ່ໃນທີ່ສຸດເຂົາເຈົ້າ

ກໍສາມາດຫາທາງອອກໄດ້.

6. ຄໍາວ່າ "不是吗? ບໍ່ແມ່ນບໍ?" ແມ່ນໃຊ້ໃນຕອນທ້າຍຂອງປະໂຫຍກເພື່ອເນັ້ນໜັກສຽງ. ຕົວຢ່າງ: "她长得很漂亮，不是吗? ລາວເປັນຄົນງາມ, ບໍ່ແມ່ນບໍ?" "他根本不爱她，不是吗? ລາວບໍ່ໄດ້ຮັກລາວແທ້, ບໍ່ແມ່ນບໍ?"

7. ຄໍາວ່າ "听起来…… ຟັງແລ້ວ...", ເຊັ່ນ: "她的话听起来很舒服。ຄໍາ ເວົ້າຂອງລາວຟັງແລ້ວສະບາຍໃຈ."

情景会话 3 ການສົນທະນາທີ 3

（面试。甲：应聘者；乙：面试官）
（ການສໍາພາດ. ກ: ຜູ້ຖືກສໍາພາດ; ຂ: ຜູ້ສໍາພາດ）

jiǎ nín hǎo wǒ shì lái miàn shì de
甲：您好！我是来面试的。
ກ: ສະບາຍດີ! ຂ້ອຍມາສໍາພາດວຽກ.

yǐ nǐ hǎo qǐng zuò ba
乙：你好！ 请坐吧。
ຂ: ສະບາຍດີ! ເຊີນນັ່ງ.

jiǎ xiè xie
甲：谢谢。
ກ: ຂອບໃຈ.

yǐ qǐng jiǎn dān jiè shào yī xià nǐ zì jǐ
乙：请简单介绍一下你自己。
ຂ: ກະລຸນາແນະນໍາຕົວເອງໂດຍຫຍໍ້.

jiǎ wǒ jiào zhāng wěi jīn nián suì jīng tōng yīng yǔ tài yǔ lǎo wō
甲：我叫张伟，今年28岁，精通英语、泰语、老挝
yǔ yǒu nián wài mào gōng zuò jīng yàn wǒ xiǎng yìng pìn guì gōng sī
语，有5年外贸工作经验。我想应聘贵公司
guó jì yíng xiāo zhǔ guǎn zhè yī zhí wèi
国际营销主管这一职位。

ກ: ຂ້ອຍຊື່ວ່າຈ່າງເຫວີຍ, ປີນີ້ອາຍຸ 28 ປີ, ຂ້ອຍຮູ້ພາສາອັງກິດ, ພາສາໄທແລະພາສາລາວ, ມີປະສົບການດ້ານການຄ້າຕ່າງປະເທດມາເປັນເວລາ 5 ປີ. ຂ້ອຍຢາກສະໝັກໃນຕໍາແໜ່ງຜູ້ຮັບຜິດຊອບການຕະຫຼາດສາກົນຂອງບໍລິສັດທ່ານ.

yǐ wǒ kàn le nǐ de jiǎn lì nǐ de shàng yī jiā dān wèi shì zhī míng de dà
乙：我看了你的简历，你的上一家单位是知名的大
gōng sī nǐ wèi shén me xiǎng tiào cáo huàn gōng zuò ne
公司，你为什么想跳槽（换工作）呢？

ຂ: ຂ້ອຍອ່ານຊີວະປະຫວັດຫຍໍ້ຂອງເຈົ້າແລ້ວ, ບໍລິສັດເກົ່າທີ່ເຈົ້າເຄີຍເຮັດວຽກແມ່ນບໍລິສັດໃຫຍ່ທີ່ມີຊື່ສຽງ, ຍ້ອນຫຍັງຈຶ່ງຢາກປ່ຽນອາຊີບ (ປ່ຽນວຽກ)?

jiǎ shàng yī jiā gōng sī de dài yù hái kě yǐ bù guò wǒ xiǎng xún qiú gèng
甲：上一家公司的待遇还可以，不过我想寻求更
guǎng kuò de zhí yè fā zhǎn kōng jiān
广阔的职业发展空间。

ກ: ເງິນເດືອນແລະສະຫວັດດີການຂອງບໍລິສັດເກົ່າກໍດີຢູ່, ແຕ່ຂ້ອຍຢາກຊອກຫາຊ່ອງທາງການພັດທະນາຂອງອາຊີບໃຫ້ກວ້າງຂວາງກວ່າເກົ່າ.

yǐ nà me nǐ duì wǒ men gōng sī yǒu shén me liǎo jiě ma shì shén me
乙：那么，你对我们公司有什么了解吗？是什么

yuán yīn cù shǐ nǐ lái wǒ men zhè lǐ yìng pìn de
原因促使你来我们这里应聘的？

ຂ: ຄັນຊັ້ນ, ເຈົ້າເຂົ້າໃຈກ່ຽວກັບບໍລິສັດຂອງພວກເຮົາບໍ? ຍ້ອນສາເຫດຫຍັງເຮັດໃຫ້ເຈົ້າມາສະໝັກວຽກຢູ່ບໍລິສັດຂອງພວກເຮົາ?

jiǎ guì gōng sī bù jiǔ qián chéng gōng shàng shì hěn yǒu fā zhǎn qián
甲：贵公司不久前成功上市，很有发展前
jǐng gèng zhòng yào de shì guì gōng sī de qǐ yè wén huà xī yǐn le
景。更重要的是，贵公司的企业文化吸引了
wǒ wǒ xiāng xìn zài zhè lǐ wǒ kě yǐ dé dào gèng hǎo de fā zhǎn
我。我相信在这里我可以得到更好的发展。

ກ: ບໍລິສັດຂອງທ່ານໄດ້ຈົດທະບຽນໃນຕະຫຼາດຫຼັກຊັບຢ່າງສຳເລັດຜົນເມື່ອບໍ່ດົນມານີ້, ມີອະນາຄົດການພັດການທະນາທີ່ດີ. ສິ່ງທີ່ສຳຄັນກວ່ານັ້ນແມ່ນ, ວັດທະນະທຳຂອງບໍລິສັດທ່ານໄດ້ດຶງດູດຂ້ອຍ. ຂ້ອຍເຊື່ອວ່າຂ້ອຍຢູ່ນີ້ຈະໄດ້ຮັບການພັດທະນາທີ່ດີກວ່າ.

yǐ hěn hǎo nà nǐ néng jiē shòu měi yuè zhì shǎo liǎng cì de cháng tú chū
乙：很好。那你能接受每月至少两次的长途出
chāi ma
差吗？

ຂ: ດີຫຼາຍ. ຊັ້ນເຈົ້າຍອມອອກເຮັດວຽກທາງໄກຢ່າງໜ້ອຍສອງເທື່ອຕໍ່ເດືອນໄດ້ບໍ?

jiǎ méi wèn tí wǒ yǐ qián yě jīng cháng chū chāi
甲：没问题，我以前也经常出差。

ກ: ບໍ່ມີບັນຫາດອກ. ແຕ່ກ່ອນຂ້ອຍກໍອອກໄປເຮັດວຽກທາງໄກເລື້ອຍໆ.

yǐ hǎo de xiè xie nǐ de huí dá qǐng děng hòu wǒ men de tōng zhī
乙：好的，谢谢你的回答。请等候我们的通知。

ຂ: ດີ, ຂອບໃຈຄຳຕອບຂອງເຈົ້າ. ກະລຸນາລໍຖ້າຟັງຂ່າວຈາກພວກເຮົາ.

jiǎ　xiè xie nín　zài jiàn
甲：谢 谢 您！再 见！

ກ: ຂອບໃຈ! ລາກ່ອນ!

注释 ໝາຍເຫດ

1. ຄຳວ່າ "精通 ຊຳນານ" ໝາຍ ຄວາມວ່າມີຄວາມຮັບຮູ້ຢ່າງເລິກເຊິ່ງທັງຊຳນານໃນດ້ານຄວາມຮູ້, ເຕັກນິກຫຼືວິຊາການ. ຕົວຢ່າງ: "他精通计算机技术。ລາວມີຄວາມຊຳນານໃນດ້ານເຕັກນິກເຄື່ອງຄອມພິວເຕີ." "琴棋书画，样样精通。ຊຳນານໃນດ້ານດົນຕີ, ໝາກຮຸກຈີນ, ສິລະປະການຂຽນ ໂຕໜັງສືແລະແຕ້ມຮູບ."

2. ຄຳວ່າ "不过 ແຕ່ວ່າ" ສະແດງເຖິງຈຸດປ່ຽນແປງ. ຕົວຢ່າງ: "这家餐厅的菜不便宜，不过确实好吃。ອາຫານຮ້ານນີ້ລາຄາບໍ່ຖືກ, ແຕ່ມັນແຊບອີ່ຫຼີ." "这个小孩很聪明，不过有点调皮。ເດັກນ້ອຍຄົນນີ້ສະຫຼາດຫຼາຍ, ແຕ່ຂີ້ດື້ໜ້ອຍໜຶ່ງ."

3. ຄຳວ່າ "跳槽 ປ່ຽນວຽກ/ປ່ຽນອາຊີບ" ແມ່ນພາສາຕະຫຼາດ, ປຽບທຽບການປ່ຽນວຽກງານແລະສຳນັກງານ. ຕົວຢ່າງ: "他跳槽到了一家新公司。ລາວປ່ຽນວຽກໄປບໍລິສັດໃໝ່ແລ້ວ."

三、单词与短语 ຄຳສັບແລະວະລີ

zhǎo
找 ຊອກຫາ

dài yù
待 遇 ເງິນເດືອນແລະສະຫວັດດີການ

fān yì
翻 译 ແປ

jiān zhí
兼 职 ອາຊີບເສີມ

gù dìng
固 定 ເປັນປະຈຳ; ຕົ້ນເວລາ

zhāo jiǔ wǎn wǔ
朝 九 晚 五（ເຮັດວຽກ）ແຕ່ຕອນເຊົ້າ 9 ໂມງຮອດຕອນແລງ 5 ໂມງ

zhōu mò
周 末 ທ້າຍອາທິດ

shuāng xiū
双 休 ພັກໃນວັນເສົາວັນອາທິດ

chūn jì
春 季 ລະດູໃບໄມ້ປົ່ງ; ລະດູບານໃໝ່

zhāo pìn
招 聘 ຮັບສະໝັກງານ

zhāo pìn huì
招 聘 会 ງານນັດພົບແຮງງານ

qiū jì
秋 季 ລະດູໃບໄມ້ຫຼົ່ນ

rén cái jiāo liú huì
人 才 交 流 会 ງານແລກປ່ຽນແຮງງານ

wǎng zhàn
网 站 ເວັບໄຊ

bào míng
报 名 ສະໝັກງານ

tí jiāo
提 交 ສະເໜີ

jiǎn lì
简 历 ຊີວະປະຫວັດຫຍໍ້

miàn shì
面 试 ສຳພາດ

dài
带 ຖືເອົາ

cái liào
材 料 ເອກະສານ; ວັດຖຸປະກອບ

dì jiāo
递 交 ຍື່ນ; ສົ່ງ; ສະເໜີ

qiú zhí
求 职 ສະໝັກງານ; ຊອກວຽກເຮັດງານທຳ

shēn fèn zhèng
身 份 证 ບັດປະຈຳຕົວ

bì yè zhèng
毕 业 证 ໃບປະກາດສະນີຍະບັດ

xué wèi zhèng
学 位 证 ໃບປະລິນຍາ

yuán jiàn
原 件 ເອກກະສານຕົ້ນສະບັບ

fù yìn jiàn
复 印 件 ເອກະສານສະບັບກັອບປີ້

shàng gè yuè
上 个 月 ເດືອນແລ້ວນີ້

rù zhí
入 职 ເລີ່ມເຮັດວຽກ; ເຂົ້າເຮັດວຽກ

cí zhí
辞 职 ລາອອກ

lí zhí
离 职 ອອກຈາກຕຳແໜ່ງ

gǎng wèi
岗 位 ຕຳແໜ່ງງານ

gǎn xìng qù
感 兴 趣 ສົນໃຈ

yāo qiú
要 求 ຕ້ອງການ

zhōng wén
中 文 ພາສາຈີນ

lǎo wō yǔ
老 挝 语 ພາສາລາວ

zhuān yè
专 业 ວິຊາສະເພາະ

shuò shì yán jiū shēng
硕 士 研 究 生 ນັກສຶກສາລະດັບປະລິນຍາໂທ

jīng yàn
经 验 ບົດຮຽນ

yōu xiān
优 先 ບຸລິມະສິດ; ກ່ອນ

gōng zī
工 资 ເງິນເດືອນ

wǔ xiǎn yī jīn
五 险 一 金 ຄ່າປະກັນໄພ 5 ປະເພດແລະເງິນຊື້ເຮືອນ 1 ປະເພດ

yōu hòu
优 厚 ດີ

miàn tán
面 谈 ລົມກັນເຊິ່ງໜ້າ

shì hé
适 合 ເໝາະສົມ

xià zhōu
下 周 ອາທິດໜ້າ

zì jǐ
自 己 ຕົນເອງ

hēi
嗨 ສະບາຍດີ

zuì jìn
最 近 ໄລຍະນີ້

zhǔn bèi
准 备 ກະກຽມ; ກຽມ

bì yè
毕 业 ຮຽນຈົບ

yīng yǔ
英 语 ພາສາອັງກິດ

wài mào
外 贸 ການຄ້າຕ່າງປະເທດ

fāng miàn
方 面 ທາງດ້ານ; ດ້ານ

xī wàng
希 望 ປາຖະໜາ; ຫວັງວ່າ; ຄວາມຫວັງ

xiāng duì
相 对 ກົງກັນຂ້າມ

xǐ huan
喜 欢 ມັກ

zhèng cháng
正 常 ປົກກະຕິ

zuò xī
作 息 ເຮັດວຽກແລະພັກຜ່ອນ

xiū xi
休 息 ພັກຜ່ອນ

tóu jiǎn lì
投 简 历 ຍື່ນຊີວະປະຫວັດຫຍໍ້

shì yī xià
试 一 下 ລອງເບິ່ງ

ǹg
嗯 ເຈົ້າ

yǐ jīng
已 经 ໄດ້ແລ້ວ; ແລ້ວ

zhì lián zhāo pìn
智 联 招 聘 ການຮັບສະໝັກແບບສະມາດ

děng xiāo xi
等 消 息 ລໍຖ້າຂ່າວ

duì le
对 了 ຖືກຕ້ອງ; ແມ່ນແລ້ວ

hòu tiān
后 天 ມື້ຮື

yī chǎng
一 场 ຮອບໜຶ່ງ

dà xíng
大 型 ຂະໜາດໃຫຍ່

rén cái zhāo pìn huì
人 才 招 聘 会 ງານນັດພົບແຮງງານ

bù fáng
不 妨 ລອງເບິ່ງ

qù kàn kan
去 看 看 ໄປເບິ່ງ

jǔ bàn
举 办 ຈັດ

shì
市 ນະຄອນ

rén cái shì chǎng
人 才 市 场 ຕະຫຼາດແຮງງານ

zhī dào
知 道 ຮັບຮູ້; ຮູ້

gè zhǒng
各 种 ຫຼາກຫຼາຍ

zī gé zhèng shū
资 格 证 书 ໃບຢັ້ງຢືນຄຸນວຸດທິ

hǎo yùn
好 运 ໂຊກດີ

shī yè
失 业 ຫວ່າງງານ

kàn qǐ lái
看 起 来 ເບິ່ງແລ້ວ; ເບິ່ງຄື

chóu méi kǔ liǎn
愁 眉 苦 脸 ໜ້າເສົ້າ

fā shēng
发 生 ເກີດຂຶ້ນ

qián liǎng tiān
前 两 天 ສອງມື້ກ່ອນ

chǎo yóu yú
炒 鱿 鱼 ໄລ່ອອກ

jīng jì
经 济 ເສດຖະກິດ

bù jǐng qì
不 景 气 ຊຸດໂຊມ; ບໍ່ດີ

qǐ yè
企 业 ວິສາຫະກິດ

cái yuán
裁 员 ຄັດພະນັກງານອອກ

zhī qián
之 前 ແຕ່ກີ້ແຕ່ກ່ອນ; ເມື່ອກ່ອນ

lǎo bǎn
老 板 ເຖົ້າແກ່; ນາຍຈ້າງ

bù zài
不 再 ບໍ່ອີກ

zhuān zhí
专 职 ອາຊີບທີ່ເຮັດວຽກເຕັມເວລາ

sī jī
司 机 ຄົນຂັບລົດ

yí hàn
遗 憾 ເສຍດາຍ

tīng dào
听 到 ໄດ້ຍິນວ່າ

xiāo xi
消 息 ຂໍ້ມູນ

chóng xīn
重 新 ຄືນໃໝ່

xué lì
学 历 ລະດັບການສຶກສາ; ວຸດທິການສຶກສາ

suí zhe
随 着 ອີງຕາມ

nián líng
年 龄 ອາຍຸ

zēng zhǎng
增 长 ເພີ່ມຂຶ້ນ

wěn dìng
稳 定 ໝັ້ນຄົງ

yuè lái yuè nán
越 来 越 难 ນັບມື້ນັບຍາກຂຶ້ນ

fàng xīn
放 心 ວາງໃຈ; ໃຈເຢັນ

tiān wú jué rén zhī lù
天 无 绝 人 之 路 ທຸກບັນຫາມີທາງອອກ

jià shǐ
驾 驶 ຂັບ

jīng yàn
经 验 ບົດຣຽນ

fēng fù
丰 富 ອຸດົມສົມບູນ

biǎo gē
表 哥 ອ້າຍ

bān jiā
搬 家 ຍ້າຍເຮືອນ

zhèng zài
正 在 ກຳລັງ

huò chē
货 车 ລົດຂົນສົ່ງສິນຄ້າ

gǎn xìng qù
感 兴 趣 ສົນໃຈ

yǐ shàng
以 上 ຂຶ້ນໄປ

měi yuè
每 月 ແຕ່ລະເດືອນ

nián zhōng jiǎng
年 终 奖 ເງິນລາງວັນທ້າຍປີ; ເງິນໂບນັດ

tīng qǐ lái
听 起 来 ຟັງແລ້ວ

shì hé
适 合 ເໝາະສົມ

bào míng
报 名 ສະໝັກ

yìng pìn
应 聘 ສະໝັກງານ

lián xì fāng shì
联 系 方 式 ວິທີຕິດຕໍ່

zhí jiē
直 接 ໂດຍກົງ

dǎ diàn huà
打 电 话 ໂທຫາ

zī xún
咨 询 ສອບຖາມ

yìng pìn zhě
应 聘 者 ຜູ້ສະໝັກງານ

miàn shì guān
面 试 官 ຜູ້ສຳພາດ

jiǎn dān
简 单 ງ່າຍດາຍ

suì
岁 ປີ (ອາຍຸ)

jīng tōng
精 通 ຊຳນານ

tài yǔ
泰 语 ພາສາໄທ

guì gōng sī
贵 公 司 ບໍລິສັດຂອງທ່ານ

guó jì yíng xiāo
国 际 营 销 ການຕະຫຼາດສາກົນ

zhǔ guǎn
主管 ຜູ້ຮັບຜິດຊອບ

zhí wèi
职位 ຕຳແໜ່ງ

shàng yī jiā
上一家 ບໍລິສັດເກົ່າ; ບໍລິສັດທີ່ເຮັດວຽກກ່ອນໜ້ານີ້

dān wèi
单位 ສຳນັກງານ

zhī míng
知名 ມີຊື່ສຽງ

tiào cáo
跳槽 ປ່ຽນວຽກ; ປ່ຽນອາຊີບ

bù guò
不过 ແຕ່ວ່າ

xún qiú
寻求 ຊອກຫາ

guǎng kuò
广阔 ກວ້າງຂວາງ

zhí yè
职业 ອາຊີບ

fā zhǎn
发展 ການພັດທະນາ

kōng jiān
空间 ຊ່ອງຫວ່າງ

nà me
那么 ຊັ້ນ; ຄັນຊັ້ນ

liǎo jiě
了解 ຮັບຮູ້; ເຂົ້າໃຈ

yuán yīn
原因 ສາຍເຫດ

cù shǐ
促使 ເຮັດໃຫ້

bù jiǔ qián
不久前 ເມື່ອບໍ່ດົນມານີ້

chéng gōng
成功 ສຳເລັດຜົນ; ໄຊຊະນະ

shàng shì
上市 ຈົດທະບຽນໃນຕະຫຼາດຫຼັກຊັບ

fā zhǎn
发展 ພັດທະນາ

qián jǐng
前景 ສະພາບການໃນຕໍ່ໜ້າ

gèng zhòng yào de shì
更重要的是 ສິ່ງທີ່ສຳຄັນກ່ວານັ້ນແມ່ນ

qǐ yè
企业 ວິສາຫະກິດ

wén huà
文化 ວັດທະນະທຳ

xī yǐn
吸引 ດຶງດູດ

xiāng xìn
相信 ເຊື່ອວ່າ

jiē shòu
接受 ຍອມຮັບ

zhì shǎo
至少 ຢ່າງໜ້ອຍ

liǎng cì
两次 ສອງເທື່ອ

cháng tú
长途 ເສັ້ນທາງທາງໄກ

chū chāi
出差 ອອກໄປເຮັດວຽກ

méi wèn tí
没问题 ບໍ່ມີບັນຫາ

yǐ qián
以前 ແຕ່ກີ້ແຕ່ກ່ອນ; ເມື່ອກ່ອນ

jīng cháng
经常 ສະເໝີ; ເລື້ອຍໆ

děng hòu
等候 ລໍຖ້າ

tōng zhī
通知 ແຈ້ງການ

四、课后练习 ເຝິກຫັດນອກໂມງຮຽນ

1. 分组自由交流。 ແບ່ງຈຸແລກປ່ຽນກັນ.

（1）谈谈你喜欢的职业。

（2）你找过工作吗？谈谈你找工作的经历。

2. 用所给的词语造句。 ໃຊ້ຄໍາສັບແຕ່ງໃຫ້ເປັນປະໂຫຍກ.

（1）不妨　（2）越来越……　（3）不过

3. 听录音，填空。 ຟັງສຽງ, ຕື່ມຄໍາສັບໃສ່ບ່ອນວ່າງ.

（1）找工作可以参加__________，也可以通过__________报名并提交简历。

（2）我们公司想招聘一个__________的硕士研究生，有________优先。

（3）参加人才交流会要带好______、________、学位证及各种__________等求职材料。

（4）__________上有那个公司的联系方式，你可以直接__________咨询一下。

（5）这个应聘者精通______、泰语、老挝语，有5年______工作经验，想应聘国际营销主管这一职位。

第十八课　商务活动
ບົດທີ 18　ກິດຈະກຳທາງການຄ້າ

一、重点句式 ໂຄງສ້າງປະໂຫຍກທີ່ສຳຄັນ

qǐng bāng wǒ fù yìn chuán zhēn sǎo miáo yī fèn cái liào kě yǐ ma
1. 请帮我复印/传真/扫描一份材料可以吗？
ກະລຸນາຊ່ວຍຂ້ອຍກັອບປີ/ໂທລະສານ/ສະແກນເອກະສານສະບັບໜຶ່ງໃຫ້ໄດ້ບໍ?

kě yǐ bù hǎo yì si jī qì huài le zhèng zài xiū lǐ
2. 可以。/不好意思，机器坏了，正在修理。
ໄດ້. /ຂໍໂທດ, ເຄື່ອງຈັກເພແລ້ວ, ກຳລັງສ້ອມແປງຢູ່.

zhè shì wǒ de míng piàn
3. 这是我的名片。
ນີ້ແມ່ນນາມບັດຂອງຂ້ອຍ.

zhè shì wǒ men de yàng pǐn hé tóng yàng běn dìng dān chǎn pǐn mù lù hé jiè shào
4. 这是我们的样品/合同样本/订单/产品目录和介绍。
ນີ້ແມ່ນຕົວຢ່າງສິນຄ້າ/ຕົວຢ່າງຂອງສັນຍາ/ໃບສັ່ງຊື້ສິນຄ້າ/ສາລະບານແລະຄຳແນະນຳຜະລິດຕະພັນຂອງພວກເຮົາ.

qǐng wèn guì fāng néng àn měi yuán bào jià ma
5. 请问贵方能按美元报价吗？
ຂໍຖາມແດ່ທາງທ່ານໄດ້ສະເໜີລາຄາດ້ວຍເງິນໂດລາສະຫະລັດບໍ?

zhè zhǒng fù hé féi duō shao qián yī dūn
6. 这 种 复合肥多 少 钱 一吨？
ຝຸ່ນເຄມີປະສົມຊະນິດນີ້ໂຕນໜຶ່ງລາຄາເທົ່າໃດ?

lí àn jià yuán zuǒ yòu yī dūn
7. 离岸价2000 元 左 右 一吨 。
ລາຄາອອກຝັ່ງປະມານ 2000 ຢວນຕໍ່ໜຶ່ງໂຕນ.

zhè shì bāo zhuāng cái liào de dào àn jià gé bāo hán yùn fèi hé bǎo xiǎn fèi
8. 这 是 包 装 材 料 的 到 岸 价 格，包 含 运 费 和 保 险 费。
ນີ້ແມ່ນລາຄາເຂົ້າຝັ່ງຂອງວັດຖຸຫຸ້ມຫໍ່, ລວມຄ່າຂົນສົ່ງແລະຄ່າປະກັນໄພ.

bào jià jǐ tiān nèi yǒu xiào
9. 报 价 几 天 内 有 效 ？
ສະເໜີລາຄາມີຜົນສັກສິດພາຍໃນຈັກມື້?

nǐ men jiē shòu nǎ zhǒng fù kuǎn fāng shì
10. 你 们 接 受 哪 种 付 款 方 式？
ພວກທ່ານຮັບວິທີຊໍາລະເງິນແບບໃດ?

wǒ men jiē shòu xiàn jīn zhī fù diàn huì xìn yòng zhèng zhī fù fù kuǎn jiāo dān bù jiē shòu chéng duì jiāo dān
11. 我 们 接 受 现 金 支 付 / 电 汇 / 信 用 证 支 付 / 付 款 交 单，不 接 受 承 兑 交 单 。
ພວກເຮົາຮັບຊໍາລະເງິນດ້ວຍເງິນສົດ/ໂອນເງິນຜ່ານທາງໂທລະເລກຫຼືໂທລະສັບ/ຊໍາລະເງິນດ້ວຍບັດສິນເຊື່ອ/ເອກະສານຕິດກັບໃບຈ່າຍເງິນ, ບໍ່ຮັບເອກະສານຕິດກັບໃບຮັບເງິນ.

píng zhuāng yùn dān jù fā huò
12. 凭装运单据发货。
ສົ່ງສິນຄ້າອີງຕາມບັນຊີຂົນສົ່ງສິນຄ້າ.

zhōng guó dōng méng bó lǎn huì hé zhōng guó dōng méng shāng wù yǔ tóu zī fēng huì měi nián zài nán níng jǔ bàn
13. 中国－东盟博览会和中国－东盟商务与投资峰会每年在南宁举办。

ງານວາງສະແດງສິນຄ້າຈີນ-ອາຊຽນແລະກອງປະຊຸມສຸດຍອດການຄ້າແລະການລົງທຶນຈີນແລະອາຊຽນແຕ່ລະປີກໍຈັດຂຶ້ນຢູ່ນະຄອນໜານໜິງ.

qǐng wèn nǐ men dǎ suàn cān jiā jīn nián de zhōng guó jìn chū kǒu shāng pǐn jiāo yì huì guǎng jiāo huì zhōng guó dōng méng bó lǎn huì dōng bó huì zhōng guó dōng méng shāng wù yǔ tóu zī fēng huì ma
14. 请问你们打算参加今年的中国进出口商品交易会（广交会）/中国－东盟博览会（东博会）/中国－东盟商务与投资峰会吗？

ຂໍຖາມແດ່ພວກເຈົ້າຈະເຂົ້າຮ່ວມງານຕະຫຼາດນັດສິນຄ້າຂາເຂົ້າຂາອອກຈີນ/ງານວາງສະແດງສິນຄ້າຈີນ-ອາຊຽນ/ກອງປະຊຸມສຸດຍອດການຄ້າແລະການລົງທຶນຈີນ-ອາຊຽນບໍ?

语言点归纳 ຂໍ້ສະຫຼຸບ

1. “这种复合肥多少钱一吨？ຝຸ່ນເຄມີປະສົມຊະນິດນີ້ໂຕນໜຶ່ງເທົ່າໃດ?” ປະໂຫຍກທີ່ຖາມລາຄາແມ່ນ “ຊື່ສິນຄ້າ+ລາຄາ+ຫົວໜ່ວຍ”. ເຊັ່ນ: “猪肉多少钱一公斤？ຊີ້ນໝູນີ້ກິໂລໜຶ່ງເທົ່າໃດ?”

2. ຄຳເວົ້າທີ່ມັກໃຊ້ເປັນປະຈຳໃນການຄ້າສາກົນມີ: 产品报价 ສະເໜີລາຄາຂອງຜະລິດຕະພັນ, 离岸价（FOB）ລາຄາອອກຝັ່ງ, 到岸价（CIF）ລາຄາເຂົ້າຝັ່ງ, 工厂交货价（EXW）ລາຄາໂຮງງານ, 成本加运费交货价（CFR）ລາຄາການມອບສິນຄ້າທີ່ລວມເອົາຕົ້ນທຶນ ແລະຄ່າຂົນສົ່ງ, 完税价格 ລາຄາລວມພາສີເຕັມ.

3. ວິທີຊຳລະເງິນທີ່ມັກໃຊ້ເປັນປະຈຳໃນການຄ້າສາກົນແມ່ນ: 电汇（T/T）ການໂອນເງິນຜ່ານທາງໂທລະເລກຫຼືໂທລະສັບ, 信用证（L/C）支付ຊຳລະເງິນດ້ວຍບັດສິນເຊື່ອ, 承兑交单 ເອກະສານຕິດກັບໃບຮັບເງິນ, 付款交单（D/P）ເອກະສານຕິດກັບໃບຈ່າຍເງິນ, ແລະອື່ນໆ.

二、会话训练 ເຝິກການສົນທະນາ

情景会话 1 ການສົນທະນາທີ 1

（甲：公司职员；乙：文印室工作人员）
（ກ: ພະນັກງານບໍລິສັດ; ຂ: ພະນັກງານຫ້ອງພິມ）

jiǎ nǐ hǎo xiǎo huáng má fan bāng wǒ dǎ yìn yī xià zhè fèn cái liào
甲：你好！小黄。麻烦帮我打印一下这份材料。
ກ: ສະບາຍດີ! ສຽວຫວງ. ຊ່ວຍຂ້ອຍພິມເອກະສານສະບັບນີ້ແດ່.

yǐ hǎo de qǐng wèn nín shén me shí hou yào ne
乙：好的。请问您什么时候要呢？
ຂ: ໄດ້. ຂໍຖາມແດ່, ຍາມໃດເຈົ້າຊິມາເອົາ?

jiǎ　jīn tiān xià wǔ kě yǐ ma
甲：今天下午可以吗？
ກ: ຕອນບ່າຍມື້ນີ້ໄດ້ບໍ?

yǐ　duì bu qǐ　wǒ zài máng lìng yī gè jí jiàn　néng shāo wǎn yī diǎn ma
乙：对不起，我在忙另一个急件。能稍晚一点吗？
ຂ: ຂໍໂທດ, ຂ້ອຍກຳລັງພິມເອກະສານດ່ວນສະບັບໜຶ່ງ. ມາເອົາຊ້າແດ່ໜ້ອຍໜຶ່ງໄດ້ບໍ?

jiǎ　wǒ hé kè hù yuē hǎo hòu tiān jiàn miàn　dào shí xū yào zhè fèn cái liào
甲：我和客户约好后天见面，到时需要这份材料。
míng tiān shàng wǔ kě yǐ ma
明天上午可以吗？
ກ: ຂ້ອຍນັດພົບລູກຄ້າໃນມື້ຮື, ໃນມື້ນັ້ນຕ້ອງການເອກະສານສະບັບນີ້. ຕອນເຊົ້າມື້ອື່ນຈະພິມແລ້ວບໍ?

yǐ　yīng gāi méi wèn tí
乙：应该没问题。
ຂ: ຄືຊິບໍ່ມີບັນຫາດອກ.

注释 ໝາຍເຫດ

ຄຳວ່າ "应该 ຄົງຈະ/ຄືຊິ" ແມ່ນຄຳກິລິຍານຸເຄາະ, ຢູ່ໃນບົດສະແດງເຖິງກໍລະນີທີ່ຄາດຄະເນສະພາບການທີ່ຕ້ອງເປັນໄປ. ເຊັ່ນ: "这次考试他很努力复习了，应该能过关。ການສອບເສັງໃນຄັ້ງນີ້ລາວພະຍາຍາມທົບທວນຫຼາຍແລ້ວ, ລາວຄືຊິເສັງຜ່ານຢູ່."

情景会话 2 ການສົນທະນາທີ 2

（甲：A公司销售部经理；乙：B公司采购员）

（ກ: ຜູ້ອຳນວຍການພະແນກຂາຍຂອງບໍລິສັດA; ຂ: ພະນັກງານຈັດຊື້ຂອງບໍລິສັດB）

jiǎ lǐ xiān sheng nín hǎo qǐng wèn wǒ zuó tiān fā gěi nín de hé tóng nín
甲：李 先 生 ，您 好！请 问 我 昨 天 发 给 您 的 合 同 您
kàn guo le ma
看 过 了 吗？

ກ: ທ່ານຫຼີ, ສະບາຍດີ! ຂໍຖາມແດ່ທ່ານໄດ້ອ່ານສັນຍາທີ່ຂ້ອຍສົ່ງໃຫ້ທ່ານໃນມື້ວານນີ້ແລ້ວບໍ?

yǐ kàn guo le yǒu liǎng gè xì jié wǒ xiǎng hé nín shāng liang yī xià
乙：看 过 了，有 两 个 细 节 我 想 和 您 商 量 一 下 。

ຂ: ໄດ້ອ່ານແລ້ວ, ມີສອງຂໍ້ປີກຍ່ອຍຢາກປຶກສານຳທ່ານໜ້ອຍໜຶ່ງ.

jiǎ qǐng wèn shì shén me wèn tí
甲：请 问 是 什 么 问 题？

ກ: ຂໍຖາມແດ່ແມ່ນບັນຫາຫຍັງ?

yǐ yī gè shì guān yú fù kuǎn shí jiān de wèn tí néng fǒu bǎ qī gè gōng
乙：一 个 是 关 于 付 款 时 间 的 问 题，能 否 把 "七 个 工
zuò rì gǎi wéi shí gè gōng zuò rì yīn wèi wǒ men gōng sī bàn lǐ
作 日" 改 为 "十 个 工 作 日"？因 为 我 们 公 司 办 理
fù kuǎn shǒu xù yào zǒu de liú chéng bǐ jiào duō yǒu shí qī gè gōng zuò
付 款 手 续 要 走 的 流 程 比 较 多，有 时 七 个 工 作
rì kě néng bàn bù wán
日 可 能 办 不 完 。

ຂ: ບັນຫາໜຶ່ງກ່ຽວກັບເວລາຊຳລະເງິນ, ປ່ຽນມື້ລັດຖະການ "ເຈັດມື້" ມາເປັນ "ສິບມື້" ໄດ້ບໍ? ຍ້ອນວ່າບໍລິສັດພວກເຮົາດຳເນີນການ

ຊຳລະເງິນມີຫຼາຍຂັ້ນຕອນສົມຄວນ, ບາງເທື່ອໃຊ້ເວລາເຈັດມື້ກໍເຮັດບໍ່ທັນ.

jiǎ hǎo de hái yǒu nǎ lǐ yào xiū gǎi ma
甲：好的。还有哪里要修改吗？

ກ: ໄດ້. ຍັງມີບ່ອນໃດຕ້ອງປັບປຸງແດ່?

yǐ hái yǒu dì wǔ tiáo qǐng kàn jié tú nín kàn jiā shàng zhè jǐ gè zì kě yǐ ma
乙：还有第五条，请看截图。您看加上这几个字可以吗？

ຂ: ຍັງມີມາດຕາທີ 5, ເຊີນເບິ່ງຮູບຖ່າຍໜ້າຈໍ. ທ່ານເຫັນວ່າເພີ່ມຕົວໜັງສືເຫຼົ່ານີ້ອີກໄດ້ບໍ?

jiǎ méi wèn tí hái yǒu ma
甲：没问题。还有吗？

ກ: ບໍ່ມີບັນຫາ. ຍັງມີຫຍັງອີກບໍ?

yǐ méi yǒu le xiè xie
乙：没有了。谢谢！

ຂ: ບໍ່ມີແລ້ວ. ຂອບໃຈ!

jiǎ nà děng huìr wǒ gǎi hǎo hòu zài fā guò qù gěi nín què rèn yī xià rú guǒ méi shén me wèn tí qǐng dǎ yìn liǎng fèn qiān zì hòu jì gěi wǒ men
甲：那等会儿我改好后再发过去给您确认一下。如果没什么问题，请打印两份签字后寄给我们。

ກ: ຄັນຊັ້ນຈັກໜ້ອຍຂ້ອຍແປງດີແລ້ວຈຶ່ງຈະສົ່ງໃຫ້ທ່ານກວດຄືນອີກ. ຖ້າວ່າບໍ່ມີບັນຫາ, ກະລຸນາພິມອອກມາສອງສະບັບເຊັນຊື່ແລ້ວສົ່ງໃຫ້ພວກເຮົາດ້ວຍ.

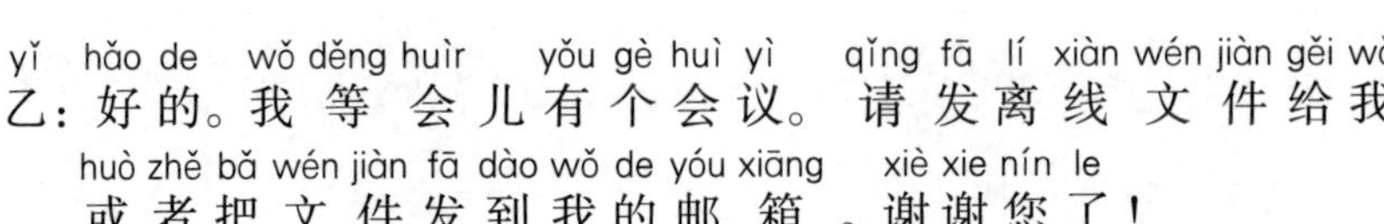

yǐ hǎo de wǒ děng huìr yǒu gè huì yì qǐng fā lí xiàn wén jiàn gěi wǒ
乙：好的。我等会儿有个会议。请发离线文件给我
huò zhě bǎ wén jiàn fā dào wǒ de yóu xiāng xiè xie nín le
或者把文件发到我的邮箱。谢谢您了！

ຂ: ເຈົ້າ. ອີກຈັກໜ້ອຍຂ້ອຍຍັງມີກອງປະຊຸມ. ກະລຸນາສົ່ງເອກະສານອອບໄລໃຫ້ຂ້ອຍແດ່ ຫລືສົ່ງເອກະສານໃສ່ອີເມວຂ້ອຍແດ່. ຂອບໃຈເດີ້!

jiǎ bù kè qi
甲：不客气。

ກ: ບໍ່ເປັນຫຍັງດອກ.

注释 ໝາຍເຫດ

1. ຄໍາວ່າ “关于 ກ່ຽວກັບ” ແມ່ນໂຄງສ້າງຄໍາເຊື່ອມ. ເຊັ່ນ: “关于这个问题，我们还要讨论一下。ກ່ຽວກັບບັນຫານີ້, ພວກເຮົາຍັງຕ້ອງປຶກສາກັນອີກ.” “我想问一下关于合同的问题。ຂ້ອຍຢາກຖາມບັນຫາກ່ຽວກັບສັນຍານີ້.”

2. ຄໍາວ່າ “把文件发到我的邮箱 ສົ່ງເອກກະສານເຂົ້າອີເມວຂ້ອຍໃຫ້ແດ່” ແມ່ນປະໂຫຍກທີ່ມີຕົວໜັງສື “把” . ເຊັ່ນ: “我把手机落在家里了。ຂ້ອຍລືມມືຖືຢູ່ເຮືອນ.” “请把这个包裹交给她。ກະລຸນາເອົາເຄື່ອງຝາກອັນນີ້ໃຫ້ລາວແດ່.”

情景会话 3 ການສົນທະນາທີ 3

（甲：中国客户；乙：老挝木雕公司代表处负责人）
（ກ: ລູກຄ້າຈີນ; ຂ: ຜູ້ຮັບຜິດຊອບຫ້ອງການຜູ້ຕາງໜ້າໄມ້ແກະສະຫຼັກລາວ）

jiǎ zǎo shang hǎo kūn pà jīng lǐ
甲：早上好，坤帕经理！
ກ: ສະບາຍດີ, ຜູ້ອຳນວຍການຄຸ່ນພາ!

yǐ zǎo shang hǎo lín nǚ shì qǐng zuò
乙：早上好，林女士！请坐。
ຂ: ສະບາຍດີຕອນເຊົ້າ, ນາງຫຼິນ! ເຊີນນັ່ງ.

jiǎ wǒ zhī qián zài dōng bó huì shang kàn dào guì gōng sī de mù diāo gōng yì pǐn jué de hěn gǎn xìng qù kě yǐ liǎo jiě yī xià guì gōng sī de chǎn pǐn bào jià ma
甲：我之前在东博会上看到贵公司的木雕工艺品，觉得很感兴趣，可以了解一下贵公司的产品报价吗？
ກ: ກ່ອນໜ້ານີ້ຂ້ອຍເຄີຍເຫັນເຄື່ອງຫັດຖະກຳໄມ້ແກະສະຫຼັກຂອງບໍລິສັດທ່ານໃນງານວາງສະແດງສິນຄ້າ, (ຂ້ອຍ) ມີຄວາມສົນໃຈຫຼາຍ, ຢາກຮູ້ລາຄາຜະລິດຕະພັນຂອງບໍລິສັດທ່ານໄດ້ບໍ?

yǐ wǒ men de bào jià qǔ jué yú nín de dìng huò liàng
乙：我们的报价取决于您的订货量。
ຂ: ລາຄາຂອງພວກເຮົາແມ່ນຂຶ້ນກັບປະລິມານການສັ່ງຊື້ຂອງທ່ານ.

jiǎ zhè shì wǒ zhè biān de yī fèn xū qiú dān shàng miàn yǒu mù diāo bǎi jiàn hé guǒ pán de jì huà dìng gòu shù liàng qǐng wèn néng àn rén mín bì
甲：这是我这边的一份需求单，上面有木雕摆件和果盘的计划订购数量。请问能按人民币

bào jià ma
报价吗？

ກ: ນີ້ແມ່ນບັນຊີສິນຄ້າທີ່ຂ້ອຍຕ້ອງການ, ໃນນັ້ນມີປະລິມານການສັ່ງຊື້ເຄື່ອງໄມ້ແກະສະຫຼັກປະດັບແລະຈານໝາກໄມ້, ຂໍຖາມແດ່ສະເໜີລາຄາດ້ວຍເງິນຢວນໄດ້ບໍ?

yǐ dāng rán kě yǐ qǐng wèn nín shì yào lí àn jià hái shi dào àn jià ne
乙：当然可以。请问您是要离岸价（FOB）还是到岸价（CIF）呢?

ຂ: ໄດ້ແນ່ນອນ. ຂໍຖາມແດ່ ທ່ານຢາກເອົາລາຄາອອກຝັ່ງຫຼືລາຄາເຂົ້າຝັ່ງ?

jiǎ wǒ xiǎng zhī dào dào àn jià xiè xie
甲：我想知道到岸价，谢谢。

ກ: ຂ້ອຍຢາກຮູ້ລາຄາເຂົ້າຝັ່ງ, ຂອບໃຈ.

yǐ hǎo de qǐng shāo děng hǎo le zhè shì wǒ men de chǎn pǐn dào àn jià de bào jià dān mù diāo bǎi jiàn dào àn jià shì yuán jiàn guǒ pán dào àn jià shì yuán zhī bāo hán yùn fèi hé bǎo xiǎn fèi qǐng nín kàn yī xià
乙：好的，请稍等。（半个小时后）好了，这是我们的产品到岸价（CIF）的报价单。木雕摆件到岸价是1000元/件，果盘到岸价是280元/只，包含运费和保险费。请您看一下。

ຂ: ເຈົ້າ, ກະລຸນາລໍຖ້າບຶດໜຶ່ງ. (ຫຼັງເຄິ່ງຊົ່ວໂມງຜ່ານໄປ) ໄດ້ແລ້ວ, ນີ້ແມ່ນໃບສະເໜີລາຄາເຂົ້າຝັ່ງຂອງຜະລິດຕະພັນພວກເຮົາ. ລາຄາເຂົ້າຝັ່ງຂອງເຄື່ອງໄມ້ແກະສະຫຼັກປະດັບແມ່ນ 1000 ຢວນ/ອັນ, ລາຄາເຂົ້າຝັ່ງຂອງຈານໝາກໄມ້ແມ່ນ 280 ຢວນ/ອັນ, ລວມຄ່າຂົນ

ສົ່ງແລະຄ່າປະກັນໄພ. ເຊີນທ່ານເບິ່ງກ່ອນ.

jiǎ zhè ge bào jià jǐ tiān nèi yǒu xiào
甲：这个报价几天内有效？

ກ: ສະເໜີລາຄານີ້ມີຜົນສັກສິດພາຍໃນຈັກມື້?

yǐ tiān nèi yǒu xiào wǒ men de jià gé shì hěn yōu huì de yóu yú jìn lái lǎo wō de mù cái yuán liào zhèng zài zhǎng jià guó jì huì lǜ yě bù wěn dìng yīn cǐ xià cì kě néng jiù bù zhǐ zhè ge jià gé le
乙：10天内有效。我们的价格是很优惠的。由于近来老挝的木材原料正在涨价，国际汇率也不稳定，因此下次可能就不止这个价格了。

ຂ: ພາຍໃນ 10 ມື້ມີຜົນສັກສິດ. ລາຄາຂອງພວກເຮົາແມ່ນຖືກຫຼາຍແລ້ວ. ເມື່ອບໍ່ດົນມານີ້ວັດຖຸດິບໄມ້ລາຄາສູງຂຶ້ນ, ອັດຕາແລກປ່ຽນສາກົນກໍບໍ່ໝັ້ນຄົງ, ສະນັ້ນໃນຄັ້ງຕໍ່ໄປລາຄາອາດຈະແພງກວ່ານີ້.

jiǎ guì gōng sī jiē shòu nǎ zhǒng fù kuǎn fāng shì
甲：贵公司接受哪种付款方式？

ກ: ບໍລິສັດທ່ານຮັບວິທີຊໍາລະເງິນແບບໃດ?

yǐ wǒ men zhǐ jiē shòu bù kě chè xiāo de xìn yòng zhèng zhī fù píng zhuāng yùn dān jù jié huì
乙：我们只接受不可撤销的信用证（L/C）支付，凭装运单据结汇。

ຂ: ພວກເຮົາຮັບການຊໍາລະເງິນດ້ວຍບັດສິນເຊື່ອທີ່ຍົກເລີກບໍ່ໄດ້, ຊໍາລະເງິນອີງຕາມບັນຊີຂົນສົ່ງສິນຄ້າ.

jiǎ rú guǒ wǒ xiàn zài xià dìng dān guì gōng sī shén me shí hou néng gòu fā huò
甲：如果我现在下订单，贵公司什么时候能够发货?

ກ: ຖ້າວ່າດຽວນີ້ຂ້ອຍສັ່ງຊື້ສິນຄ້າ, ບໍລິສັດຂອງທ່ານຈະສົ່ງເຄື່ອງໄດ້

ເມື່ອໃດ?

yǐ guǒ pán suí shí néng fā huò mù diāo bǎi jiàn yě néng gòu zài yī gè yuè nèi fā huò qián tí shì xìn yòng zhèng bì xū jǐn kuài jì dào wǒ men yī shōu dào xìn yòng zhèng jiù kě yǐ lì kè ān pái fā huò

乙：果盘随时能发货，木雕摆件也能够在一个月内发货。前提是信用证必须尽快寄到，我们一收到信用证，就可以立刻安排发货。

ຂ: ຈານໝາກໄມ້ຍາມໃດກໍສົ່ງໄດ້, ເຄື່ອງໄມ້ແກະສະຫຼັກປະດັບສາມາດສົ່ງໄດ້ພາຍໃນ 1 ເດືອນ. ແຕ່ວ່າເງື່ອນໄຂເບື້ອງຕົ້ນແມ່ນບັດສິນເຊື່ອຕ້ອງສົ່ງຮອດໂດຍໄວ, ພໍແຕ່ພວກເຮົາໄດ້ຮັບບັດສິນເຊື່ອ, ກໍຈະຈັດສົ່ງເຄື່ອງທັນທີ.

jiǎ bǎo xiǎn tóu de shì quán xiǎn ma

甲：保险投的是全险吗？

ກ: ຄ່າປະກັນໄພແມ່ນປະກັນໄພຄົບວົງຈອນບໍ?

yǐ shì de yùn shū tú zhōng de rèn hé sǔn shī huò sǔn huài dōu zài bǎo xiǎn fàn wéi nèi

乙：是的，运输途中的任何损失或损坏都在保险范围内。

ຂ: ແມ່ນແລ້ວ, ຖ້າວ່າໃນການເດີນທາງເກີດຄວາມເສຍຫາຍຫຼືເປ່ເພຫຍັງກໍຢູ່ໃນຂອບເຂດປະກັນໄພ.

jiǎ míng bai le wǒ jué de kě yǐ chéng jiāo wǒ men zhǔn bèi yī xià hé tóng ba

甲：明白了。我觉得可以成交。我们准备一下合同吧。

ກ: ເຂົ້າໃຈແລ້ວ. ຂ້ອຍເຫັນດີ. ພວກເຮົາກະກຽມສັນຍາກັນເທາະ.

yǐ tài hǎo le hé nín hé zuò hěn yú kuài

乙：太好了！和您合作很愉快。

ຂ: ດີຫຼາຍ! ຍິນດີທີ່ໄດ້ຮ່ວມມືກັບທ່ານ.

注释 ໝາຍເຫດ

1. ຄຳວ່າ "取决于 ຂຶ້ນກັບ", ເຊັ່ນ: "成就的大小往往取决于努力的程度。ຜົນສຳເລັດໃຫຍ່ເທົ່າໃດຂຶ້ນກັບລະດັບຂອງຄວາມພະຍາຍາມ." "商品价格通常取决于成本和供求关系。ຕາມທຳມະດາແລ້ວລາຄາສິນຄ້າຂຶ້ນກັບສາຍພົວພັນລະຫວ່າງຕົ້ນທຶນແລະຄວາມຕ້ອງການກັບການສະໜອງ."

2. ຄຳວ່າ "由于……因此…… ຍ້ອນວ່າ...ສະນັ້ນ..." ແມ່ນສະແດງເຖິງສາຍພົວພັນເຫດແລະຜົນ. ເຊັ່ນ: "由于她今天病了，因此没有来开会。ຍ້ອນວ່າມື້ນີ້ລາວບໍ່ສະບາຍ, ສະນັ້ນລາວຈຶ່ງບໍ່ໄດ້ມາເຂົ້າຮ່ວມກອງປະຊຸມ" "由于他工作很努力，因此被评为优秀员工。ຍ້ອນວ່າລາວເຮັດວຽກດ້ວຍຄວາມພະຍາຍາມຫຼາຍ, ສະນັ້ນລາວຈຶ່ງໄດ້ຮັບເລືອກໃຫ້ເປັນພະນັກງານດີເດັ່ນ."

3. ຄຳວ່າ "一……就…… ພໍແຕ່...ກໍ...ທັນທີ..." ແມ່ນສະແດງເຖິງສາຍພົວພັນເຊື່ອມຕໍ່ໄປ. ເຊັ່ນ: "我一到上海就马上和你联系。ພໍແຕ່ຂ້ອຍໄປຮອດຊຽງໄຮກໍຈະຕິດຕໍ່ຫາເຈົ້າທັນທີ." "他一回到家就打开电脑。ພໍແຕ່ລາວກັບຮອດເຮືອນກໍເປີດຄອມພິວເຕີທັນທີ."

情景会话 4 ການສົນທະນາທີ 4

（甲：东博会宣传人员；乙：老挝商家）

（ກ: ພະນັກງານໂຄສະນາຂອງງານວາງສະແດງສິນຄ້າຈີນ-ອາຊຽນ; ຂ: ນັກທຸລະກິດລາວ/ບໍລິສັດລາວ）

jiǎ nín hǎo qǐng wèn pān jīng lǐ zài ma
甲：您好，请问潘经理在吗？
ກ: ສະບາຍດີ, ຜູ້ອຳນວຍການພ່ານຢູ່ບໍ?

yǐ wǒ jiù shì qǐng wèn nín shì nǎ wèi
乙：我就是。请问您是哪位？
ຂ: ຂ້ອຍແມ່ນ. ຂໍຖາມແດ່ທ່ານແມ່ນໃຜນໍ້?

jiǎ pān jīng lǐ nín hǎo wǒ shì guǎng xī guó jì bó lǎn shì wù jú de gōng zuò rén yuán qǐng wèn nǐ men gōng sī yǒu yì xiàng cān jiā jīn nián de zhōng guó dōng méng bó lǎn huì ma
甲：潘经理，您好！我是广西国际博览事务局的工作人员。请问你们公司有意向参加今年的中国–东盟博览会吗？

ກ: ສະບາຍດີ, ຜູ້ອຳນວຍການພ່ານ! ຂ້ອຍແມ່ນພະນັກງານພະແນກວຽກງານງານວາງສະແດງສາກົນກວາງຊີ. ຂໍຖາມແດ່ບໍລິສັດທ່ານມີຄວາມສົນໃຈທີ່ຈະເຂົ້າຮ່ວມງານວາງສະແດງສິນຄ້າຈີນ-ອາຊຽນໃນປີນີ້ບໍ?

yǐ shì shén me shí hou zài nǎ lǐ jǔ xíng
乙：是什么时候，在哪里举行？
ຂ: ຈະຈັດຂຶ້ນຢູ່ໃສ, ເວລາໃດ?

jiǎ jīn nián de jǔ bàn shí jiān shì cóng yuè rì dào rì zài guǎng xī
甲：今年的举办时间是从9月10日到13日，在广西

zhuàng zú zì zhì qū shǒu fǔ nán níng shì jǔ xíng nán níng shì zhōng
壮族自治区首府南宁市举行。南宁是中
guó dōng méng bó lǎn huì de yǒng jiǔ jǔ bàn dì
国－东盟博览会的永久举办地。

ກ: ງານຈະຂຶ້ນໃນວັນທີ 10 ຫາວັນທີ 13 ເດືອນກັນຍາ, ຈັດຂຶ້ນຢູ່ນະຄອນໜານໜິງເມືອງເອກເຂດປົກຄອງຕົນເອງເຜົ່າຈ້ວງກວາງຊີ. ໜານໜິງແມ່ນສະຖານທີ່ຈັດງານວາງສະແດງສິນຄ້າຈີນ-ອາຊຽນຖາວອນ.

yǐ ò zhè me shuō yǐ qián yǐ jīng jǔ bàn guo le
乙：哦，这么说以前已经举办过了？

ຂ: ໂອ້, ເວົ້າແນວນີ້ກໍໝາຍຄວາມວ່າເມື່ອກ່ອນກໍເຄີຍຈັດຂຶ້ນແລ້ວຫວາ?

jiǎ shì de cóng nián kāi shǐ měi nián jǔ bàn yī cì jīn nián yǐ
甲：是的。从 2004 年开始，每年举办一次，今年已
jīng shì dì shí bā jiè le chú le zhōng guó hé dōng méng gè guó hái yǒu
经是第十八届了。除了中国和东盟各国，还有
hěn duō qí tā guó jiā hé dì qū de shāng jiā yě huì cān jiā
很多其他国家和地区的商家也会参加。

ກ: ແມ່ນແລ້ວ. ນັບແຕ່ປີ 2004 ເປັນຕົ້ນມາ, ປີໜຶ່ງຈັດຂຶ້ນເທື່ອໜຶ່ງ, ປີນີ້ແມ່ນຄັ້ງທີ 18 ແລ້ວ. ນອກຈາກປະເທດຈີນແລະບັນດາປະເທດອາຊຽນແລ້ວ, ຍັງມີນັກທຸລະກິດຈາກຫຼາຍປະເທດແລະເຂດແຄ້ວນເຂົ້າຮ່ວມ.

yǐ qǐng wèn tōng cháng yǒu xiē shén me chǎn pǐn cān zhǎn
乙：请问通常有些什么产品参展？

ຂ: ຂໍຖາມແດ່ຕາມທໍາມະດາແລ້ວໃນງານວາງສະແດງນັ້ນມີຜະລິດຕະພັນຫຍັງແດ່?

jiǎ yǒu lái zì gè gè guó jiā hé dì qū de qīng gōng chǎn pǐn nóng chǎn
甲：有来自各个国家和地区的轻工产品、农产
pǐn shǒu gōng yì pǐn děng děng gè shāng jiā hái kě yǐ bǎ yōu shì
品、手工艺品等等。各商家还可以把优势
chǎn pǐn jí zhōng zài dú lì de zhǎn tīng zhǎn xiāo
产品集中在独立的展厅展销。

ກ: ມີຜະລິດຕະພັນອຸດສາຫະກຳເບົາ, ຜະລິດຕະພັນກະສິກຳ, ເຄື່ອງຫັດຖະກຳທີ່ມາຈາກແຕ່ລະປະເທດແລະເຂດແຄວ້ນ, ແລະອື່ນໆ. ບັນດາບໍລິສັດຍັງສາມາດນຳເອົາຜະລິດຕະພັນທີ່ມີທ່າແຮງຂອງຕົນມາວາງສະແດງແລະຈຳໜ່າຍຢູ່ຫ້ອງວາງສະແດງຂອງຕົນເອງ.

yǐ zhè me shuō lái cān jiā zhōng guó dōng méng bó lǎn huì kě yǐ zhǎn
乙：这么说来，参加中国-东盟博览会，可以展
shì wǒ men de chǎn pǐn gěi wǒ men dài lái gèng duō de shāng jī
示我们的产品，给我们带来更多的商机。

ຂ: ເວົ້າແນວນີ້ກໍໝາຍຄວາມວ່າ, ເຂົ້າຮ່ວມງານວາງສະແດງສິນຄ້າຈີນ-ອາຊຽນ, ສາມາດວາງສະແດງຜະລິດຕະພັນຂອງພວກເຮົາ, ຍັງໄດ້ນຳເອົາໂອກາດການຄ້າມາໃຫ້ພວກເຮົາອີກ.

jiǎ bù jǐn rú cǐ ér qiě nín kě yǐ hé qí tā cān zhǎn shāng jiā jìn xíng jiāo
甲：不仅如此，而且您可以和其他参展商家进行交
liú liǎo jiě háng yè dòng tài xìn xī xué xí guó jì shang de xiān jìn
流，了解行业动态信息，学习国际上的先进
jì shù hé jīng yàn zài shāng yè qǐ yè guó jì huà jìn chéng gāo sù fā
技术和经验。在商业、企业国际化进程高速发
zhǎn de jīn tiān zhè shì hěn yǒu bì yào de
展的今天，这是很有必要的。

ກ: ບໍ່ພຽງແຕ່ເທົ່ານັ້ນ, ແຕ່ທ່ານຍັງໄດ້ແລກປ່ຽນນຳນັກທຸລະກິດຄົນອື່ນ, ຮູ້ຂໍ້ມູນຂ່າວສານຂອງຂະແໜງການນີ້, ຮຽນເອົາເຕັກນິກແລະບົດຮຽນທີ່ທັນສະໄໝຂອງສາກົນ. ມັນມີຄວາມຈຳເປັນຫຼາຍສຳລັບທຸກມື້

ນີ້ທີ່ຂະບວນການເຊື່ອມໂຍງເຂົ້າກັບສາກົນຂອງວິສາຫະກິດໄດ້ຂະຫຍາຍຕົວຢ່າງວ່ອງໄວ.

yǐ　què shí hěn yǒu dào lǐ　　nà me　　zū yī gè zhǎn wèi dà gài yào duō shao qián ne
乙：确实很有道理。那么，租一个展位大概要多少钱呢？

ຂ: ມີເຫດຜົນແທ້. ຄັນຊັ້ນ, ເຊົ່າຫ້ອງວາງສະແດງໜຶ່ງລາຄາເທົ່າໃດ?

jiǎ　xiàn zài měi gè biāo zhǔn zhǎn wèi de jià gé wéi　　yuán rén mín bì　miàn jī wéi　píng fāng mǐ　　cǐ wài hái yǒu fēi biāo zhǔn zhǎn wèi　shì nèi jìng dì　shì wài jìng dì děng　nín kě yǐ àn xū xuǎn zé
甲：现在每个标准展位的价格为10000元人民币，面积为9平方米。此外还有非标准展位、室内净地、室外净地等，您可以按需选择。

ກ: ດຽວນີ້ ຫ້ອງວາງສະແດງມາດຕະຖານແມ່ນ 10000 ຢວນ, ເນື້ອທີ່ແມ່ນ 9 ຕາແມັດ. ນອກນີ້ຍັງມີຮ້ານວາງສະແດງທີ່ບໍ່ມາດຕະຖານປານໃດ, ສະຖານທີ່ສະອາດໃນຮົ່ມ, ສະຖານທີ່ສະອາດກາງແຈ້ງແລະອື່ນໆ, ທ່ານສາມາດເລືອກໄດ້ຕາມຄວາມຕ້ອງການ.

yǐ　hǎo de　　wǒ xiān qǐng shì yī xià gōng sī gāo céng　　xiè xie nín
乙：好的。我先请示一下公司高层。谢谢您！

ຂ: ເຈົ້າ. ຂ້ອຍໄປຂໍຄຳເຫັນຈາກການນຳຂັ້ນສູງຂອງບໍລິສັດກ່ອນ. ຂອບໃຈເດີ!

jiǎ　bù kè qi
甲：不客气。

ກ: ບໍ່ເປັນຫຍັງ.

注释 ໝາຍເຫດ

1. ຄຳວ່າ "从……到…… ແຕ່…ຮອດ…/ແຕ່…ຫາ…" ສະແດງເຖິງຈຸດເລີ່ມຕົ້ນແລະຈຸດຈົບຂອງເວລາ. ເຊັ່ນ: "我这个月从12日到16日在北京学习。ແຕ່ວັນທີ 12 ຫາວັນທີ 16 ເດືອນນີ້ ຂ້ອຍຮຽນຢູ່ປັກກິ່ງ." "她从五岁到八岁一直住在外婆家。ແຕ່ອາຍຸ 5 ປີຮອດອາຍຸ 8 ປີ ລາວອາໄສຢູ່ນຳແມ່ເຖົ້າລາວ."

2. ຄຳວ່າ "多少 ຈັກ/ເທົ່າໃດ" ໃຊ້ຖາມຈຳນວນ, ປະລິມານ. ເຊັ່ນ: "你家有多少人? ຄອບຄົວເຈົ້າມີຈັກຄົນ?" "一共有多少本书? ມີປື້ມທັງໝົດຈັກຫົວ?"

3. ຄຳວ່າ "展示我们的产品 ວາງສະແດງຜະລິດຕະພັນຂອງພວກເຮົາ", ການສະແດງປະເພດດຽວກັນມີ: "展示他们的成果 ວາງສະແດງຜົນສຳເລັດຂອງພວກເຂົາເຈົ້າ".

4. ຄຳວ່າ "不仅……而且…… ບໍ່ພຽງແຕ່…ຍັງ…" ສະແດງເຖິງສາຍພົວພັນທີ່ມີລະດັບເພີ່ມຂຶ້ນຕື່ມ. ເຊັ່ນ: "她不仅长得美，而且很善良。ລາວບໍ່ພຽງແຕ່ເປັນຄົນງາມ, ຍັງເປັນຄົນຈິດໃຈດີງາມອີກ."

5. ຄຳວ່າ "左右 ປະມານ", ເຊັ່ນ: "这个工作估计要五天左右才能完成。ວຽກນີ້ປະມານ 5 ມື້ຈຶ່ງຈະເຮັດສຳເລັດໄດ້." "她看起来也就二十岁左右。ເບິ່ງແລ້ວນາງອາຍຸປະມານ 20 ປີເທົ່ານັ້ນ."

三、单词与短语 ຄຳສັບແລະວະລີ

shāng wù huó dòng
商务活动 ກິດຈະກຳທາງການຄ້າ; ກິດຈະກຳທາງທຸລະກິດ

fù yìn
复印 ກັອບປີ

chuán zhēn
传真 ແຟັກ; ໂທລະສານ

sǎo miáo
扫描 ສະແກນ

yī fèn
一份 ສະບັບໜຶ່ງ

cái liào
材料 ວັດຖຸ

jī qì
机器 ເຄື່ອງຈັກ

huài
坏 ເພ

xiū lǐ
修理 ສ້ອມແປງ

míng piàn
名片 ນາມບັດ

yàng pǐn
样品 ຕົວຢ່າງສິນຄ້າ

hé tóng
合同 ສັນຍາ

yàng běn
样本 ຕົວຢ່າງ

dìng dān
订单 ໃບສັ່ງຊື້ສິນຄ້າ

chǎn pǐn
产品 ຜະລິດຕະພັນ

mù lù
目录 ສາລະບານ

jiè shào
介绍 ແນະນຳ

guì fāng
贵方 ຝ່າຍທ່ານ; ທາງທ່ານ

měi yuán
美元 ເງິນໂດລາສະຫະລັດ

bào jià
报价 ສະເໜີລາຄາ

dūn
吨 ໂຕນ

lí àn jià
离岸价 ລາຄາອອກຝັ່ງ

dào àn jià
到岸价 ລາຄາເຂົ້າຝັ່ງ

bāo hán
包含 ລວມ

yùn fèi
运费 ຄ່າຂົນສົ່ງ

bǎo xiǎn
保险 ປະກັນໄພ

bǎo xiǎn fèi
保险费 ຄ່າປະກັນໄພ

yǒu xiào
有效 ມີຜົນສັກສິດ

jiē shòu
接受 ຍອມຮັບ

xiàn jīn zhī fù
现金支付 ຊຳລະເງິນດ້ວຍເງິນສົດ

diàn huì
电汇 ການໂອນເງິນຜ່ານທາງໂທລະເລກຫຼືໂທລະສັບ

xìn yòng zhèng　　fù kuǎn jiāo dān
信用证 ບັດສິນເຊື່ອ　　付款交单 ເອກະສານຕິດກັບໃບຈ່າຍເງິນ

chéng duì jiāo dān　　píng
承兑交单 ເອກະສານຕິດກັບໃບຮັບເງິນ　　凭 ອີງຕາມ

zhuāng yùn dān jù
装运单据 ບັນຊີຂົນສົ່ງສິນຄ້າ

zhōng guó　dōng méng bó lǎn huì
中国－东盟博览会 ງານວາງສະແດງສິນຄ້າຈີນ-ອາຊຽນ

dōng méng
东盟 ອາຊຽນ

zhōng guó　dōng méng shāng wù yǔ tóu zī fēng huì
中国－东盟商务与投资峰会 ກອງປະຊຸມສຸດຍອດການຄ້າ ແລະການລົງທຶນຈີນ-ອາຊຽນ

měi nián　　nán níng
每年 ທຸກປີ　　南宁 ໜານໜິງ

jǔ bàn　　cān jiā
举办 ຈັດຂຶ້ນ　　参加 ເຂົ້າຮ່ວມ

zhōng guó jìn chū kǒu shāng pǐn jiāo yì huì　guǎng jiāo huì
中国进出口商品交易会（广交会）ງານຕະຫຼາດນັດສິນຄ້າຂາເຂົ້າຂາອອກຂອງຈີນ

jí jiàn　　xì jié
急件 ເອກະສານຮີບດ່ວນ; ເອກະສານດ່ວນ　　细节 ຂໍ້ປີກຍ່ອຍ

shāng liang　　bàn lǐ
商量 ປຶກສາຫາລື　　办理 ດຳເນີນການ

shǒu xù　　liú chéng
手续 ທຳນຽມ　　流程 ຂັ້ນຕອນ

xiū gǎi　　jié tú
修改 ປັບປຸງ; ແກ້ໄຂ　　截图 ຮູບຖ່າຍໜ້າຈໍ

qiān zì　　jì
签字 ເຊັນຊື່　　寄 ຝາກ

qǔ jué yú　　dìng huò liàng
取决于 ຂຶ້ນກັບ　　订货量 ປະລິມານການສັ່ງຊື້ສິນຄ້າ

xū qiú dān
需求单 ບັນຊີສິນຄ້າທີ່ຕ້ອງການ

bǎi jiàn
摆件 ເຄື່ອງເອ້ຍອງ; ເຄື່ອງປະດັບປະດາ; ເຄື່ອງປະດັບ

mù cái
木材 ໄມ້

yuán liào
原料 ວັດຖຸດິບ

zhǎng jià
涨价 ລາຄາແພງຂຶ້ນ; ລາຄາສູງຂຶ້ນ

guó jì huì lǜ
国际汇率 ອັດຕາແລກປ່ຽນສາກົນ

wěn dìng
稳定 ໝັ້ນຄົງ

bù kě chè xiāo de xìn yòng zhèng
不可撤销的信用证（L/C）ບັດສິນເຊື່ອທີ່ຍົກເລີກບໍ່ໄດ້

jié huì
结汇 ຊໍາລະເງິນ

qián tí
前提 ເງື່ອນໄຂເບື້ອງຕົ້ນ

quán xiǎn
全险 ປະກັນໄພຄົບວົງຈອນ

yùn shū
运输 ຂົນສົ່ງ

tú zhōng
途中 ໃນການເດີນທາງ

sǔn shī
损失 ເສຍຫາຍ

sǔn huài
损坏 ເປ່ເພ່

bǎo xiǎn fàn wéi
保险范围 ຂອບເຂດການປະກັນໄພ

jīng lǐ
经理 ຜູ້ອໍານວຍການ

guǎng xī guó jì bó lǎn shì wù jú
广西国际博览事务局 ພະແນກວຽກງານງານວາງສະແດງສາກົນກວາງຊີ

jǔ xíng
举行 ຈັດຂຶ້ນ

yǒng jiǔ
永久 ຊົ່ວກາລະນານ; ຊົ່ວນິລັນດອນ; ຕະຫຼອດໄປ; ຖາວອນ

shāng jiā
商家 ຊາວຄ້າຂາຍ; ນັກທຸລະກິດ

cān zhǎn
参展 ເຂົ້າຮ່ວມວາງສະແດງ

qīng gōng chǎn pǐn
轻工产品 ຜະລິດຕະພັນອຸດສາຫະກໍາເບົາ

nóng chǎn pǐn
农产品 ຜະລິດຕະພັນກະສິກໍາ

shǒu gōng yì pǐn
手工艺品 ຜະລິດຕະພັນຫັດຖະກໍາ

shāng jī
商机 ໂອກາດທາງການຄ້າ

bù jǐn rú cǐ
不仅如此 ບໍ່ພຽງແຕ່ເທົ່ານັ້ນ

jiāo liú
交流 ແລກປ່ຽນ

liǎo jiě
了解 ຮັບຮູ້; ຮູ້

háng yè dòng tài
行业动态 ຂໍ້ມູນຂ່າວສານຂອງຂະແໜງການ

xìn xī
信息 ຂໍ້ມູນ

xué xí
学习 ຮ່ຳຮຽນ

guó jì
国际 ສາກົນ

xiān jìn
先进 ທັນສະໄໝ

jì shù
技术 ເຕັກນິກ

jīng yàn
经验 ປະສົບການ

shāng yè
商业 ການຄ້າ

qǐ yè
企业 ວິສາຫະກິດ

guó jì huà
国际化 ຫັນເປັນສາກົນ; ເປັນແບບສາກົນ

jìn chéng
进程 ຂະບວນການ

gāo sù
高速 ຄວາມໄວສູງ

fā zhǎn
发展 ພັດທະນາ

yǒu dào lǐ
有道理 ມີເຫດຜົນ

zhǎn wèi
展位 ຮ້ານວາງສະແດງ; ຫ້ອງວາງສະແດງ

biāo zhǔn
标准 ມາດຕະຖານ

shì nèi
室内 ໃນຫ້ອງ

jìng dì
净地 ສະຖານທີ່ທີ່ສະອາດ

shì wài
室外 ນອກຫ້ອງ

xuǎn zé
选择 ເລືອກ

qǐng shì
请示 ຂໍ

gāo céng
高层 ລະດັບສູງ; ຂັ້ນສູງ

四、课后练习 ເຝິກຫັດນອກໂມງຮຽນ

1. 模拟下列情景进行对话。ຈຳລອງສະພາບການລຸ່ມນີ້ແລ້ວດຳເນີນການສົນທະນາ.

（1）假设你代表你公司购买一批水果，尝试一下如何与水果商谈判。

（2）你公司和国外一家公司在谈一笔生意，请就合同签订、发货等事项做好协商和安排。

2. 说出和下列句子意思相似的表达（至少一句）。ຍົກຕົວຢ່າງທີ່ມີຄວາມໝາຍຄ້າຍຄືກັນກັບປະໂຫຍກລຸ່ມນີ້ (ຢ່າງໜ້ອຍ1ປະໂຫຍກ) .

（1）报价几天内有效?

（2）你们接受哪种付款方式?

（3）请问您什么时候要这份材料呢?

（4）请问通常有些什么产品参展?

（5）我们的报价取决于您的订货量。

3. 听录音，回答问题。ຟັງສຽງ, ຕອບຄຳຖາມ.

（1）王先生能成功扫描材料吗? 为什么?

（2）王经理想把付款时间改为多长时间?

（3）中国-东盟博览会在哪里举行?

（4）中国-东盟博览会有什么产品参展?

（5）该公司接受哪种付款方式?

第十九课　节日与习俗

ບົດທີ 19　ບຸນແລະຮີດຄອງປະເພນີ

一、重点句式 ໂຄງສ້າງປະໂຫຍກທີ່ສຳຄັນ

tā men guò sòng gān jié pō shuǐ jié ma
1. 他 们 过 宋 干 节（泼 水 节）吗？
ພວກເຂົາເຈົ້າສະເຫຼີມສະຫຼອງກຸດສົງການ (ບຸນຫົດນ້ຳ) ບໍ?

tā men guò bù guò sòng gān jié
2. 他 们 过/不过 宋 干 节。
ພວກເຂົາເຈົ້າສະຫຼອງ/ບໍ່ສະຫຼອງກຸດສົງການ.

yuán dàn xīn nián chūn jié shèng dàn kuài lè
3. 元 旦/新 年/春 节/圣 诞 快 乐！
ສະບາຍດີປີໃໝ່ສາກົນ/ປີໃໝ່/ກຸດຈີນ/ຄຣິດສະມາດ!

gōng xǐ fā cái
4. 恭 喜 发 财！
ຂໍໃຫ້ມີເງິນມີຄຳ! /ຂໍໃຫ້ລ້ຳລວຍ!

zhù nín shēn tǐ jiàn kāng
5. 祝 您 身 体 健 康 ！
ຂໍອວຍພອນໃຫ້ທ່ານມີສຸຂະພາບແຂງແຮງ!

zhù nǐ men wàn shì rú yì
6. 祝 你 们 万 事 如 意！
ຂໍອວຍພອນໃຫ້ພວກເຈົ້າສົມຫວັງໃນທຸກສິ່ງທຸກຢ່າງ! /ສົມຫວັງດັ່ງປາຖະໜາທຸກປະການ!

zhù dà jiā hé jiā xìng fú
7. 祝大家阖家幸福！
ຂໍອວຍພອນໃຫ້ທຸກໆຄົນຄອບຄົວຜາສຸກ!

yuán dàn chūn jié dǎ suàn zěn me guò
8. 元旦/春节打算怎么过？
ປີໃໝ່/ກຸດຈີນມີແຜນສະຫຼອງແນວໃດ?

wǒ dǎ suàn chū qù wán zài jiā péi jiā rén
9. 我打算出去玩/在家陪家人。
ຂ້ອຍມີແຜນທີ່ຈະໄປຫຼິ້ນ/ຢູ່ເຮືອນນຳຄອບຄົວຂ້ອຍ.

zhè ge chūn jié qíng rén jié guò de zěn me yàng
10. 这个春节/情人节过得怎么样？
ກຸດຈີນ/ວັນແຫ່ງຄວາມຮັກນີ້ສະຫຼອງກັນແນວໃດ?

zhè ge chūn jié wǒ guò de hěn kāi xīn bù zěn me yàng hěn zāo xīn
11. 这个春节我过得很开心/不怎么样/很糟心。
ກຸດຈີນນີ້ຂ້ອຍຮູ້ສຶກມ່ວນຊື່ນຫຼາຍ/ບໍ່ມ່ວນປານໃດ/ອຸກໃຈຫຼາຍ.

wǒ dù guò le yī gè làng màn de píng dàn de zāo gāo de qíng rén jié
12. 我度过了一个浪漫的/平淡的/糟糕的情人节。
ຂ້ອຍສະຫຼອງວັນແຫ່ງຄວາມຮັກແບບປະທັບໃຈ/ທຳມະດາ/ຮູ້ສຶກບໍ່ດີປານໃດ.

语言点归纳 ຂໍ້ສະຫຼຸບ

1. ຄຳວ່າ "元旦 ປີໃໝ່ສາກົນ" ໃນປະເທດຈີນໝາຍເຖິງວັນທີ 1 ເດືອນມັງກອນຕາມປະຕິທິນສຸລິຍະຄະຕິ. "新年 ປີໃໝ່" ຢູ່ປະເທດຈີນໝາຍເຖິງປີໃໝ່ສາກົນແລະສອງສາມມື້ພາຍຫຼັງປີໃໝ່ສາກົນ. "春节 ບຸນກຸດຈີນ" ແມ່ນບຸນປະເພນີຂອງຈີນ, ໝາຍເຖິງມື້ຂຶ້ນ 1 ຄ່ຳເດືອນ

ຈຽງຕາມປະຕິທິນຈັນທະຄະຕິຈີນ, ກໍໝາຍເຖິງສອງສາມມື້ພາຍຫຼັງມື້ຂຶ້ນ 1 ຄ່ຳເດືອນຈຽງ.

2. ຄຳວ່າ "宋干节 ກຸດສົງການ" ກໍເອີ້ນວ່າບຸນຫົດນ້ຳ ແມ່ນບຸນປະເພນີຂອງລາວ, ຢູ່ລະຫວ່າງກາງເດືອນເມສາຕາມປະຕິທິນສຸລິຍະຄະຕິ.

3. ຄຳວ່າ "节日名称+快乐! ຊື່ບຸນ+ສະບາຍດີ/ສຸກສັນ!" ແມ່ນປະໂຫຍກຄຳອວຍພອນທີ່ມັກໃຊ້ທົ່ວໄປ. ເຊັ່ນ: "新年快乐! (ໃຊ້ໃນ ກຸດຈີນຫຼືປີໃໝ່ຕາມປະຕິທິນສຸລິຍະຄະຕິ) ສະບາຍດີປີໃໝ່!" "妇女节快乐! ສຸກສັນວັນແມ່ຍິງສາກົນ!"

4. ຄຳວ່າ "恭喜发财! ຂໍໃຫ້ມີເງິນມີຄຳ/ຂໍໃຫ້ລ້ຳລວຍ!" ແມ່ນຄຳອວຍພອນທີ່ມັກໃຊ້ຫຼາຍທີ່ສຸດແລະໄດ້ຮັບຄວາມນິຍົມທີ່ສຸດໃນບຸນກຸດຈີນ. "万事如意! ສົມຫວັງໃນທຸກສິ່ງທຸກຢ່າງ/ສົມຫວັງດັ່ງປາຖະໜາທຸກປະການ!" "阖家幸福! ຄອບຄົວມີຄວາມສຸກ/ຄອບຄົວຜາສຸກ!" "祝……健康! ຂໍອວຍພອນໃຫ້...ສຸຂະພາບແຂງແຮງ!" ແລະອື່ນໆກໍແມ່ນຄຳອວຍພອນທີ່ມັກໃຊ້ເປັນປະຈຳໃນບຸນປະເພນີຂອງຈີນເຊັ່ນກຸດຈີນ, ບຸນໄຫວ້ພະຈັນແລະອື່ນໆ. ເຊັ່ນ: "祝你中秋快乐，身体健康，阖家幸福! ຂໍອວຍພອນໃຫ້ທ່ານສຸກສັນບຸນໄຫວ້ພະຈັນ, ສຸຂະພາບແຂງແຮງ, ຄອບຄົວຜາສຸກ!

5. ຄຳວ່າ "你/某人过××节吗? ເຈົ້າ/ຜູ້ໃດຜູ້ໜຶ່ງສະຫຼອງບຸນ ××ບໍ?" ຕອບ: "我/某人过××节。ຂ້ອຍ/ຜູ້ໃດຜູ້ໜຶ່ງສະຫຼອງບຸນ

× ×.” “我/某人不过× ×节。ຂ້ອຍ/ຜູ້ໃດຜູ້ໜຶ່ງບໍ່ສະຫຼອງບຸນ × ×.”

6. ຄຳວ່າ “春节打算怎么过? ບຸນກຸດຈີນຈະສະຫຼອງແນວໃດ? ”

ຕອບ: “我打算和家人团聚。ຂ້ອຍມີແຜນວ່າຈະສັງສັນນຳຄອບຄົວ.”

7. ຄຳວ່າ “× ×节过得怎么样? ການສະຫຼອງບຸນ × × ເປັນແນວໃດ? ” ຕອບ: “我过得很开心/很糟心。ຂ້ອຍຮູ້ສຶກມ່ວນຊື່ນຫຼາຍ/ອຸກໃຈຫຼາຍ.” “我度过了一个愉快的/糟糕的× ×节。ຂ້ອຍສະຫຼອງບຸນ × ×ຢ່າງເບີກບານມ່ວນຊື່ນ/ຮູ້ສຶກບໍ່ດີ.”

二、会话训练 ເຝິກການສົນທະນາ

情景会话 1 ການສົນທະນາທີ 1

（甲：在中国工作的老挝员工；乙：中国同事）

（ກ: ພະນັກງານຄົນລາວທີ່ເຮັດວຽກຢູ່ຈີນ; ຂ: ເພື່ອນຮ່ວມງານຄົນຈີນ）

jiǎ wǒ xià gè xīng qī yào huí yī tàng lǎo wō
甲：我 下 个 星 期 要 回 一 趟 老 挝。
ກ: ຂ້ອຍຈະກັບເມືອປະເທດລາວໃນອາທິດໜ້າ.

yǐ ńg huí qù zuò shén me ne
乙：嗯？回 去 做 什 么 呢？
ຂ: ຫວາ? ເຈົ້າກັບເມືອເຮັດຫຍັງ?

jiǎ wǒ yào huí qù guò sòng gān jié yě jiù shì tōng cháng shuō de pō shuǐ jié
甲：我 要 回 去 过 宋 干 节，也 就 是 通 常 说 的 泼 水 节。
ກ: ຂ້ອຍກັບເມືອສະຫລອງກຸດສົງການ, ທີ່ມັກເອີ້ນກັນວ່າບຸນຫົດນ້ຳ.

yǐ　yuán lái rú cǐ　tīng shuō sòng gān jié shì lǎo wō zuì zhòng yào de jié rì
乙：原来如此。听说宋干节是老挝最重要的节日。
ຂ: ແບບນີ້ເອງຫວາ. ໄດ້ຍິນວ່າກຸດສົງການແມ່ນບຸນທີ່ສຳຄັນທີ່ສຸດຂອງ
ປະເທດລາວ.

jiǎ　shì de　sòng gān jié shì fó lì xīn nián　xiāng dāng yú zhōng guó de chūn jié
甲：是的，宋干节是佛历新年，相当于中国的春节。
ກ: ແມ່ນແລ້ວ, ກຸດສົງການແມ່ນປີໃໝ່ຕາມພຸດທະສັງກາດ,
ເຊິ່ງເທົ່າກັບບຸນກຸດຈີນ.

yǐ　sòng gān jié qī jiān de zhǔ yào huó dòng yǒu nǎ xiē
乙：宋干节期间的主要活动有哪些？
ຂ: ກິດຈະກຳຫຼັກໃນໄລຍະກຸດສົງການມີຫຍັງແດ່?

jiǎ　rén men huì zhāi sēng xíng shàn　mù yù jìng shēn　jìng bài zhǎng bèi　hù xiāng pō shuǐ zhù fú　hái huì jǔ xíng huā chē yóu xíng　gē wǔ jí huì děng huó dòng
甲：人们会斋僧行善，沐浴净身，敬拜长辈，互相泼水祝福，还会举行花车游行、歌舞集会等活动。
ກ: ປະຊາຊົນຈະຕັກບາດສ້າງບຸນກຸສົນ, ສະສາງລ້າງສວ່າຍ, ຂໍຂະ
ມາຜູ້ໃຫຍ່, ຫົດນ້ຳເພື່ອອວຍພອນເຊິ່ງກັນແລະກັນ, ຍັງພາກັນແຫ່
ຂະບວນລົດດອກໄມ້, ຟ້ອນລຳ ທຳເພງແລະມີກິດຈະກຳອື່ນໆອີກ.

yǐ　tīng qǐ lái hěn yǒu yì si　yù zhù nǐ sòng gān jié kuài lè
乙：听起来很有意思。预祝你宋干节快乐！
ຂ: ຟັງແລ້ວເປັນຕາມ່ວນຫຼາຍ. ຂໍອວຍພອນກຸດສົງການລ່ວງໜ້າໃຫ້
ເຈົ້າມີຄວາມເບີກບານມ່ວນຊື່ນ!

jiǎ xiè xie
甲：谢谢！
ກ: ຂອບໃຈ!

注释 ໝາຍເຫດ

1. ຄຳວ່າ "一趟 ເທື່ອໜຶ່ງ", ເຊັ່ນ: "我打算下个月去一趟欧洲。ຂ້ອຍມີແຜນຈະໄປເອີຣົບເທື່ອໜຶ່ງໃນເດືອນໜ້າ."

2. ຄຳວ່າ "相当于 ເທົ່າກັບ", ເຊັ່ນ: "这座大坝高120米，相当于30层大楼的高度。ເຂື່ອນແຫ່ງນີ້ສູງ 120 ແມັດ, ເຊິ່ງເທົ່າກັບຄວາມສູງຂອງຕຶກ 30 ຊັ້ນ." "那时候的100元相当于现在的1000元。100 ຢວນໃນເວລານັ້ນ ເທົ່າກັບ 1000 ຢວນໃນປະຈຸບັນ."

3. ຄຳວ່າ "预祝…… ຂໍອວຍພອນລ່ວງໜ້າ", ເຊັ່ນ: "预祝一切顺利！ຂໍອວຍພອນໃຫ້ທຸກສິ່ງທຸກຢ່າງລາບລື່ນ" "预祝你们演出成功！ຂໍອວຍພອນໃຫ້ພວກເຈົ້າປະສົບຜົນສຳເລັດໃນການສະແດງ!"

情景会话 2 ການສົນທະນາທີ 2

（甲：在中国的老挝人；乙：甲的中国朋友）
（ກ: ຄົນລາວຢູ່ປະເທດຈີນ; ຂ: ເພື່ອນຄົນຈີນຂອງ ກ）

jiǎ zhè jǐ tiān jiē shang hǎo rè nao a
甲：这几天街上好热闹啊！
ກ: ຫຼາຍມື້ມານີ້ຕາມຖະໜົນຫົນທາງນີ້ຄຶກຄື້ນມ່ວນຊື່ນຫຼາຍ!

yǐ shì a chūn jié kuài dào le dà jiā máng zhe cǎi gòu nián huò ne
乙：是啊！春节快到了，大家忙着采购年货呢。

ຂ: ແມ່ນແລ້ວ! ກຸດຈີນໃກ້ຊິໝູນວຽນມາເຖິງແລ້ວ, ທຸກຄົນພວມຫຍຸ້ງກັບການຈັດຊື້ເຄື່ອງຂອງໃຊ້ໃນກຸດຈີນ.

jiǎ chūn jié shì zhōng guó nóng lì de xīn nián duì ma
甲：春节是中国农历的新年，对吗？

ກ: ກຸດຈີນແມ່ນປີໃໝ່ຕາມຈັນທະຄະຕິຈີນ, ແມ່ນບໍ?

yǐ shì de suī rán wǒ men yě qìng zhù gōng lì de xīn nián yě jiù shì yuán dàn dàn shì chūn jié gèng lóng zhòng
乙：是的。虽然我们也庆祝公历的新年，也就是元旦，但是春节更隆重。

ຂ: ແມ່ນແລ້ວ. ເຖິງແມ່ນວ່າພວກເຮົາກໍສະເຫຼີມສະຫຼອງປີໃໝ່ຕາມປະຕິທິນສຸລິຍະຄະຕິ, ເຊິ່ງແມ່ນບຸນປີໃໝ່ສາກົນ, ແຕ່ວ່າກຸດຈີນຍິ່ງໃຫຍ່ມະໂຫລານກວ່າ.

jiǎ rén men huì zuò xiē shén me lái qìng zhù chūn jié ne
甲：人们会做些什么来庆祝春节呢？

ກ: ປະຊາຊົນຈະເຮັດຫຍັງແດ່ເພື່ອສະຫລອງກຸດຈີນ?

yǐ rén men tōng cháng huì tiē chūn lián guàng miào huì děng zài wài qiú xué huò gōng zuò de rén wú lùn lí jiā duō yuǎn dōu huì huí jiā yǔ qīn rén tuán jù yī qǐ chī nián yè fàn qīn qi péng you men hù xiāng bài nián xiǎo hái zi hái huì dé dào zhǎng bèi gěi de yā suì qián
乙：人们通常会贴春联、逛庙会等。在外求学或工作的人，无论离家多远，都会回家与亲人团聚，一起吃年夜饭。亲戚朋友们互相拜年，小孩子还会得到长辈给的“压岁钱”。

ຂ: ຄົນທົ່ວໄປມັກພາກັນຕິດຄະຕິຄູ່, ໄປທ່ຽວບຸນວັດ. ຜູ້ທີ່ໄປສຶກສາຮ່ຳຮຽນຫຼືໄປເຮັດວຽກຢູ່ຕ່າງເຂດແຂວງ, ບໍ່ວ່າຈະຢູ່ໄກບ້ານເທົ່າໃດ,

ກໍຕ້ອງກັບບ້ານຢູ່ພ້ອມໜ້າພ້ອມຕາກັນ, ກິນອາຫານຄ່ຳໃນມື້ສົ່ງທ້າຍປີເກົ່າຕ້ອນຮັບປີໃໝ່ຮ່ວມກັນ. ຍາດພີ່ນ້ອງແລະໝູ່ເພື່ອນອວຍພອນປີໃໝ່ເຊິ່ງກັນແລະກັນ, ເດັກນ້ອຍກໍຈະໄດ້ຮັບ "ອັງເປົາ" ຈາກຜູ້ໃຫຍ່.

jiǎ nián yè fàn tōng cháng chī xiē shén me ne
甲：年夜饭通常吃些什么呢？

ກ: ອາຫານໃນມື້ສົ່ງທ້າຍປີເກົ່າຕາມທຳມະດາມັກກິນຫຍັງແດ່?

yǐ běi fāng rén tōng cháng huì chī jiǎo zi nán fāng rén tōng cháng huì chī zòng zi nián gāo tāng yuán jī yā yú ròu yě shì shǎo bu liǎo de fēi cháng fēng shèng
乙：北方人通常会吃饺子，南方人通常会吃粽子、年糕、汤圆。鸡鸭鱼肉也是少不了的，非常丰盛。

ຂ: ຄົນພາກເໜືອມັກກິນກ້ຽວ, ຄົນພາກໃຕ້ມັກກິນເຂົ້າຕົ້ມ, ໜຽນກ່າວ, ທ່າງຢວນ. ຊີ້ນໄກ່, ຊີ້ນເປັດແລະຊີ້ນປາກໍເປັນສິ່ງທີ່ຂາດບໍ່ໄດ້, ອຸດົມສົມບູນຫຼາຍ.

jiǎ dà jiā bài nián de shí hou huì shuō xiē shén me zhù fú yǔ ne
甲：大家拜年的时候会说些什么祝福语呢？

ກ: ໃນເວລາອວຍພອນໃນປີໃໝ່ມັກຈະອວຍພອນຫຍັງແດ່?

yǐ shuō de zuì duō de shì gōng xǐ fā cái cǐ wài hái yǒu shēn tǐ jiàn kāng wàn shì rú yì hé jiā xìng fú děng děng
乙：说得最多的是"恭喜发财"，此外还有"身体健康""万事如意""阖家幸福"等等。

ຂ: ເວົ້າຫຼາຍທີ່ສຸດແມ່ນ "ຂໍໃຫ້ມີເງິນມີຄຳ" , ນອກຈາກນັ້ນຍັງມີ "ສຸຂະພາບແຂງແຮງ" "ສົມຫວັງໃນທຸກສິ່ງທຸກຢ່າງ" "ຄອບຄົວຜາສຸກ"

ແລະອື່ນໆ.

jiǎ yuán lái rú cǐ nà zhè ge chūn jié nǐ dǎ suàn zěn me guò ne
甲：原来如此。那这个春节你打算怎么过呢？
ກ: ແບບນີ້ເອງຫວາ. ສັນຊັ້ນເຈົ້າຈະສະຫຼອງກຸດຈີນນີ້ແນວໃດ?

yǐ wǒ dǎ suàn dài qī zi hé hái zi huí lǎo jiā péi fù mǔ yī qǐ guò jié
乙：我打算带妻子和孩子回老家，陪父母一起过节。
ຂ: ຂ້ອຍມີແຜນທີ່ຈະພາເມຍແລະລູກກັບບ້ານເກີດເມືອງນອນ, ໄປສະຫຼອງກັບພໍ່ແມ່.

jiǎ yù zhù nǐ xīn chūn yú kuài hé jiā xìng fú
甲：预祝你新春愉快，阖家幸福！
ກ: ກ່ອນຮອດປີໃໝ່ຂໍອວຍພອນໃຫ້ເຈົ້າມີຄວາມເບີກບານມ່ວນຊື່ນ, ຄອບຄົວຜາສຸກ!

yǐ xiè xie
乙：谢谢！
ຂ: ຂອບໃຈ!

注释 ໝາຍເຫດ

1. ຄຳວ່າ "无论……都…… ບໍ່ວ່າ…ກໍ…"，ເຊັ່ນ: "无论父母怎么说，他都不听。ບໍ່ວ່າພໍ່ແມ່ຈະເວົ້າຈັ່ງໃດກໍຕາມ, ລາວກໍບໍ່ຟັງ." "我们无论遇到什么情况，都要保持冷静。ບໍ່ວ່າພວກເຮົາຈະປະເຊີນສະພາບການແນວໃດກໍຕາມກໍຕ້ອງໃຈເຢັນໄວ້."

2. ຄຳວ່າ "拜年 ອວຍພອນປີໃໝ່" ແມ່ນຮີດຄອງປະເພນີໃນໄລຍະບຸນກຸດຈີນ. ໃນຊຸມປີມໍ່ໆມານີ້, ວິທີການອວຍພອນປີໃໝ່ແບບໃໝ່

ກໍໄດ້ເກີດຂຶ້ນເຊັ່ນ: ອວຍພອນປີໃໝ່ຜ່ານມືຖື, ວີແຊັດ, ໂທລະສັບ, ຂໍ້ຄວາມສັ້ນແລະອອນໄລ.

情景会话 3 ການສົນທະນາທີ 3

（甲：老挝留学生；乙：甲的中国朋友）

[ກ: ນັກສຶກສາລາວ (ຢູ່ຈີນ) ; ຂ: ເພື່ອນຄົນຈີນຂອງ ກ]

yǐ　jīn tiān shì zhōng guó de zhōng qiū jié　sòng nǐ yī hé yuè bing　zhù nǐ
乙：今天是中国的中秋节，送你一盒月饼。祝你
hé jiā rén tuán tuán yuán yuán　xìng fú měi mǎn
和家人团团圆圆，幸福美满。

ຂ: ມື້ນີ້ແມ່ນບຸນໄຫວ້ພະຈັນຂອງຈີນ, ຂ້ອຍເອົາຂະໜົມໄຫວ້ພະຈັນໃຫ້ເຈົ້າ 1 ກັບ. ຂໍອວຍພອນໃຫ້ເຈົ້າຢູ່ກັບຄອບຄົວຢ່າງພ້ອມພຽງຮຽງໜ້າແລະເຕັມໄປດ້ວຍຄວາມສຸກ.

jiǎ　ā　tài hǎo le　xiè xie a　zhōng qiū jié shì zài nóng lì de bā yuè shí
甲：啊，太好了，谢谢啊！中秋节是在农历的八月十
wǔ ba
五吧？

ກ: ໂອ້, ດີແທ້, ຂອບໃຈ! ບຸນໄຫວ້ພະຈັນ ແມ່ນກົງກັບມື້ຂຶ້ນ 15 ຄໍ່າເດືອນ 8 ຕາມຈັນທະຄະຕິຈີນ, ແມ່ນບໍ?

yǐ　shì de　dào le wǎn shang　nǐ kě yǐ kàn dào yòu dà yòu yuán de yuè
乙：是的。到了晚上，你可以看到又大又圆的月
liang
亮。

ຂ: ແມ່ນແລ້ວ. ເມື່ອຮອດຕອນກາງຄືນ, ເຈົ້າຈະເຫັນເດືອນທັງໃຫຍ່ທັງມົນ.

jiǎ nà nǐ tōng cháng shì zěn me guò zhōng qiū jié de
甲：那你通常是怎么过中秋节的？

ກ: ຕາມທຳມະດາແລ້ວເຈົ້າສະຫຼອງບຸນໄຫວ້ພະຈັນແນວໃດ?

yǐ wǒ hé jiā rén jù zài yī qǐ gòng tóng shǎng yuè hé pǐn cháng měi wèi de yuè bing
乙：我和家人聚在一起，共同赏月和品尝美味的月饼。

ຂ: ຂ້ອຍຈະຢູ່ກັບຄອບຄົວຂອງຂ້ອຍ, ຊົມດວງຈັນແລະກິນຂະໜົມໄຫວ້ພະຈັນຮ່ວມກັນ.

jiǎ zhēn ràng rén xiàn mù ya zhōng guó hái yǒu nǎ xiē zhòng yào de chuán tǒng jié rì ne
甲：真让人羡慕呀。中国还有哪些重要的传统节日呢？

ກ: ຈັ່ງແມ່ນເປັນຕາສະອອນແທ້ເດ. ບຸນປະເພນີທີ່ສຳຄັນອື່ນໆຂອງຈີນຍັງມີບຸນຫຍັງແດ່?

yǐ hái yǒu qīng míng jié hé duān wǔ jié tā men hé zhōng qiū jié chūn jié bìng chēng zhōng guó sì dà chuán tǒng jié rì
乙：还有清明节和端午节，它们和中秋节、春节并称“中国四大传统节日”。

ຂ: ຍັງມີບຸນອະນາໄມສຸສານແລະບຸນຊ່ວງເຮືອມັງກອນ/ຕ່ອນອູ, ບຸນເຫຼົ່ານີ້ກັບບຸນໄຫວ້ພະຈັນແລະກຸດຈີນເອີ້ນວ່າ “4 ບຸນປະເພນີຂອງຈີນ”.

jiǎ　qīng míng jié shì zài shén me shí hou　yǒu nǎ xiē xí sú ne
甲：清明节是在什么时候？有哪些习俗呢？

ກ: ບຸນອະນາໄມສຸສານກົງກັບມື້ໃດ? ມີຮີດຄອງປະເພນີຫຍັງແດ່?

yǐ　qīng míng jié yī bān zài gōng lì　yuè　rì qián hòu　zhǔ yào xí sú yǒu
乙：清明节一般在公历4月5日前后，主要习俗有
sǎo mù jì zǔ　tà qīng jiāo yóu děng
扫墓祭祖、踏青郊游等。

ຂ: ບຸນອະນາໄມສຸສານປົກກະຕິແມ່ນຢູ່ກ່ອນຫຼືຫຼັງວັນທີ 5 ເດືອນເມສາ ຕາມປະຕິທິນສຸລິຍະຄະຕິ, ປະເພນີຕົ້ນຕໍມີການປັດກວາດສຸສານແລະການບູຊາບັນພະບຸລຸດ, ທ່ຽວຊານເມືອງແລະອື່ນໆ.

jiǎ　yuán lái rú cǐ　nà duān wǔ jié ne　wǒ zhǐ zhī dào duān wǔ jié yǒu
甲：原来如此。那端午节呢？我只知道端午节有
zòng zi chī
粽子吃。

ກ: ແບບນີ້ເອງຫວາ. ຄັນຊັ້ນບຸນຊ່ວງເຮືອມັງກອນເດ່? ຂ້ອຍຮູ້ພຽງແຕ່ວ່າມີເຂົ້າຕົ້ມກິນໃນບຸນຊ່ວງເຮືອ.

yǐ　hā ha　nǐ kě zhēn shì gè chī huò　duān wǔ jié shì zài nóng lì de wǔ
乙：哈哈，你可真是个吃货。端午节是在农历的五
yuè chū wǔ　chú le chī zòng zi　duān wǔ jié hái yǒu yī xiàng zhòng yào
月初五。除了吃粽子，端午节还有一项重要
huó dòng shì sài lóng zhōu
活动是赛龙舟。

ຂ: ຮາຮາ, ເຈົ້າຈັ່ງແມ່ນເປັນຄົນມັກກິນເນາະ. ບຸນຕ່ວນອູ ແມ່ນກົງກັບມື້ຂຶ້ນ 5 ຄໍ່າເດືອນ 5 ຕາມຈັນທະຄະຕິຈີນ. ນອກຈາກກິນເຂົ້າຕົ້ມແລ້ວ, ບຸນຕ່ວນອູຍັງມີກິດຈະກໍາໜຶ່ງທີ່ສໍາຄັນນັ້ນແມ່ນຊ່ວງເຮືອມັງກອນ.

jiǎ à wǒ zài diàn shì shang kàn dào guo sài lóng zhōu de chǎng miàn gǎn dào fēi cháng zhèn hàn
甲：啊，我在电视上看到过赛龙舟的场面，感到非常震撼！

ກ: ໂອ້, ຂ້ອຍເຄີຍເຫັນການແຂ່ງຂັນຊ່ວງເຮືອທາງໂທລະພາບ, ຂ້ອຍຮູ້ສຶກຕື່ນເຕັ້ນຫຼາຍ!

yǐ què shí rú cǐ sài lóng zhōu shì yī xiàng rén qì hěn gāo de chuán tǒng mín sú huó dòng
乙：确实如此。赛龙舟是一项人气很高的传统民俗活动。

ຂ: ເປັນແບບນັ້ນແທ້. ການແຂ່ງຂັນຊ່ວງເຮືອແມ່ນກິດຈະກຳປະເພນີທີ່ເປັນມູນເຊື້ອທີ່ໄດ້ຮັບຄວາມນິຍົມຫຼາຍ.

jiǎ nà me zhōng guó rén guò qíng rén jié huò shèng dàn jié zhè yàng de xī shì jié rì ma
甲：那么，中国人过情人节或圣诞节这样的西式节日吗？

ກ: ຄັນຊັ້ນ, ຄົນຈີນສະຫຼອງວັນບຸນແບບຕາເວັນຕົກເຊັ່ນ: ວັນແຫ່ງຄວາມຮັກຫຼືວັນຄຣິສມາດບໍ?

yǐ yǐ qián hěn shǎo rén guò jìn nián lái suí zhe shè huì hé jīng jì de fā zhǎn tè bié shì zài shāng jiā de chǎo zuò xià xǔ duō nián qīng rén yě rè zhōng yú guò zhè xiē jié rì le
乙：以前很少人过。近年来随着社会和经济的发展，特别是在商家的炒作下，许多年轻人也热衷于过这些节日了。

ຂ: ແຕ່ກ່ອນມີຄົນສະຫຼອງໜ້ອຍ. ໃນຊຸມປີມໍ່ໆມານີ້, ຄຽງຄູ່ກັບການພັດທະນາເສດຖະກິດສັງຄົມ, ໂດຍສະເພາະແມ່ນພາຍໃຕ້ການໂຄສະນາຂອງນັກທຸລະກິດ, ຊາວໜຸ່ມຫຼາຍຄົນກໍນິຍົມສະເຫຼີມສະຫຼອງບຸນ

ເຫຼົ່ານີ້ລະ.

注释 ໝາຍເຫດ

1. ຄໍາວ່າ “吃货 ຄົນມັກກິນ” ແມ່ນພາສາຕະຫຼາດ, ໝາຍເຖິງຄົນທີ່ມັກກິນອາຫານທຸກປະເພດ, ໂດຍສະເພາະແມ່ນຄົນທີ່ນິຍົມການກິນທີ່ມີລະດັບ. ເຊັ່ນ: “他把中国大江南北的各地特色美食都尝遍了，可真是个吃货呢！ ລາວຊີມອາຫານ ແຕ່ເໜືອຮອດໃຕ້ໃນທົ່ວປະເທດຈີນ, ສົມວ່າເປັນຄົນມັກກິນແທ້ເນາະ! ”

2. ຄໍາວ່າ “人气 ຄວາມນິຍົມ”, ເຊັ່ນ: “由于该影片获奖，扮演主角的演员人气飙升。ຍ້ອນວ່າຮູບເງົາເລື່ອງນີ້ໄດ້ຮັບລາງວັນ, ບັນດາຕົວລະຄອນເອກໄດ້ຮັບຄວາມນິຍົມຫຼາຍຢ່າງວ່ອງໄວ.” “这家咖啡馆在当地有很高的人气。ຮ້ານກາເຟຮ້ານນີ້ໄດ້ຮັບຄວາມນິຍົມຊົມຊອບຫຼາຍໃນທ້ອງຖິ່ນ.”

3. ຄໍາວ່າ “在……下 ພາຍໃຕ້...”, ເຊັ່ນ: “在老师的帮助下，我们解决了这个问题。ພາຍໃຕ້ຄວາມຊ່ວຍເຫຼືອຂອງອາຈານ, ພວກເຮົາໄດ້ແກ້ໄຂບັນຫານີ້ແລ້ວ.” “在家人的照顾下，她的病很快就好了。ພາຍໃຕ້ການເບິ່ງແຍງດູແລຂອງຄອບຄົວ, ລາວກໍຊ່ວງເຊົາຈາກພະຍາດໂດຍໄວ.”

三、单词与短语 ຄໍາສັບແລະວະລີ

jié rì
节日 ບຸນ

xí sú
习俗 ຮີດຄອງປະເພນີ

sòng gān jié
宋干节 ກຸດສົງການ

pō shuǐ jié
泼水节 ບຸນຫົດນ້ຳ

yuán dàn
元旦 ປີໃໝ່ສາກົນ

xīn nián
新年 ປີໃໝ່

chūn jié
春节 ກຸດຈີນ

shèng dàn
圣诞 ຄຣິດສະມາດ

gōng xǐ fā cái
恭喜发财 ຂໍໃຫ້ມີເງິນມີຄຳ; ຂໍໃຫ້ລ້ຳລວຍ

shēn tǐ jiàn kāng
身体健康 ສຸຂະພາບແຂງແຮງ

wàn shì rú yì
万事如意 ສົມຫວັງໃນທຸກສິ່ງທຸກຢ່າງ; ສົມຫວັງດັ່ງປາຖະໜາທຸກປະການ

hé jiā xìng fú
阖家幸福 ຄອບຄົວຜາສຸກ

guò
过 ສະຫຼອງ; ຫຼິ້ນ

zài jiā
在家 ຢູ່ເຮືອນ

péi
陪 ຢູ່ນຳ

jiā rén
家人 ສະມາຊິກໃນຄອບຄົວ; ຄົນໃນຄອບຄົວ

qíng rén jié
情人节 ວັນແຫ່ງຄວາມຮັກ

kāi xīn
开心 ດີໃຈ

bù zěn me yàng
不怎么样 ບໍ່ປານໃດ

zāo xīn
糟心 ອຸກໃຈ

dù guò
度过 ໃຊ້ເວລາ

làng màn
浪漫 ໂລແມນຕິກ; ປະທັບໃຈ

píng dàn
平淡 ທຳມະດາ

zāo gāo
糟糕 ຮູ້ສຶກບໍ່ດີ

yuán lái rú cǐ
原来如此 ແບບນີ້ເອງ

tīng shuō
听说 ໄດ້ຍິນວ່າ

fó lì
佛历 ພຸດທະສັງກາດ

xiāng dāng yú
相当于 ເທົ່າກັບ

qī jiān
期间 ໃນໄລຍະ

zhāi sēng
斋僧 ຕັກບາດ

xíng shàn
行善 ສ້າງບຸນກຸສົນ; ເຮັດບຸນ

mù yù
沐浴 ອາບນ້ຳ; ສະສາງລ້າງສວ່າຍ

jìng shēn
净身 ທຳຄວາມສະອາດ

jìng bài
敬拜 ກາບໄຫວ້; ຂໍຂະມາ

zhǎng bèi
长　辈 ຜູ້ໃຫຍ່

hù xiāng
互　相 ເຊິ່ງກັນແລະກັນ

pō shuǐ
泼 水 ຫົດນ້ຳ

zhù fú
祝 福 ອວຍພອນ

huā chē
花 车 ລົດທີ່ປະດັບປະດາດ້ວຍດອກໄມ້; ລົດດອກໄມ້

yóu xíng
游 行 ແຫ່ຂະບວນ

gē wǔ
歌舞 ຟ້ອນລຳທຳເພງ

jí huì
集会 ຊຸມນຸມ

huó dòng
活 动 ກິດຈະກຳ

tīng qǐ lái
听 起 来 ຟັງແລ້ວ

hěn yǒu yì si
很 有 意思 ມີຄວາມມ່ວນຊື່ນ; ມີຄວາມໝາຍ

yù zhù
预 祝 ອວຍພອນລ່ວງໜ້າ

rè nao
热 闹 ຄຶກຄື້ນ

nóng lì
农 历 ປະຕິທິນຈັນທະຄະຕິ

qìng zhù
庆 祝 ສະຫຼອງ; ສະເຫຼີມສະຫຼອງ

gōng lì
公 历 ປະຕິທິນສຸລິຍະຄະຕິ

lóng zhòng
隆　重 ມະໂຫລານ

tiē chūn lián
贴 春 联 ຕິດຄະຕິຄູ່

guàng miào huì
逛　庙　会 ທ່ຽວຊົມບຸນວັດ

qiú xué
求 学 ຮ່ຳຮຽນ

wú lùn
无 论 ແຕ່ຢ່າງໃດກໍຕາມ

huí jiā
回 家 ກັບບ້ານ; ເມືອບ້ານ

qīn rén
亲 人 ຍາດສະໜິດ

tuán jù
团 聚 ເຕົ້າໂຮມ

yī qǐ
一起 ນຳກັນ

nián yè fàn
年 夜 饭 ເຂົ້າໃນຄືນສົ່ງທ້າຍປີເກົ່າ

qīn qi
亲 戚 ຍາດພີ່ນ້ອງ

bài nián
拜 年 ອວຍພອນປີໃໝ່

hái zi
孩 子 ລູກ

yā suì qián
压 岁 钱 ອັ່ງເປົາ

běi fāng rén
北 方 人 ຄົນພາກເໜືອ

jiǎo zi
饺 子 ກ້ຽວ

nán fāng rén
南 方 人 ຄົນພາກໃຕ້

zòng zi
粽 子 ເຂົ້າຕົ້ມ

nián gāo
年 糕 ໜຽນກ່າວ（ຂະໜົມໃນບຸນກຸດຈີນ）

tāng yuán
汤 圆 ທ່າງປວນ (ເຂົ້າໜົມບົວລອຍ)

jī
鸡 ໄກ່

yā
鸭 ເປັດ

yú
鱼 ປາ

ròu
肉 ຊີ້ນ

fēng shèng
丰 盛 ອຸດົມສົມບູນ

bài nián
拜 年 ອວຍພອນປີໃໝ່

zhù fú yǔ
祝 福 语 ຄຳອວຍພອນ

huí lǎo jiā
回 老 家 ກັບບ້ານເກີດເມືອງນອນ

fù mǔ
父 母 ພໍ່ແມ່

guò jié
过 节 ຫຼິ້ນບຸນ

xīn chūn
新 春 ປີໃໝ່

yú kuài
愉 快 ເບີກບານມ່ວນຊື່ນ

zhōng qiū jié
中 秋 节 ບຸນໄຫວ້ພະຈັນ

yuè bing
月 饼 ຂະໜົມໄຫວ້ພະຈັນ

tuán tuán yuán yuán
团 团 圆 圆 ເຕົ້າໂຮມກັນ; ພ້ອມພຽງຮຽງໜ້າ

xìng fú
幸 福 ຄວາມສຸກ

měi mǎn
美 满 ເຕັມໄປດ້ວຍຄວາມສຸກ

wǎn shang
晚 上 ຕອນຄ່ຳ

yuè liang
月 亮 ດວງຈັນ; ດວງເດືອນ

gòng tóng
共 同 ຮ່ວມກັນ

shǎng yuè
赏 月 ຊົມດວງຈັນ; ຊົມເດືອນ

pǐn cháng
品 尝 ຊີມ

xiàn mù
羡 慕 ສະອອນ; ຊື່ນຊົມ

chuán tǒng
传 统 ປະເພນີ

qīng míng jié
清 明 节 ບຸນຊິງມິງ (ບຸນອະນາໄມສຸສານ)

duān wǔ jié
端 午 节 ບຸນຊ່ວງເຮືອ; ຕ່ວນອູ

sǎo mù
扫 墓 ປັດກວາດສຸສານ

jì zǔ
祭 祖 ບູຊາບັນພະບຸລຸດ

tà qīng
踏 青 ທ່ຽວຊານເມືອງ

jiāo yóu
郊 游 ທ່ຽວຊົມຊານເມືອງ

chī huò
吃 货 ຄົນມັກກິນ

sài lóng zhōu
赛 龙 舟 ຊ່ວງເຮືອ

diàn shì
电 视 ໂທລະພາບ

chǎng miàn
场　面 ສະພາບການ

zhèn hàn
震　撼 ຕື່ນເຕັ້ນ

rén qì
人气 ຄວາມນິຍົມ

mín sú
民 俗 ຮີດຄອງປະເພນີ

shèng dàn jié
圣　诞 节 ວັນຄຣິສມາດ

xī shì
西 式 ແບບຕາເວັນຕົກ

jìn nián
近　年 ຊຸມປີມໍ່ໆມານີ້

suí zhe
随　着 ຄຽງຄູ່

shè huì
社 会 ສັງຄົມ

jīng jì
经 济 ເສດຖະກິດ

fā zhǎn
发 展 ພັດທະນາ

chǎo zuò
炒　作 ໂຄສະນາແຮງ

nián qīng rén
年　轻　人 ຊາວໜຸ່ມ

rè zhōng
热　衷 ນິຍົມ

四、课后练习 ເຝິກຫັດນອກໂມງຮຽນ

1. 分组自由交流。ແບ່ງຈຸແລກປ່ຽນກັນ.

（1）谈谈你最喜欢的节日，说说你为什么喜欢它。

（2）中国和老挝有哪些重要节日？选择一个节日来说说人们是怎么庆祝的。

2. 根据课文内容或语法知识改错。ກວດແກ້ໃຫ້ຖືກຕ້ອງຕາມບົດຮຽນຫຼືໄວຍະກອນ.

（1）人们尽管离家多远，都会回家与亲人团聚，一起吃年夜饭。

（2）除了吃粽子，端午节还有一项重要活动——看花灯。

（3）赛龙舟不但是中国的一项传统民俗活动，的确是老挝的一个重大活动。

3. 听录音，写出听到的句子（录音听两遍）。ຟັງສຽງ，ຂຽນປະໂຫຍກທີ່ໄດ້ຍິນອອກມາ (ຟັງສຽງ 2 ເທື່ອ) .

（1）________________________________

（2）________________________________

（3）________________________________

（4）________________________________

（5）________________________________

第二十课　海关与出入境

ບົດທີ 20 ດ່ານພາສີແລະການກວດຄົນເຂົ້າອອກເມືອງ

一、重点句式 ໂຄງສ້າງປະໂຫຍກທີ່ສຳຄັນ

qǐng wèn zài nǎ lǐ bàn lǐ hǎi guān shǒu xù
1. 请问在哪里办理海关手续？

ຂໍຖາມແດ່ບ່ອນເຮັດເອກະສານຜ່ານດ່ານຢູ່ໃສ?

qǐng chū shì nín de hù zhào rù jìng zhèng míng jiàn kāng zhèng míng
2. 请出示您的护照/入境证明/健康证明。

ກະລຸນາສະແດງໜັງສືຜ່ານແດນ/ໃບຢັ້ງຢືນການເຂົ້າເມືອງ/ໃບຢັ້ງຢືນສຸຂະພາບຂອງທ່ານ.

qǐng wèn nǐ cǐ xíng de mù dì shì shén me
3. 请问你此行的目的是什么？

ຈຸດປະສົງການເດີນທາງຂອງທ່ານແມ່ນຫຍັງ?

wǒ lái lǎo wō lǚ yóu xué xí bàn lǐ gōng wù
4. 我来老挝旅游/学习/办理公务。

ຂ້ອຍມາປະເທດລາວເພື່ອທ່ອງທ່ຽວ/ສຶກສາ/ວຽກທາງການ.

qǐng tián xiě rù jìng dēng jì kǎ wài bì shēn bào biǎo hǎi guān shēn bào biǎo
5. 请填写入境登记卡/外币申报表/海关申报表。

ກະລຸນາຂຽນແບບຟອມເຂົ້າເມືອງ/ແບບຟອມແຈ້ງເງິນຕາຕ່າງ

ປະເທດ/ແບບຟອມແຈ້ງຕໍ່ດ່ານພາສີ.

qǐng pèi hé wǒ men jiǎn chá
6. 请配合我们检查。
ກະລຸນາໃຫ້ການຮ່ວມມືກັບການກວດກາຂອງພວກເຮົາດ້ວຍ.

qǐng wèn zhè lǐ zěn me tián
7. 请问这里怎么填？
ຂໍຖາມແດ່ບ່ອນນີ້ຂຽນແນວໃດ?

zhè lǐ tián xìng míng lián xì diàn huà jǐn jí lián xì rén jí diàn huà hào mǎ duì ma
8. 这里填姓名/联系电话/紧急联系人及电话号码，对吗？
ບ່ອນນີ້ຂຽນຊື່ແລະນາມສະກຸນ/ໝາຍເລກໂທລະສັບ/ໝາຍເລກຕິດຕໍ່ສຸກເສີນແລະໝາຍເລກໂທລະສັບ, ແມ່ນບໍ?

yǒu méi yǒu wéi jìn pǐn yào shēn bào de wù pǐn
9. 有没有违禁品/要申报的物品？
ມີວັດຖຸຕ້ອງຫ້າມ/ວັດຖຸສິ່ງຂອງທີ່ຕ້ອງແຈ້ງບໍ?

duì xié dài xiàn jīn de shù liàng yǒu yāo qiú ma
10. 对携带现金的数量有要求吗？
ຈຳນວນເງິນສົດທີ່ຖືຕິດໂຕມີຂໍ້ກຳນົດຫຍັງບໍ?

qù lǎo wō tài guó miǎn diàn kě yǐ bàn lǐ luò dì qiān zhèng ma
11. 去老挝/泰国/缅甸可以办理落地签证吗？
ໄປປະເທດລາວ/ໄທ/ມຽນມາສາມາດຂໍວີຊາກັບດ່ານໄດ້ບໍ?

qù lǎo wō kě yǐ zài kūn míng zhuǎn jī
12. 去老挝可以在昆明转机。
ໄປປະເທດລາວສາມາດຕໍ່ເຮືອບິນຢູ່ຄຸນໝິງ.

xíng li kě yǐ tuō yùn bàn lǐ lián yùn
13. 行李可以托运/办理联运。
ຫີບເດີນທາງສາມາດຝາກສົ່ງ/ຜ່ານການຂົນສົ່ງແບບເຊື່ອມຕໍ່.

qǐng bǎ xíng li fàng zài chuán sòng dài shang
14. 请把行李放在传送带上。
ກະລຸນາວາງຫີບເດີນທາງຂອງທ່ານໄວ້ເທິງສາຍພານ.

语言点归纳 ຂໍ້ສະຫຼຸບ

1. ຄຳວ່າ "办理……手续 ດຳເນີນການ…"，ເຊັ່ນ: "参加会议者需要办理入住登记手续。ຜູ້ເຂົ້າຮ່ວມກອງປະຊຸມຕ້ອງການລົງທະບຽນເຂົ້າພັກ."

2. ຄຳວ່າ "请出示你的…… ກະລຸນາສະແດງ…ຂອງທ່ານ/ຂໍເບິ່ງ…ຂອງທ່ານແດ່", ເຊັ່ນ: "请出示你的电影票。ກະລຸນາສະແດງປີ້ຮູບເງົາຂອງທ່ານ."

3. ຄຳວ່າ "配合…… ປະສານງານ…", ເຊັ່ນ: "我们要互相配合好，才能打赢比赛。ພວກເຮົາຕ້ອງປະສານງານກັນໃຫ້ດີ, ຈຶ່ງຈະຊະນະການແຂ່ງຂັນໄດ້."

4. ຄຳວ່າ "携带……ເອົາ…ໄປນຳ…", ເຊັ່ນ: "携带行李 ເອົາຫີບເດີນທາງໄປນຳ" "携带家眷 ເອົາສະມາຊິກໃນຄອບຄົວໄປນຳ".

二、会话训练 ເຝິກການສົນທະນາ

情景会话 1 ການສົນທະນາທີ 1

（在机场入境处。甲：旅客；乙：海关人员）
（ທາງເຂົ້າຢູ່ສະໜາມບິນ. ກ: ນັກທ່ອງທ່ຽວ；ຂ: ພະນັກງານດ່ານພາສີ）

jiǎ qǐng wèn shì zài zhè lǐ bàn lǐ hǎi guān shǒu xù ma
甲：请问是在这里办理海关手续吗？
ກ: ຂໍຖາມແດ່ເຮັດເອກະສານຜ່ານດ່ານຢູ່ບ່ອນນີ້ບໍ?

yǐ shì de qǐng chū shì yī xià nín de hù zhào
乙：是的。请出示一下您的护照。
ຂ: ແມ່ນແລ້ວ. ກະລຸນາສະແດງໜັງສືຜ່ານແດນຂອງທ່ານ.

jiǎ gěi qǐng wèn hái yào chū shì dēng jī kǎ ma
甲：给。请问还要出示登机卡吗？
ກ: ນີ້ເດ. ຂໍຖາມແດ່ຍັງຕ້ອງສະແດງໃບຂຶ້ນຍົນອີກບໍ?

yǐ shì de hái yǒu nín de rù jìng shēn qǐng kǎ
乙：是的。还有您的入境申请卡。
ຂ: ແມ່ນແລ້ວ. ຍັງມີແບບຟອມເຂົ້າເມືອງຂອງທ່ານອີກ.

jiǎ zài zhè lǐ gěi nín
甲：在这里。给您。
ກ: ນີ້ເດ່.

yǐ nín cǐ xíng de mù dì shì shén me
乙：您此行的目的是什么？
ຂ: ຈຸດປະສົງການເດີນທາງຂອງທ່ານແມ່ນຫຍັງ?

jiǎ wǒ shì lái lǚ yóu de
甲：我是来旅游的。
ກ: ຂ້ອຍມາທ່ອງທ່ຽວ.

yǐ　nín dǎ suàn dāi duō cháng shí jiān
乙：您打算待多长时间？

ຂ: ທ່ານມີແຜນຊິຢູ່ດົນປານໃດ?

jiǎ　yī gè xīng qī zuǒ yòu
甲：一个星期左右。

ກ: ປະມານໜຶ່ງອາທິດ.

yǐ　nín de bāo li yǒu shén me dōng xi　néng dǎ kāi kàn kan ma
乙：您的包里有什么东西？能打开看看吗？

ຂ: ຢູ່ໃນກະເປົາຂອງທ່ານມີຫຍັງແດ່? ເປີດໃຫ້ເບິ່ງໄດ້ບໍ?

jiǎ　zhǐ shì xiē yī fu jí rì cháng yòng pǐn ér yǐ　fēi dǎ kāi bù kě ma
甲：只是些衣服及日常用品而已。非打开不可吗？

ກ: ມີພຽງແຕ່ເຄື່ອງນຸ່ງແລະເຄື່ອງໃຊ້ປະຈຳວັນເທົ່ານັ້ນ. ຈຳເປັນຕ້ອງເປີດບໍ?

yǐ　shì de　qǐng pèi hé wǒ men jiǎn chá
乙：是的，请配合我们检查。

ຂ: ແມ່ນແລ້ວ, ກະລຸນາໃຫ້ການຮ່ວມມືກັບພວກເຮົາດ້ວຍ.

jiǎ　hǎo ba
甲：好吧。

ກ: ໄດ້.

yǐ　nín kě yǐ zǒu le
乙：（检查后）您可以走了。

ຂ: (ພາຍຫຼັງກວດກາແລ້ວ) ທ່ານໄປໄດ້ແລ້ວ.

jiǎ　xiè xie
甲：谢谢！

ກ: ຂອບໃຈ!

注释 ໝາຍເຫດ

1. ຄຳວ່າ "是……的 ແມ່ນ…" ແມ່ນປະໂຫຍກທີ່ເນັ້ນໜັກ. ເຊັ່ນ: "我那天是坐地铁回去的。ມື້ນັ້ນຂ້ອຍແມ່ນຂີ່ລົດໄຟໃຕ້ດິນກັບ." "他是从老挝来的。ລາວແມ່ນມາຈາກປະເທດລາວ."

2. ຄຳວ່າ "而已 ເທົ່ານັ້ນ" ແມ່ນຄຳຊ່ວຍ, ມັກໃຊ້ກັບຄຳສັບ "ພຽງແຕ່" ແລະ "ແຕ່" ແລະອື່ນໆ. ເຊັ່ນ: "他这样做只不过是自欺欺人而已。ລາວເຮັດແບບ ນີ້ພຽງແຕ່ຕົວະໂຕເອງແລະຜູ້ອື່ນເທົ່ານັ້ນ."

3. ຄຳວ່າ "非……不可 ຕ້ອງ…" ໃຊ້ສະແດງເຖິງຄວາມ "ຈຳເປັນ" . ເຊັ່ນ: "要根治这个病，非得动手术不可。ຄັນຢາກປິ່ນປົວພະຍາດນີ້ໃຫ້ເຊົາດີ, ຕ້ອງຜ່າຕັດແນ່ນອນ."

情景会话 2 ການສົນທະນາທີ 2

（甲：海关人员；乙：旅客）
（ກ: ພະນັກງານດ່ານພາສີ; ຂ: ນັກທ່ອງທ່ຽວ）

jiǎ qǐng tián xiě yī xià rù jìng kǎ hé hǎi guān shēn bào dān
甲：请 填 写 一 下 入 境 卡 和 海 关 申 报 单 。
ກ: ກະລຸນາຂຽນແບບຟອມເຂົ້າເມືອງແລະແບບຟອມແຈ້ງຕໍ່ດ່ານພາສີ.

yǐ qǐng wèn zhè lǐ zěn me tián
乙：请 问 这 里 怎 么 填？
ຂ: ຂໍຖາມແດ່ບ່ອນນີ້ຂຽນແນວໃດ?

jiǎ zhè lǐ tián nín de xìng míng hé lián xì fāng shì
甲：这 里 填 您 的 姓 名 和 联 系 方 式 。

ກ: ບ່ອນນີ້ຂຽນຊື່ແລະນາມສະກຸນ, ວິທີຕິດຕໍ່ຂອງທ່ານ.

yǐ zhè lǐ ne
乙：这里呢？

ຂ: ບ່ອນນີ້ເດ?

jiǎ tián nín chéng zuò de háng bān hào
甲：填您乘坐的航班号。

ກ: ຂຽນເລກຖ້ຽວບິນທີ່ທ່ານຂີ່ມາ.

yǐ qǐng wèn zhè zhāng hǎi guān shēn bào dān zěn me tián ne
乙：请问这张海关申报单怎么填呢？

ຂ: ຂໍຖາມແດ່ແບບຟອມແຈ້ງຕໍ່ດ່ານພາສີນີ້ຂຽນແນວໃດ?

jiǎ nín yǒu shén me yào shēn bào de ma bǐ rú shǒu tí diàn nǎo zhào xiàng jī děng
甲：您有什么要申报的吗？比如手提电脑、照相机等。

ກ: ທ່ານມີຫຍັງຕ້ອງແຈ້ງຕໍ່ດ່ານພາສີບໍ? ເຊັ່ນ: ຄອມພິວເຕີເຄື່ອນທີ່, ກ້ອງຖ່າຍຮູບແລະອື່ນໆ.

yǐ wǒ dài le yī tái shǒu tí diàn nǎo
乙：我带了一台手提电脑。

ຂ: ຂ້ອຍຖືຄອມພິວເຕີເຄື່ອນທີ່ໜຶ່ງໜ່ວຍມານຳ.

jiǎ nà qǐng tián shàng hái yǒu bié de ma
甲：那请填上。还有别的吗？

ກ: ຄັ້ນຊັ້ນກະລຸນາຂຽນຂໍ້ມູນໃສ່. ຍັງມີຫຍັງອີກບໍ?

yǐ méi yǒu le zhè yàng tián kě yǐ le ma
乙：没有了。这样填可以了吗？

ຂ: ບໍ່ມີແລ້ວ. ຂຽນແນວນີ້ໄດ້ແລ້ວບໍ?

jiǎ　kě yǐ le
甲：可 以 了 。

ກ: ໄດ້ແລ້ວ.

yǐ　xiè xie nín
乙：谢 谢 您 。

ຂ: ຂອບໃຈ.

jiǎ　bù kè qi
甲：不 客 气。

ກ: ບໍ່ເປັນຫຍັງ.

注释 ໝາຍເຫດ

1. ຄຳວ່າ "填写…… ຂຽນ…", ເຊັ່ນ: "填写表格 ຂຽນແບບຟອມ" "填写履历表 ຂຽນຊີວະປະຫວັດຫຍໍ້".

2. ຄຳວ່າ "比如 ເຊັ່ນ" ແມ່ນຄຳຍົກຕົວຢ່າງ, ວາງຢູ່ຕໍ່ໜ້າຕົວຢ່າງ. ເຊັ່ນ: "他的兴趣很广，比如看电影、听音乐等。ລາວມັກຫຼາຍຢ່າງ, ເຊັ່ນເບິ່ງຮູບເງົາ, ຟັງດົນຕີແລະອື່ນໆ."

3. ຄຳວ່າ "有……吗? ມີ...ບໍ?" ແມ່ນປະໂຫຍກຄຳຖາມທີ່ມັກໃຊ້ເປັນປະຈຳ, ໃນນັ້ນ "ບໍ" ແມ່ນຄຳອຸທານຊ່ວຍ. ເຊັ່ນ "还有什么要注意的吗? ຍັງມີຫຍັງຕ້ອງລະວັງອີກບໍ?"

情景会话 3 ການສົນທະນາທີ 3

（甲：中国人；乙：在中国的老挝人）
（ກ: ຄົນຈີນ; ຂ: ຄົນລາວຢູ່ປະເທດຈີນ）

jiǎ　wǒ xiǎng guò duàn shí jiān qù lǎo wō lǚ yóu　nǐ rèn wéi shì gēn tuán yóu
甲：我想过段时间去老挝旅游。你认为是跟团游
hǎo hái shi zì zhù yóu hǎo
好还是自助游好？

ກ: ຖ້າອີກໄລຍະໜຶ່ງຂ້ອຍຢາກໄປທ່ອງທ່ຽວປະເທດລາວ.
ເຈົ້າຄິດວ່າໄປນຳກຸ່ມນຳທ່ຽວ ຫຼືທ່ຽວເອງດີກວ່າ?

yǐ　zì zhù yóu bǐ gēn tuán yóu gèng zì yóu　bù guò　jiǎ rú nǐ shì dì yī
乙：自助游比跟团游更自由。不过，假如你是第一
cì chū guó lǚ yóu　jiù hái shi gēn tuán bǐ jiào hǎo　gēn tuán yóu jì
次出国旅游，就还是跟团比较好。跟团游既
shěng shì yòu ān quán
省事又安全。

ຂ: ໄປທ່ຽວເອງດີກວ່າໄປນຳກຸ່ມນຳທ່ຽວ. ແຕ່ວ່າ, ຖ້າເຈົ້າອອກ
ທ່ຽວຕ່າງປະເທດເປັນຄັ້ງທຳອິດ, ຄວນທ່ຽວນຳກຸ່ມນຳທ່ຽວດີກວ່າ.
ໄປນຳກຸ່ມນຳທ່ຽວທັງງ່າຍດາຍແລະທັງປອດໄພ.

jiǎ　wǒ yǐ qián méi yǒu chū guo guó　nà wǒ hái shi gēn tuán ba　qǐng wèn
甲：我以前没有出过国，那我还是跟团吧。请问
yào zhù yì xiē shén me ne
要注意些什么呢？

ກ: ຂ້ອຍບໍ່ເຄີຍໄປຕ່າງປະເທດ, ຄັນຊັ້ນຂ້ອຍຈະໄປນຳກຸ່ມນຳທ່ຽວດີກ່ວາ.
ຂໍຖາມແດ່ ຂ້ອຍຕ້ອງລະວັງຫຍັງແດ່?

yǐ　bù yào xié dài yì rán yì bào pǐn　yě bù yào xié dài yǒu yì wèi de dōng
乙：不要携带易燃易爆品，也不要携带有异味的东
xi　fēi fǎ shū kān　yǐng dié　yǐ jí wèi jīng jiǎn yì de dòng zhí wù
西，非法书刊、影碟，以及未经检疫的动植物
děng
等。

ຂ: ຫ້າມນຳເອົາວັດຖຸໄວໄຟ, ວັດຖຸລະເບີດໄດ້ງ່າຍ, ແລະຫ້າມຖືສິ່ງ

ຂອງໃດໆທີ່ມີກິ່ນແປກໆ, ປຶ້ມທີ່ຜິດກົດໝາຍ, ດີວີດີ, ສັດແລະພືດທີ່ຍັງບໍ່ທັນໄດ້ກວດພະຍາດ.

jiǎ zài lǎo wō kě yǐ yòng rén mín bì ma
甲：在老挝可以用人民币吗？

ກ: ຢູ່ລາວໃຊ້ເງິນຢວນໄດ້ບໍ?

yǐ lǎo wō de huò bì shì jī pǔ nǐ kě yǐ xié dài yī xiē rén mín bì dào lǎo wō gēn jù xū yào duì huàn jī pǔ
乙：老挝的货币是基普。你可以携带一些人民币，到老挝根据需要兑换基普。

ຂ: ເງິນຕາຂອງລາວແມ່ນເງິນກີບ. ເຈົ້າຖືເງິນຢວນໄປນຳ, ຮອດປະເທດລາວແລ້ວປ່ຽນເປັນເງິນກີບຕາມຄວາມຕ້ອງການ.

jiǎ duì xié dài xiàn jīn de shù liàng yǒu yāo qiú ma
甲：对携带现金的数量有要求吗？

ກ: ມີຂໍ້ກຳນົດຫຍັງສຳລັບຈຳນວນເງິນສົດທີ່ຖືໄປບໍ?

yǐ yǒu de cóng zhōng guó chū jìng zuì duō kě yǐ xié dài wàn yuán rén mín bì huò děng zhí de qí tā huò bì
乙：有的。从中国出境最多可以携带2万元人民币或等值的其他货币。

ຂ: ມີຢູ່. ສາມາດຖືເງິນຢວນສູງສຸດແມ່ນບໍ່ກາຍ 20,000 ຢວນ ຫຼືເງິນຕາອື່ນໆທີ່ມີມູນຄ່າ ເທົ່າກັນເມື່ອອອກເມືອງຈີນ.

jiǎ qù lǎo wō kě yǐ bàn lǐ luò dì qiān zhèng ma
甲：去老挝可以办理落地签证吗？

ກ: ໄປລາວຂໍວີຊາກັບດ່ານໄດ້ບໍ?

yǐ kě yǐ de dào dá lǎo wō jìng nèi de jī chǎng huò zhě kǒu àn hòu chí
乙：可以的。到达老挝境内的机场或者口岸后，持

hù zhào jiù néng xiàn chǎng bàn lǐ dàn hù zhào de yǒu xiào qī bì xū zài
护照就能现场办理，但护照的有效期必须在
gè yuè yǐ shàng
6个月以上。

ຂ: ໄດ້. ຫລັງຈາກໄປຮອດສະໜາມບິນຫລືທ່າເຮືອຂອງປະເທດລາວແລ້ວ, ມີໜັງສືຜ່ານ ແດນກໍສາມາດດຳເນີນການໄດ້ເລີຍ, ແຕ່ໜັງສືຜ່ານແດນຕ້ອງມີອາຍຸການໃຊ້ງານ 6 ເດືອນຂຶ້ນໄປ.

jiǎ míng bai le duì le hé lǎo wō rén dǎ jiāo dao yào zhù yì xiē shén me
甲：明白了。对了，和老挝人打交道要注意些什么
ne yǒu shén me jìn jì ma
呢？有什么禁忌吗？

ກ: ເຂົ້າໃຈແລ້ວ. ແມ່ນແລ້ວ, ຂ້ອຍຄວນລະວັງຫຍັງເມື່ອພົວພັນກັບຄົນລາວ? ມີຂໍ້ຫ້າມບໍ?

yǐ yǒu yī diǎn yào zhù yì jiù shì qiān wàn bù yào chù pèng dāng dì rén de
乙：有一点要注意，就是千万不要触碰当地人的
tóu
头。

ຂ: ມີສິ່ງໜຶ່ງຕ້ອງລະວັງ, ຫ້າມຈັບຫົວຂອງຄົນທ້ອງຖິ່ນເດັດຂາດ.

jiǎ ó wèi shén me ne
甲：哦，为什么呢？

ກ: ໂອ້, ຍ້ອນຫຍັງ?

yǐ yīn wèi lǎo wō rén rèn wéi tóu bù shì zuì shén shèng de dì fang qí tā rén
乙：因为老挝人认为头部是最神圣的地方，其他人
shì bù néng chù pèng de
是不能触碰的。

ຂ: ຍ້ອນວ່າຄົນລາວຄິດວ່າຫົວແມ່ນບ່ອນສັກສິດທີ່ສຸດ, ຄົນອື່ນຫ້າມຈັບບາຍເດັດຂາດ.

jiǎ jiàn dào lǎo wō rén yào zěn yàng gēn tā men dǎ zhāo hu ne
甲：见到老挝人，要怎样跟他们打招呼呢？
ກ: ເມື່ອພົບພໍ້ຄົນລາວ, ຄວນທັກທາຍເຂົາເຈົ້າແນວໃດ?

yǐ xíng hé shí lǐ jí kě rú guǒ duì fāng xiān xíng hé shí lǐ nǐ yě yào huí lǐ
乙：行合十礼即可。如果对方先行合十礼，你也要回礼。
ຂ: ຍໍມືນົບກໍໄດ້ແລ້ວ. ຖ້າຝ່າຍກົງກັນຂ້າມຍໍມືນົບກ່ອນ, ເຈົ້າກໍຕ້ອງນົບຄືນ.

jiǎ hǎo de jì zhù le xiè xie nǐ
甲：好的。记住了。谢谢你。
ກ: ເຈົ້າ. ຈື່ແລ້ວ. ຂອບໃຈ.

yǐ bù kè qi
乙：不客气。
ຂ: ບໍ່ເປັນຫຍັງ.

注释 ໝາຍເຫດ

1. ຄຳວ່າ "……比…… …ກ່ວາ…" ແມ່ນແບບປະໂຫຍກສົມທຽບ. ເຊັ່ນ: "我比她大。ຂ້ອຍໃຫຍ່ກວ່ານາງ (ໝາຍເຖິງອາຍຸ)." "她比我跑得快。ນາງແລ່ນໄວກວ່າຂ້ອຍ."

2. ຄຳວ່າ "假如……就…… ຖ້າວ່າ…ກໍ…" ແມ່ນຮູບແບບປະໂຫຍກໜຶ່ງທີ່ສະແດງເຖິງຄວາມສຳພັນຂອງການສົມມຸດ. ເຊັ່ນ: "假如明天有时间，我就去找你。ຖ້າວ່າມື້ອື່ນມີເວລາ, ຂ້ອຍຈະໄປຫາເຈົ້າ."

3. ຄຳວ່າ "既……又…… ທັງ…ທັງ…" ແມ່ນປະໂຫຍກເທົ່າທຽມກັນ, ສະແດງເຖິງການມີລັກສະນະຫຼືສະພາບການສອງດ້ານພ້ອມກັນ. ເຊັ່ນ: "他既聪明又勤奋。ລາວທັງສະຫຼາດທັງດຸໝັ່ນ."

4. ຄຳວ່າ "千万…… ເດັດຂາດ…" ແມ່ນກິລິຍາວິເສດມີຄວາມໝາຍວ່າ "ແນ່ນອນ" ໃຊ້ໃນປະໂຫຍກບົ່ງການ, ເພື່ອສະແດງເຖິງການສະເໜີ, ບອກເຕືອນແລະອື່ນໆ, ທາງຫຼັງມັກເຊື່ອມຄຳປະຕິເສດ. ເຊັ່ນ: "遇到紧急情况千万不要惊慌。ຢ່າຕົກໃຈກະວົນກະວາຍເດັດຂາດໃນເວລາພົບເຫດສຸກເສີນ."

情景会话 4 ການສົນທະນາທີ 4

（在国际机场。甲：机场工作人员；乙：老挝人）

（ຢູ່ສະໜາມບິນສາກົນ. ກ: ພະນັກງານຢູ່ສະໜາມບິນ; ຂ: ຄົນລາວ）

jiǎ nín hǎo qǐng wèn nín yǒu xíng li yào tuō yùn ma
甲：您好。请问您有行李要托运吗？
ກ: ສະບາຍດີ. ທ່ານມີຫີບເດີນທາງຕ້ອງຝາກສົ່ງບໍ?

yǐ yǒu zhè liǎng gè xiāng zi
乙：有。这两个箱子。
ຂ: ມີ. ສອງຫີບນີ້.

jiǎ nǐ yào zài kūn míng zhuǎn jī yào bàn lǐ xíng li lián yùn ma
甲：你要在昆明转机。要办理行李联运吗？
ກ: ເຈົ້າປ່ຽນເຮືອບິນຢູ່ຄຸນໝິງ. ຕ້ອງການຂົນສົ່ງຫີບເດີນທາງແບບເຊື່ອມຕໍ່ບໍ?

yǐ néng bàn dāng rán bàn fǒu zé wǒ hái děi duō ná yī cì xíng li
乙：能办当然办，否则我还得多拿一次行李。
ຂ: ເຮັດໄດ້ກໍເຮັດ, ຖ້າບໍ່ດັ່ງນັ້ນຂ້ອຍຕ້ອງເອົາຫີບເດີນທາງອີກຄັ້ງໜຶ່ງ.

jiǎ hǎo de lǐ miàn yǒu chōng diàn bǎo huò zhě lǐ diàn chí ma
甲：好的。里面有充电宝或者锂电池吗？
ກ: ໄດ້. ຢູ່ໃນມີພາວເວີແບ້ງຫຼືແບັດເຕີຣີບໍ?

yǐ méi yǒu
乙：没有。
ຂ: ບໍ່ມີ.

jiǎ qǐng bǎ xíng li fàng zài chuán sòng dài shang hǎo le qǐng bǎo guǎn hǎo nǐ de xíng li biāo qiān
甲：请把行李放在传送带上。好了。请保管好你的行李标签。
ກ: ກະລຸນາວາງຫີບເດີນທາງຂອງທ່ານໃສ່ສາຍພານລຳລຽງ. ຮຽບຮ້ອຍແລ້ວ. ກະລຸນາຮັກສາກາໝາຍຫີບເດີນທາງຂອງທ່ານ.

yǐ hǎo de xiè xie
乙：好的，谢谢！
ຂ: ເຈົ້າ, ຂອບໃຈ!

jiǎ bù kè qi
甲：不客气。
ກ: ບໍ່ເປັນຫຍັງ.

注释 ໝາຍເຫດ

1. ຄຳວ່າ "转机 ປ່ຽນເຮືອບິນ/ຕໍ່ເຮືອບິນ" ຢູ່ນີ້ໝາຍເຖິງປ່ຽນເຮືອບິນໃນການເດີນທາງ. ເຊັ່ນ: "他们打算在香港转机。ພວກເຂົາເຈົ້າມີແຜນຈະປ່ຽນເຮືອບິນຢູ່ຮົງກົງ." "从南宁去哈尔滨没有直达

航班，必须转机。ບໍ່ມີຖ້ຽວບິນໂດຍກົງຈາກໜານໜິງໄປຣາບິນ, ດັ່ງນັ້ນຕ້ອງປ່ຽນເຮືອບິນ."

2. ຄຳວ່າ "联运 ຂົນສົ່ງແບບເຊື່ອມຕໍ່/ຂົນສົ່ງຮອດປາຍທາງ/ຫີບເດີນທາງສາມາດຝາກສົ່ງ/ຜ່ານການຂົນສົ່ງແບບເຊື່ອມຕໍ່/ແຕ່ຫີບເດີນທາງສາມາດສົ່ງຮອດປາຍທາງເລີຍ" ໝາຍຄວາມວ່າຖ້ຽວບິນສາກົນສາມາດລົງທະບຽນໃນສາຍພາຍໃນປະເທດ, ຫີບເດີນທາງຈະສົ່ງຈາກສະຖານີຕົ້ນທາງໄປຮອດສະຖານີປາຍທາງ. ເຊັ່ນ: "你要在新加坡转机，但行李可以联运。ເຈົ້າຕ້ອງປ່ຽນເຮືອບິນຢູ່ສິງກະໂປ, ແຕ່ຫີບເດີນທາງສາມາດສົ່ງຮອດປາຍທາງເລີຍ."

3. ຄຳວ່າ "否则 ຖ້າບໍ່ດັ່ງນັ້ນ" ໃຊ້ບອກຜົນທີ່ໄດ້ຈາກບໍລິບົດຢູ່ທາງໜ້າຫຼືໃຫ້ທາງເລືອກອື່ນ. ເຊັ່ນ: "除非有特殊情况，否则行程不改变。ນອກຈາກກໍລະນີພິເສດ, ຖ້າບໍ່ດັ່ງນັ້ນແຜນການເດີນທາງຈະບໍ່ມີການປ່ຽນແປງ."

三、单词与短语 ຄຳສັບແລະວະລີ

hǎi guān
海关 ດ່ານພາສີ

chū rù jìng
出入境 ເຂົ້າອອກເມືອງ

bàn lǐ
办理 ດຳເນີນ

chū shì
出示 ແຈ້ງ; ສະແດງ; ໃຫ້ເບິ່ງ

hù zhào
护照 ໜັງສືຜ່ານແດນ

rù jìng zhèng míng
入境证明 ໃບຢັ້ງຢືນການເຂົ້າເມືອງ

jiàn kāng zhèng míng
健康证明 ໃບຢັ້ງຢືນສຸຂະພາບ

mù dì
目的 ຈຸດປະສົງ

xué xí
学习 ຮໍ່າຮຽນ

gōng wù
公务 ລັດຖະການ; ທາງການ

tián xiě
填写 ຂຽນ

rù jìng dēng jì kǎ
入境登记卡 ແບບຟອມເຂົ້າເມືອງ

wài bì shēn bào biǎo
外币申报表 ໃບແຈ້ງເງິນຕາຕ່າງປະເທດ

shēn bào
申报 ແຈ້ງ

hǎi guān shēn bào biǎo
海关申报表 ໃບແຈ້ງຕໍ່ດ່ານພາສີ

pèi hé
配合 ປະສານງານ; ໃຫ້ການຮ່ວມມື

jiǎn chá
检查 ກວດກາ

xìng míng
姓名 ຊື່ແລະນາມສະກຸນ

lián xì diàn huà
联系电话 ໝາຍເລກໂທຕິດຕໍ່

jǐn jí lián xì rén
紧急联系人 ຜູ້ຕິດຕໍ່ສຸກເສີນ

diàn huà hào mǎ
电话号码 ໝາຍເລກໂທລະສັບ

wéi jìn pǐn
违禁品 ວັດຖຸຕ້ອງຫ້າມ

wù pǐn
物品 ເຄື່ອງຂອງ

xié dài
携带 ນຳເອົາ; ຖືຕິດໂຕ

shù liàng
数量 ຈຳນວນ

tài guó
泰国 ປະເທດໄທ

miǎn diàn
缅甸 ປະເທດມຽນມາ

luò dì qiān zhèng
落地签证 ວີຊາກັບດ່ານ

kūn míng
昆明 ຄຸນໝິງ

zhuǎn jī
转机 ປ່ຽນເຮືອບິນ

lián yùn
联运 ຂົນສົ່ງແບບເຊື່ອມຕໍ່; ຂົນສົ່ງຮອດປາຍທາງ; ຫີບເດີນທາງສາມາດຝາກສົ່ງ; ຜ່ານການຂົນສົ່ງແບບເຊື່ອມຕໍ່; ແຕ່ຫີບເດີນທາງສາມາດສົ່ງຮອດປາຍທາງເລີຍ

chuán sòng dài
传送带 ສາຍສົ່ງເຄື່ອງ

rù jìng shēn qǐng kǎ
入境申请卡 ແບບຟອມຂໍເຂົ້າເມືອງ

bāo
包 ກະເປົາ

dǎ kāi
打开 ເປີດ

zhǐ shì
只是 ພຽງແຕ່

rì cháng yòng pǐn
日常用品 ເຄື່ອງໃຊ້ປະຈຳວັນ

ér yǐ
而已 ເທົ່ານັ້ນ

chéng zuò
乘坐 ຂີ່

háng bān hào
航 班 号 ເລກຖ້ຽວບິນ

shǒu tí diàn nǎo
手 提 电 脑 ຄອມພິວເຕີເຄື່ອນທີ່

bié de
别的 ຢ່າງອື່ນ

gēn tuán yóu
跟 团 游 ໄປນຳກຸ່ມນຳທ່ຽວ

zì yóu
自 由 ອິດສະຫຼະ

jiǎ rú
假如 ສົມມຸດວ່າ

chū guó
出 国 ໄປຕ່າງປະເທດ

ān quán
安 全 ປອດໄພ

zhù yì
注 意 ລະວັງ

yì bào pǐn
易 爆 品 ວັດຖຸລະເບີດໄດ້ງ່າຍ

fēi fǎ
非 法 ຜິດກົດໝາຍ

yǐng dié
影 碟 DVD

dòng zhí wù
动 植 物 ສັດແລະພືດ

huò bì
货 币 ເງິນຕາ

gēn jù xū yào
根 据 需 要 ອີງຕາມຄວາມຕ້ອງການ

chū jìng
出 境 ອອກນອກປະເທດ

děng zhí
等 值 ມູນຄ່າເທົ່າທຽມກັນ

yǒu xiào qī
有 效 期 ເວລາທີ່ມີຜົນສັກສິດ; ໃຊ້ງານໄດ້

bǐ rú
比 如 ເຊັ່ນ

zhào xiàng jī
照 相 机 ກ້ອງຖ່າຍຮູບ

guò duàn shí jiān
过 段 时 间 ຖ້າອີກໄລຍະໜຶ່ງ

zì zhù yóu
自 助 游 ທ່ຽວເອງ

bù guò
不 过 ແຕ່ວ່າ

dì yī cì
第 一 次 ຄັ້ງທຳອິດ; ເທື່ອທຳອິດ

shěng shì
省 事 ງ່າຍດາຍ; ບໍ່ຫຍຸ້ງຍາກ

yǐ qián
以 前 ແຕ່ກີ້ແຕ່ກ່ອນ; ເມື່ອກ່ອນ

yì rán
易 燃 ໄວໄຟ

yì wèi
异 味 ກິ່ນແປກໆ; ກິ່ນຜິດປົກກະຕິ

shū kān
书 刊 ວາລະສານ

jiǎn yì
检 疫 ກວດພະຍາດ

rén mín bì
人 民 币 ເງິນຢວນ

jī pǔ
基 普 ກີບ

duì huàn
兑 换 ແລກປ່ຽນ

zuì duō
最 多 ຫຼາຍທີ່ສຸດ

xiàn chǎng bàn lǐ
现 场 办 理 ດຳເນີນການກັບທີ່

míng bai
明 白 ເຂົ້າໃຈ

dǎ jiāo dao
打 交 道 ພົວພັນ; ຄົບຄ້າສະມາຄົມ

jìn jì
禁忌 ຂໍ້ຫ້າມ

qiān wàn bù yào
千 万 不 要 ຢ່າ; ຫ້າມເດັດຂາດ

chù pèng
触 碰 ແຕະຕ້ອງ; ຈັບບາຍ

dāng dì rén
当 地 人 ປະຊາຊົນທ້ອງຖິ່ນ; ຄົນທ້ອງຖິ່ນ

tóu
头 ຫົວ

rèn wéi
认 为 ຄິດວ່າ; ເຫັນວ່າ

shén shèng
神 圣 ສັກສິດ; ສໍາຄັນ

xíng lǐ
行 礼 ການສະແດງຄວາມເຄົາລົບ

hé shí lǐ
合 十 礼 ຍໍມືນົບ

huí lǐ
回 礼 ສະແດງຄວາມເຄົາລົບຕອບກັບຄືນ; ຍໍມືນົບຄືນ

jì zhù
记 住 ຈື່ໄວ້

xiāng zi
箱 子 ຫີບ

fǒu zé
否 则 ບໍ່ດັ່ງນັ້ນ

chōng diàn bǎo
充 电 宝 ພາວເວີແບັງ; ເຄື່ອງສາກເຄື່ອນທີ່

lǐ diàn chí
锂 电 池 ແບັດເຕີຣີ່

bǎo guǎn
保 管 ຮັກສາໄວ້

xíng li biāo qiān
行 李 标 签 ການໝາຍຫີບເດີນທາງ

四、课后练习 ເຝິກຫັດນອກໂມງຮຽນ

1. 模拟下列情景进行对话。ຈໍາລອງສະພາບການລຸ່ມນີ້ແລ້ວດໍາເນີນການສົນທະນາ.

(1) 你在过海关，接受海关工作人员的检查。

(2) 你打算出国旅游，和同伴交流一下出国的注意事项。

2. 用所给的词语造句。ໃຊ້ຄໍາສັບແຕ່ງໃຫ້ເປັນປະໂຫຍກ.

(1) 非……不可　　(2) 假如……就……

(3) 既……又……　　(4) 否则

3. 听录音，回答问题。ຟັງສຽງ, ຕອບຄຳຖາມ.

（1）这名入境者的目的是什么？

（2）入境者的包里有什么东西？

（3）他/她有什么要申报的吗？

（4）请问入境卡要填什么信息？

（5）和老挝人打交道要注意什么？

课后练习录音文本

ເທັບອັດສຽງຂອງການເຝິກຫັດນອກໂມງຮຽນ

第六课　打招呼和介绍

ບົດທີ 6　ທັກທາຍແລະແນະນຳ

3. 听录音，选择正确答案。ຟັງສຽງ，ເລືອກຄຳຕອບທີ່ຖືກຕ້ອງ.

（1）A：老张，你近来好吗？

B：还行。

（2）A：您好，黄经理！

B：您好！请允许我介绍一下，这是我的朋友刘英华。

（3）A：李先生，你是做什么工作的？

B：我是一个导游。

（4）A：陈老师的妻子是中国人吗？

B：不，她是老挝人。

（5）A：小梁，好久不见了，最近在忙什么？

B：春节快到了，这几天忙着买年货呢。

第七课　时间与度量衡（包含数字等）

ບົດທີ 7　ເວລາແລະມາດຕະຖານວັດແທກຄວາມຍາວ，ນ້ຳໜັກແລະບໍລິມາດ (ລວມທັງຕົວເລກແລະອື່ນໆ)

3. 听录音，判断正误（正确的写T，错误的写F）。ຟັງສຽງ，ພິຈາລະນາຖືກຜິດ (ຖືກໃຫ້ຂຽນ T，ຜິດໃຫ້ຂຽນ F) .

（1）现在是上午8点15分。

（2）这根绳子长30厘米。

（3）他28岁了。

（4）我的体重已经超过60公斤了！我希望减到50公斤。

（5）他坐公共汽车去上班大约要40分钟。

第八课　求助和感谢

ບົດທີ 8　ຂໍຄວາມຊ່ວຍເຫຼືອແລະສະແດງຄວາມຂອບໃຈ

3. 听录音，回答问题。ຟັງສຽງ, ຕອບຄຳຖາມ.

（1）请把这箱书搬到203办公室。

（2）我想去机场。

（3）车牌号是桂AWJ556。

（4）请问可以跟您换一点零钱吗?

（5）我想用一张100元的钞票换十张10元的零钱。

第九课　交通出行、天气

ບົດທີ 9　ຄົມມະນາຄົມ, ອາກາດ

3. 听录音，填空。ຟັງສຽງ, ຕື່ມຄຳສັບໃສ່ບ່ອນວ່າງ.

（1）A：您好！请问去南宁火车东站应该坐哪路公交车?

B：B17路或B01路都可以。

（2）A：请问地铁站怎么走?

B：往前走大约300米就到了。

（3）A：您好！请问到南宁的航班是在这里办理登机手续吗?

B：是的。请出示一下您的护照。

（4）A：请问在哪里安检?

B：乘左边的电梯上二楼。

（5）A：听说你过两天要去北京开会?

B：是的，我坐火车去。

第十课 家 庭

ບົດທີ 10 ຄອບຄົວ

3. 听录音，判断正误（正确的写T，错误的写F）。ຟັງສຽງ, ພິຈາລະນາຖືກຜິດ (ຖືກໃຫ້ຂຽນ T, ຜິດໃຫ້ຂຽນ F) .

（1）小王的爸爸是一位工程师。

（2）黄兰华的爷爷还很健康。

（3）丁小英家有五口人，她父母、哥哥、妹妹和她自己。

（4）李明浩住在上海，他们一家过得很幸福。

（5）她家挺宽敞的，有五个卧室，两个客厅。

第十一课 购 物

ບົດທີ 11 ຊື້ເຄື່ອງ

3. 听录音，选择意思相同或相近的答案。ຟັງສຽງ, ເລືອກເອົາຄໍາສັບທີ່ເຈົ້າໄດ້ຍິນ.

（1）这件衣服能便宜一点吗?

（2）这些茶杯买一送一。

（3）这是最优惠的价格了。

（4）这款咖啡又便宜又好喝，性价比很高。

（5）你能教我怎么操作吗?

第十二课 餐饮、美食

ບົດທີ 12 ອາຫານການກິນ

3. 听录音，选出你听到的词语。ຟັງສຽງ, ເລືອກເອົາຄໍາສັບທີ່ເຈົ້າໄດ້ຍິນ.

（1）我喜欢喝牛奶，不喜欢喝果汁。

（2）中餐的品种很丰富。

（3）有什么菜可以推荐的吗？

（4）通过手机在网上订餐是很方便的。

（5）核对送餐地址、联系方式、所点的食物以及价钱，然后提交订单，确认支付。

第十三课　住宿（包含酒店、民宿、租房等）

ບົດທີ 13　ການພັກເຊົ່າ (ຢູ່ໂຮງແຮມ, ເຮືອນພັກແລະການເຊົ່າເຮືອນ)

3. 听录音，回答问题。 ຟັງສຽງ, ຕອບຄຳຖາມ.

（1）A：入住要提供什么证件？

B：要凭身份证或护照等有效证件登记入住。

（2）A：王芳红，你想租什么样的房子？

B：我想租一个带卫生间的单间。

（3）A：先生，您想租多长时间？

B：我想租一年。

（4）A：房子里有什么家具和家电？

B：有沙发、书桌、床、彩电、冰箱和洗衣机。

（5）A：房租多少钱？

B：每个月1500元。

第十四课　观光旅游

ບົດທີ 14　ການທ່ອງທ່ຽວ

3. 听录音，填空。 ຟັງສຽງ, ຕື່ມຄຳສັບໃສ່ບ່ອນວ່າງ.

（1）现在去旅游，可以在售票处购买实体门票，也可以在网上预购电子门票。

（2）我想去游桂林漓江，听说那里山水如画。

（3）我喜欢在龙象塔的九层塔顶眺望邕江，真是美不胜收！

（4）今天玩得很尽兴。我们等会儿坐观光车下山，好吗？我已经没力气走下山了。

（5）有几个人刚好走过来，挡住景了，得让他们走开才好拍。我过去提醒一下。

第十五课　娱　乐

ບົດທີ 15　ບັນເທີງ

3. 听录音，选择意思相同或相近的答案。ຟັງສຽງ, ເລືອກເອົາຄໍາຕອບທີ່ຄືກັນຫຼືໃກ້ຄຽງກັນ.

（1）这周末你有什么打算？

（2）很抱歉，我有事去不了。

（3）他看起来好像蛮内向的。

（4）你觉得哪个项目最好玩？

（5）既然你不想玩，那我就不勉强你了。

第十六课　看医生

ບົດທີ 16　ໄປຫາທ່ານໝໍ

3. 听录音，判断正误（正确的写T，错误的写F）。ຟັງສຽງ, ພິຈາລະນາຖືກຜິດ (ຖືກໃຫ້ຂຽນ T, ຜິດໃຫ້ຂຽນ F) .

（1）今天耳鼻喉科共有三位医生出诊。

（2）小王对青霉素过敏，所以不能随意使用抗生素。

（3）医生吩咐他少吃甜食，勤刷牙。

（4）处方药必须有医生的处方才能购买。

（5）这种冲剂每次服一小袋，一日三至四次。

第十七课　找工作

ບົດທີ 17　ຫາວຽກ

3. 听录音，填空。ຟັງສຽງ, ຕື່ມຄໍາສັບໃສ່ບ່ອນວ່າງ.

（1）找工作可以参加人才交流会，也可以通过招聘网站报名并提交简历。

（2）我们公司想招聘一个老挝语专业的硕士研究生，有工作经验者优先。

（3）参加人才交流会要带好简历、毕业证、学位证及各种资格证书等求职材料。

（4）招聘启事上有那个公司的联系方式，你可以直接打电话咨询一下。

（5）这个应聘者精通英语、泰语、老挝语，有5年外贸工作经验，想应聘国际营销主管这一职位。

第十八课　商务活动

ບົດທີ 18　ກິດຈະກຳທາງການຄ້າ.

3. 听录音，回答问题。ຟັງສຽງ，ຕອບຄຳຖາມ.

（1）A：小梁，请帮我扫描一份材料可以吗？

B：王先生，不好意思，机器坏了，正在修理。

（2）A：李经理，关于付款时间的问题，能否把“七个工作日”改为“十个工作日”？

B：好的，王经理。没问题。

（3）A：请问中国–东盟博览会在哪里举行？

B：在广西壮族自治区首府南宁市举行。南宁是中国–东盟博览会的永久举办地。

（4）A：请问中国–东盟博览会有什么产品参展？

B：有来自各个国家和地区的轻工产品、农产品、手工艺品等等。

（5）A：请问贵公司接受哪种付款方式？

B：我们只接受不可撤销的信用证支付。

第十九课　节日与习俗
ບົດທີ 19　ບຸນແລະຮີດຄອງປະເພນີ

3. 听录音，写出听到的句子（录音听两遍）。ຟັງສຽງ, ຂຽນປະໂຫຍກທີ່ໄດ້ຍິນອອກມາ (ຟັງສຽງ 2 ເທື່ອ) .

（1）这个春节你过得怎么样?

（2）宋干节是老挝最重要的节日。

（3）你会做些什么来庆祝春节呢?

（4）中国还有哪些重要的传统节日呢?

（5）很多中国人会在清明节扫墓祭祖。

第二十课　海关与出入境
ບົດທີ 20　ດ່ານພາສີແລະການກວດຄົນເຂົ້າອອກເມືອງ

3. 听录音，回答问题。ຟັງສຽງ, ຕອບຄຳຖາມ.

（1）A：您此行的目的是什么?

B：我是来旅游的。

（2）A：您包里有什么东西?

B：只是些衣服及日常用品而已。

（3）A：您有什么要申报的吗?

B：我带了一台手提电脑。

（4）A：请问这张入境卡怎么填?

B：这里填您的姓名和联系方式。

（5）A：和老挝人打交道要特别注意什么?

B：不要触碰当地人的头。

课后练习参考答案

ຄຳຕອບບົດຝຶກຫັດ

第六课　打招呼和介绍

ບົດທີ 6　ທັກທາຍແລະແນະນຳ

1.（略）　2.（1）我和小张很久不见面了。　（2）这几天大家都忙着买年货。　（3）我非常喜欢桂林的山山水水。　3.（1）B　（2）C　（3）B　（4）A　（5）C

第七课　时间与度量衡（包含数字等）

ບົດທີ 7　ເວລາແລະມາດຕະຖານວັດແທກຄວາມຍາວ, ນ້ຳໜັກແລະບໍລິມາດ（ລວມທັງຕົວເລກແລະອື່ນໆ）

1.（略）　2.（1）太　（2）还是　（3）如果　3.（1）F　（2）T　（3）F　（4）T　（5）F

第八课　求助和感谢

ບົດທີ 8　ຂໍຄວາມຊ່ວຍເຫຼືອແລະສະແດງຄວາມຂອບໃຈ

1.（略）　2.（略）　3.（1）203办公室。　（2）机场。　（3）桂AWJ556。　（4）一点零钱。　（5）十张10元的零钱。

第九课　交通出行、天气

ບົດທີ 9　ຄົມມະນາຄົມ, ອາກາດ

1.（略）　2.（略）　3.（1）B17路；B01路　（2）300米　（3）南宁；护照　（4）安检；二楼　（5）北京；坐火车

第十课　家　庭

ບົດທີ 10　ຄອບຄົວ

1.（略）　2.（略）　3.（1）T　（2）F　（3）F　（4）T　（5）T

第十一课　购　物

ບົດທີ 11　ຊື້ເຄື່ອງ

1.（略）　2.（1）我想买一些土特产。　（2）可以给您再优惠十块钱。　（3）这条裙子看起来不错。　3.（1）A　（2）C　（3）B　（4）C　（5）B

第十二课　餐饮、美食

ບົດທີ 12　ອາຫານການກິນ

1.（略）　2.（略）　3.（1）A　（2）C　（3）B　（4）C　（5）A

第十三课　住宿（包含酒店、民宿、租房等）

ບົດທີ 13　ການພັກເຊົາ（ຢູ່ໂຮງແຮມ，ເຮືອນພັກແລະການເຊົ່າເຮືອນ）

1.（略）　2.（略）　3.（1）要凭身份证或护照等有效证件登记入住。　（2）她想租一个带卫生间的单间。　（3）他想租一年。　（4）（房子里）有沙发、书桌、床、彩电、冰箱和洗衣机。　（5）每个月1500元。

第十四课　观光旅游

ບົດທີ 14　ການທ່ອງທ່ຽວ

1.（略）　2.（1）北京有哪些地方值得玩？　（2）老挝好玩的地方很多。　（3）我提前在网上买了电子门票。　3.（1）实体门票；在网上　（2）桂林漓江；山水如画　（3）喜欢；美不胜收　（4）很尽兴；观光车　（5）走过来；提醒

第十五课 娱 乐

ບົດທີ 15 ບັນເທີງ

1.（略） 2.（略） 3.（1）B （2）A （3）C （4）A （5）C

第十六课 看医生

ບົດທີ 16 ໄປຫາທ່ານໝໍ

1.（略） 2.（1）我需要做什么检查？ （2）要注意保证睡眠。 （3）我想挂张主任的号。 （4）最好不吃辛辣、煎炸或烧烤的食物。 （5）请问还有其他可以解热镇痛的非处方药吗？ 3.（1）F （2）T （3）T （4）F （5）T

第十七课 找工作

ບົດທີ 17 ຫາວຽກ

1.（略） 2.（略） 3.（1）人才交流会；招聘网站 （2）老挝语专业；工作经验者 （3）简历；毕业证；资格证书 （4）招聘启事；打电话 （5）英语；外贸

第十八课 商务活动

ບົດທີ 18 ກິດຈະກຳທາງການຄ້າ

1.（略） 2.（略） 3.（1）不能，因为机器坏了。（2）十个工作日。 （3）在广西壮族自治区首府南宁市举行。 （4）有来自各个国家和地区的轻工产品、农产品、手工艺品等等。 （5）只接受不可撤销的信用证支付。

第十九课 节日与习俗

ບົດທີ 19 ບຸນແລະຮີດຄອງປະເພນີ

1.（略） 2.（1）“尽管”改为“无论”或“不管” （2）“看花灯”改为“赛龙舟” （3）“的确”改为“而且” 3.（1）这个春节你过得怎么样？ （2）宋干节是老挝最重要

的节日。 （3）你会做些什么来庆祝春节呢？ （4）中国还有哪些重要的传统节日呢？ （5）很多中国人会在清明节扫墓祭祖。

第二十课　海关与出入境

ບົດທີ 20　ດ່ານພາສີແລະການກວດຄົນເຂົ້າອອກເມືອງ

1.（略）　2.（略）　3.（1）他/她是来旅游的。 （2）只是些衣服及日常用品。 （3）有一台手提电脑。 （4）（入境者的）姓名和联系方式。 （5）不要触碰当地人的头。

图书在版编目（CIP）数据

汉语-老挝语口语基础教程 / （老）展万萍等编写
. -- 南宁 ： 广西教育出版社, 2021.11
汉-外口语基础教程系列
ISBN 978-7-5435-8986-5

Ⅰ. ①汉… Ⅱ. ①展… Ⅲ. ①老挝语-口语-教材
Ⅳ. ①H411.94

中国版本图书馆 CIP 数据核字(2021)第 152330 号

汉语-老挝语口语基础教程
HANYU-LAOWOYU KOUYU JICHU JIAOCHENG

特约策划：孙　梅
策划组稿：陈文华　朱　滔
责任编辑：朱　滔　钟秋兰
特约编辑：韦淑洁　邓刘岸
责任校对：谢桂清
特约校对：黄　宁　王宇航
录音剪辑与校对：韦淑洁　邓刘岸
技术处理：李丽燕
封面设计：杨若媛
责任技编：蒋　媛

出 版 人：石立民
出版发行：广西教育出版社
地　　址：广西南宁市鲤湾路 8 号　　邮政编码：530022
电　　话：0771-5865797
本社网址：http://www.gxeph.com
电子信箱：gxeph@vip.163.com
印　　刷：广西民族印刷包装集团有限公司
开　　本：890mm×1240mm　1/32
印　　张：9.125
字　　数：262 千字
版　　次：2021 年 11 月第 1 版
印　　次：2021 年 11 月第 1 次印刷
书　　号：ISBN 978-7-5435-8986-5
定　　价：38.00 元